BRENDAN BEHAN
BEKENNTNISSE EINES IRISCHEN REBELLEN

Deutsch von Annemarie Böll

W0415380

Fischer
Taschenbuch
Verlag

Fischer Taschenbuch Verlag
April 1981
Ungekürzte Ausgabe

Umschlagentwurf: Jan Buchholz/Reni Hinsch
Foto: Barbara Brenner

Fischer Taschenbuch Verlag GmbH, Frankfurt am Main
Lizenzausgabe mit freundlicher Genehmigung
des Verlages Kiepenheuer & Witsch, Köln
Die englische Originalausgabe erschien unter dem Titel
›Confessions of an Irish rebel‹
© 1965 by Beatrice Behan and Rae Jeffs
Deutsche Ausgabe:
© 1978 Verlag Kiepenheuer & Witsch Köln
Gesamtherstellung: Hanseatische Druckanstalt GmbH, Hamburg
Printed in Germany
880-ISBN-3-596-25030-7

Do Rae – mar gan í
níor críocnócaḋ an leaḃar
seo dón ḃliain 2000 a.d. –
Roinnt ḃliain tar éis mo ḃáis

Eine Faksimilereproduktion von Brendan Behans handschriftlicher, im folgenden übersetzten Widmung

FÜR RAE
ohne deren Hilfe dieses Buch bestimmt nicht
vor 2000 A. D. geschrieben worden wäre –
viele Jahre nach meinem Tod

»Du da! Morgen früh bist du dran für den Direktor«, sagte dies mickrige fuchsige welsche Methodistenrindvieh von Gefängniswärter.

»Danke für die Nachricht«, sagte ich in fast tadellos englischem Akzent so sarkastisch, wie ich höflicherweise konnte, »aber ich bin nicht für ihn, weder morgen früh noch sonst wann, du kleiner aufgeblasener Welschmann.«

»Bee-hann«, kreischte er, »rein in die Zelle.«

Ich war seit nahezu zwei Jahren wegen I.R.A.-Aktivitäten in dieser englischen Jugendhaftanstalt, und meine Behandlung dort, die ich nur loben kann, hatte mich irgendwie frech und selbstsicher gemacht.

Die Kumpel standen dabei und betrachteten mich mit ängstlichem Vergnügen, während ich grinsend in die Zelle verschwand.

Am Morgen wurde aufgeschlossen und der Eimer rausgebracht wie gewöhnlich, dann kam ein anderer Diensthabender, wieder ein Waliser, aber nicht der rotköpfige Judas vom Abend zuvor, brachte mir mein Frühstück und dazu die unglaubliche Nachricht.

»Du kommst heute raus, Paddy. Wir haben es schon die ganze Woche gewußt, aber wir wollten dich damit überraschen, damit wir dich richtig abfeiern können.«

Jesus, Joseph und Maria, Mutter Gottes, sagte ich mir, das ist wirklich ein Tag zum Singen, aber ich hätte ihn gern auf eine christlichere Weise gefeiert als nur mit einer Tasse Tee.

Als wir die kahlen, aber freundlichen Korridore entlang zum Büro des Direktors gingen, hätte ich gewünscht, mein alter Direktor C. J. Joyce würde mir die Hand schütteln, aber er war durch einen neuen Mann ersetzt worden, keinen schlechten übrigens, aber meiner Meinung nach hatte er nicht soviel Phantasie wie Joyce oder seine Frau, die eine Malerin war, und keine schlechte.

Später schrieb mir Joyce manchmal, aber er schrieb mir nicht mehr, nachdem er *Borstal Boy* gelesen hatte. Aber er schrieb über mich in einem Buch, das den Titel trug »Mit freundlicher Genehmigung des Kriminellen«.* Ich glaube, er fand die Sprache in *Borstal Boy* zu saftig.

* »Aus dem *Sunday Telegraph*, 29. März 1964: Sehr geehrte Herren – Es ist viel über Brendan Behan geschrieben worden, über sein Genie und im besonderen über seine Abhängigkeit vom Alkohol – aber als Leiter einer Jugendstrafanstalt hatte ich ihn in meiner Obhut und sah eine andere Seite seines Charakters, die positiv und lobenswert war. (Ich habe natürlich immer das Gute in Kriminellen gesehen und versucht, es sinnvoll einzusetzen.)

Würde es Sie überraschen, zu hören, daß er ein tief religiöser Junge war? Er kam als Mitglied der I.R.A. zu mir, und als solcher war er exkommuniziert. Dies bekümmerte ihn sehr. Er sagte eines Tages zu mir: ›Sie müssen wissen, Sir, daß Irlands Freiheit meine zweite Religion ist. Ich bin erzogen worden, daran zu glauben und dafür zu arbeiten.‹ Aber oft kam er auch zu mir und sagte: ›Herr Direktor, könnten Sie den Pater nicht dazu überreden, mich an der Messe teilnehmen zu lassen, weil ich mich ohne diesen Trost ganz verloren fühle.‹

Ich fragte den Priester, und er erklärte mir, warum es nicht ginge; ich sagte es Brendan, und er war sehr traurig. Dann sagte ich: ›Hör mal, mein Junge, ich bin nicht römisch-katholisch, aber ich würde gern mit dir zur Messe gehen. Wir sitzen dann nebeneinander, ich kann aus dem einen Grund nicht kommunizieren, und du aus einem andern, aber ich werde zu demselben Gott beten wie du.‹

Manchmal ging ich mit ihm in die katholische Kapelle. Ich spielte die Orgel, und wir sangen ›Ich singe ein Lied für Maria‹, und ›O göttliches Sakrament‹, und er erzählte danach von seiner Mutter. Dann kam der Tag, als ich gefragt wurde, ob man ihn zur Entlassung vorschlagen könne. Nun wollte ich nicht riskieren, meine Landsleute neuen Gewalttaten auszusetzen. Deshalb sagte ich zu ihm: ›Brendan, ich kann dich nur zur Entlassung vorschlagen, wenn du mir versprichst, daß du nicht mehr versuchen wirst, zurückzukommen, um Landsleute von mir zu töten. Du weißt doch, daß wir schon gegen einen anderen Feind kämpfen müssen. Verstehst du?‹

Sein Humor und sein charakteristischer Witz zeigten sich in seiner Antwort: ›Gewiß‹, sagte er, ›ich verspreche, nichts zu unternehmen, bis wir mit diesem Schwein Hitler fertig sind, und danach kann ich mir's ja noch mal überlegen, nicht wahr?‹

Er hat während all der Zeit nie ganz die Verbindung zu mir verloren – manchmal rief er mich nach ein Uhr nachts an –, aber was soll's. Für *Sie* mag er ein Genie und ein Trunkenbold sein, ich erinnere mich an ihn als an einen neunzehnjährigen Jungen, der Gott dienen wollte und der seine Mutter und sein Vaterland liebte.

C. A. Joyce
Public Relations Office,
The Rainer Foundation,
Ryde, I. O. W.«

Der obige Brief wurde mit freundlicher Erlaubnis von Mr. Joyce abgedruckt. R. J.

Ich wurde in das Büro des Direktors geschoben, nahm Haltung an und sagte:

»Behan, Brendan Francis, Nr. 3 501 537 662.«

Der neue Direktor der Gegenwärtigen Jugendstrafanstalt Bostal Seiner Majestät, wie er sie zu nennen beliebte, schüttelte mir die Hand.

»Behan, du wirst heute morgen entlassen.«

»Danke, Sir«, antwortete ich.

Er führte mich in das Nebenzimmer, wo ich außer einem anderen Mann meinen alten Freund Sergeant Sharpe von der Liverpooler Kriminalpolizei wiedersah.

»Hallo, Brendan«, sagte er, »endlich ist es geschafft. Endlich haben sie aus dir so etwas wie einen Mann gemacht. Als ich dich in Liverpool schnappte, warst du ein mageres Jüngelchen. Jetzt bist du ein stattlicher Kerl.«

»Das, Sergeant«, sagte ich, »kommt von unserem vitaminisierten Brot.«

Sein Kollege, ein junger Mann von vielleicht dreiundzwanzig, sagte böse:

»Ach so, ihr kriegt hier vitaminisiertes Brot, während die Leute draußen hungern. Und sogar manche Soldaten werden nicht so verpflegt wie ihr Burschen hier.«

»Nur zu Ihrer Information«, sagte ich, »fünfundzwanzig Prozent der Insassen, die Sie die kriminellen Insassen dieser Institution nennen, haben an der französischen Küste gekämpft, besonders in Dünkirchen. Ich wüßte nicht, daß Sie dabeigewesen wären.«

»Nein«, sagte er auf seine arrogante englische Art, »aber du auch nicht.«

»Ich habe auch nie behauptet, ein Engländer zu sein«, sagte ich. »Ich bin ein irischer Republikaner.«

Ich schwöre euch, ich hätte ihm seine scheinheilige Fresse eingeschlagen, wäre nicht Sergeant Sharpe dazwischengetreten, wie er es schon einmal im Jahre 1939 in Liverpool getan hatte. Er hatte die Razzia geführt, die mich in diesen Kasten gebracht hatte, und er hatte einige jüngere, eifrigere Mitglieder der Streife davon abgehalten, mich richtig zwischenzunehmen. Er hatte mich eher behandelt, wie ein Vater ein törichtes Kind behandelt.

»Nun mal mit der Ruhe, Brendan. Dir passiert nichts. Du machst jetzt nur einen hübschen kleinen Ausflug.«

Ich wollte etwas erwidern, aber er hielt die Hand hoch. »Sprich nicht mit mir vom Krieg, Brendan. Ich bin an der Somme gewesen.«

»Daran zweifle ich nicht, Sergeant«, sagte ich, »und bestimmt haben Sie sich da tapfer gehalten.«

»Also, ich hab' hier ein kleines Dokument, das ich dir vorlesen muß.«

So sagte er das – schade, daß ihr nicht hören könnt, wie ich seinen Liverpooler Akzent nachmache, denn das kann ich wirklich gut.

»Verhinderung von Gewalttaten. Vorläufige Verfügung von 1939. An Brendan Behan. Es wird Ihnen hiermit mitgeteilt, daß der Innenminister Seiner Majestät eine Verfügung erlassen hat, durch die Sie aufgefordert werden, Großbritannien unverzüglich bis auf weiteres zu verlassen. Begründung: Sie haben in Großbritannien Gewalttaten vorbereitet oder dazu angestiftet, in der Absicht, die Politik der Regierung oder die öffentliche Meinung im Hinblick auf die Irland-Politik zu beeinflussen.«

»Hört, hört«, sagte ich.

»Halt's Maul, du Dreckskerl«, sagte der Sergeant, »ich bin noch nicht fertig.«

»Bitte weiter«, sagte ich, »ich höre.«

»Abschnitt 1 (2) des Erlasses ermächtigt den Minister, einen Ausweisungsbefehl auszustellen, wenn er den begründeten Verdacht hat, daß eine Person die Vorbereitung von oder die Anstiftung zu Gewalttaten wie oben beschrieben plant, und es sich nicht um eine Person handelt, die während der letzten zwanzig Jahre ihren ordnungsgemäßen Wohnsitz in Großbritannien hat oder die, falls es sich um eine Person unter zwanzig handelt, seit ihrer Geburt dort lebt.

Wenn Sie einwenden können, daß es gegen Sie keine Gründe oder keine ausreichenden Gründe für eine Ausweisung gibt, können Sie innerhalb von achtundvierzig Stunden nach Erhalt dieser Benachrichtigung schriftlichen Einspruch beim Ministerium einlegen, wobei Sie die Gründe für Ihren Einspruch darzulegen haben. Wenn Sie einen solchen Einspruch erheben wollen, werden Sie so lange in Haft gehalten, bis Ihr Antrag bearbeitet und entschieden ist.

Wenn Sie innerhalb von achtundvierzig Stunden nach Erhalt dieser Benachrichtigung keinen Einspruch einlegen, werden Sie baldmöglichst nach Verstreichen dieser Frist an Bord eines Schiffes gebracht werden, das im Begriff ist, Großbritannien zu verlassen.«

Dann wiederholte er: »Bitte beachte, daß du an Bord eines Schiffes gebracht wirst, das im Begriff ist, Großbritannien zu verlassen . . .«

»Doppelt gemoppelt«, sagte ich grinsend.

»Halt die Klappe, du Rotzkerl. Innerhalb von achtundvierzig Stunden. Also«, sagte der Sergeant, »bestätigst du den Empfang dieses Befehls?«

»Aber gewiß«, antwortete ich.

Er legte mir mit einem freundlichen Lächeln den Arm um die Schulter.

»Jetzt machen wir im Handumdrehen einen todschicken Kerl aus dir. Nicht mal deine Mutter wird dich nach all der Zeit wiedererkennen. Lauf zur Kleiderkammer rauf und hol dir anständige Sachen für die Reise.«

Als ich dem Beamten vom Dienst in der Kleiderkammer gegenüberstand, wollte ich zum letzten Mal Haltung annehmen, Häftlingsnummer, Namen, Alter und Konfession nennen, aber er war ein anständiger Kerl, der nur seine Pflicht tat wie die andern auch. Er sah vom Scheitel bis zur Sohle wie ein Engländer aus, und ich hatte das Gefühl, er würde auf einem Pferd sitzen, wenn er eins hätte.

»Paddy«, sagte er, »wir können dir keinen richtigen Entlassungsanzug geben. Wir haben deine Maße nicht rechtzeitig bekommen. Das kam alles ganz überraschend. Der Innenminister scheint sich ganz plötzlich entschlossen zu haben. Ich geb' dir ein Sportjackett und eine Flanellhose und ein paar Hemden, Schlipse, Schuhe und Socken.«

Zum ersten Mal seit zwei Jahren zog ich eine lange Hose an. Es fühlte sich ein bißchen komisch an, als hätte ich zwei Decken um die Beine gewickelt, aber es sah bestimmt ganz schick aus.

Nur war die Hose ein bißchen eng, und ich hatte Angst, es könnte mir darin kommen. Der Fürsorgezögling, der dem Kleiderbullen half, schien das auch zu fürchten.

Auf dem Rückweg zum Büro des Direktors traf ich ein paar meiner alten Kumpel, und ich war irgendwie traurig, weil wir einander nicht mehr foppen würden, wie wir es so viele Monate lang getan hatten. Einen Augenblick lang standen wir traurig beieinander, dann ging ich.

Der Direktor erwartete mich, und ich fragte ihn, ob ich ein paar besonders engen Freunden und der Hausmutter Lebewohl sagen könnte. Die Hausmutter habe ich immer noch als unentwegte Schöpferin halbfertiger Socken vor Augen.

Aber er war eisern. »Leider«, sagte er, »wirst du nur mir Lebewohl sagen.«

Und Sergeant Sharpe, der mich begleiten sollte, räusperte sich laut und deutlich von der offenen Tür her, daß ich voranmachen sollte.

»Auf Wiedersehen«, sagte ich ganz höflich, »ich verabschiede mich mit einem Soldatenlebewohl.«

Er schüttelte mir noch einmal die Hand.

»Danke, Behan. Das ist nett von dir.«

Da er ein in Indien geborener Engländer war, verstand er nicht, was ein Soldatenlebewohl bedeutete, nämlich: »Hallo, wie geht's und leck mich«, aber Sergeant Sharpe verstand es und lachte tüchtig, als wir zur Tür raus waren.

Wir stiegen die Stufen vorm Eingang hinunter und kletterten in den Wagen, und ich konnte eben noch einen Blick auf die Hausmutter erhaschen, die mir wie wild mit einer halbfertigen Socke nachwinkte. Das war kein schlechtes Bild, um es als Erinnerung mitzunehmen.

Der einzige andere Mensch, der mich abziehen sah, war ein landwirtschaftlicher Angestellter, ein echter Londoner, der aus einem unerfindlichen Grund Pony Moore genannt wurde.

»Viel Glück, Paddy.«

»Viel Glück, Pony«, aber dann fiel mir ein, daß der Direktor mich hören könnte, und ich schrie: »Auf Wiedersehen, Mr. Moore.« Das rief ich in ganz respektvollem Ton, denn es war nicht gestattet, Beamte beim Vornamen oder Spitznamen zu nennen.

Das war das letzte, was ich von der Jugendstrafanstalt sah.

Der frische, kalte Wind, der beim Abschied geblasen hatte, verwandelte sich in einen Schneesturm, während wir auf dem Bahnhof Woodbridge auf den Zug nach London warteten. Ich weiß nicht, warum das so sein muß, aber die Leute, die diese Bahnhöfe planen, müßten gesetzlich gezwungen werden, an kalten Wintermorgen dort zu stehen, damit sie mal was von ihrer eigenen Schlauheit haben.

Ich dachte darüber nach, wie gut es mir doch ging.

»In einer bösen Welt«, dachte ich glücklich, »gedeihen die Bösen.«

Aber meine gute Laune war bald vorbei, denn ich mußte das Abteil mit so einem Halbidioten aus dem dreckigen Ost-Kansas oder weiß Gott woher teilen, der ununterbrochen davon sabberte, welche Leiden die Briten doch erdulden müßten. Ich hätte ihm was von den Leiden seiner Landsleute in der Anstalt erzählen können, aber da Sergeant Sharpe zuhörte, wollte ich nichts riskieren. Statt dessen zog ich mich in meine Ecke zurück und ließ in Gedanken den Tag vor mir ablaufen. Es war alles sehr gut.

Als wir in London am Bahnhof Euston ankamen, war Fliegeralarm. Ich hatte schon früher in der Anstalt oft die Sirenen gehört und auch die Flugzeuge gesehen, aber dies hier war doch anders, und eine seltsame Angst überkam mich. Ich war schon früher einmal im Bahnhof Euston gewesen, als ich ins Jugendgefängnis von Feltham gebracht wurde, und das Gebäude mit dem riesigen Glasdach war nicht gerade vertrauenerweckend. Ich verstand etwas vom Bauen, denn alle meine Leute waren vom Bau, deshalb wußte ich, was zu erwarten war, wenn der große Knall kam.

Aber alle Leute, die ich sah, bewegten sich so, als hätten sie eine schwere Arbeit zu erledigen, sie gingen ganz bewußt langsam, sparten ihre Kraft für den kritischen Moment. Ich glaube, ich machte sie ganz erfolgreich nach.

»Komm schon«, sagte Sharpe, »ein bißchen flott. Du weißt, daß ich dir eigentlich Handschellen anlegen müßte.«

»Oh«, sagte ich, »wenn Sie wollen, tun Sie's ruhig.«

Der Sergeant grinste. »Ich finde, das bist du gar nicht wert. Statt dessen will ich versuchen, was zu essen aufzutreiben.«

»Wie wär's mit was zu trinken?«

»Na«, sagte er, »vielleicht ist auch das drin.«

Wir gingen also ins Bahnhofsrestaurant und aßen eine

Riesenmahlzeit, und da ich achtzehn war, konnte ich dem Essen mehr als Gerechtigkeit widerfahren lassen, denn, bei Gott, es war ein gräßlicher Fraß. Als letztes kam ein Zeug, das sich »Siegespudding« nannte, und das war ein ganz schreckliches Dreckszeug. Ich glaube, Hitler hatte es den Engländern direkt geschickt. Aber damals waren sie ja von U-Booten eingekreist und machten das Beste aus den Umständen.

Nach der Mahlzeit kehrten wir hier und da kurz ein, und mit der richtigen Menge vom richtigen Zeug im Leib bestiegen wir den Zug nach Liverpool.

Ich stimmte ein Lied an und sang ein paar Takte, verstummte aber gleich wieder. Mir gegenüber saß ein rotgesichtiger Mann mit einem häßlichen, harten Gesicht, dem nicht nur eine Whiskyflasche aus der Tasche schaute, sondern zwei.

Ich stieß den Sergeanten an.

»Gucken Sie sich das mal an«, flüsterte ich. »Wie wär's, wenn wir beide da einstiegen, und außerdem«, sagte ich, »Sie sind vorgemerkt. Ich seh' an dem Schildchen an seinem Koffer, daß er ein Bulle ist, und wenn ich auch mit diesem Hurenkerl nichts gemein habe, so bin ich mir doch nicht zu schade, so 'nem verdammten Büttel um den Bart zu streichen, wenn sich's lohnt.«

»O. K., Brendan«, sagte der Sergeant, »mach nur und sieh, was sich tun läßt.«

Wenn's um Alkohol geht, hören bei mir alle Prinzipien auf. Ich stand also auf, streckte mich gemächlich und ließ mich auf den leeren Platz neben meinem neuen Freund fallen. Wir kamen schnell ins Gespräch über die Preise, die Verdunkelung, Pferderennen und Hunderennen, Frauen und die hübschen Mädchen von Liverpool. Ich erzählte ihm, ich sei zusammen mit meinem Onkel auf dem Weg nach Liverpool – dabei zeigte ich auf Sergeant Sharpe –, wo ich in die Marine eintreten wollte.

Da er ein besonders stumpfsinniger Bulle war, fragte er mich nicht, warum ich nicht in London in die Marine einträte. Ihr könnt mich alle mal, dachte ich bei mir.

»Oh«, sagte er, »Ihr Onkel ist also bei Ihnen.«

»Ja«, antwortete ich. »Um die Wahrheit zu sagen, ich sage Ihnen das ganz im Vertrauen, denn Sie scheinen mir ein Ehrenmann, mein Onkel ist Kriminalbeamter.« Während ich redete, hob ich den Blick und schaute ihn an, als könnte ich kein Wässerchen trüben.

»Gott, das ist aber komisch. Ich bin selber ein Bulle.«

Scheinheilig, wie ich bin, machte ich sogar ein überraschtes Gesicht.

»Fragen Sie Ihren Onkel, ob er einen mit mir trinken will.«

Ich beugte mich zu Sharpe vor, zwinkerte ihm zu und sagte: »Onkel Hughie, ich hab' diesem Burschen erzählt, daß wir nach Liverpool fahren, weil ich dort in die Navy eintreten will.«

Der andere Alte unterbrach mich. »Ich wünsch' dir jungem Burschen viel Glück«, und zu Sharpe gewandt: »Würden Sie ein Tröpfchen Scotch mit mir trinken? Wie ich von Ihrem Neffen hier höre, sind wir im gleichen Geschäft. Das muß doch gefeiert werden.«

»Gewiß«, sagte Sharpe. »Ich bin tatsächlich Sergeant in der Liverpooler Kripo.«

»Sehr angenehm«, sagte der andere Kerl. »Ich bin bei der Kripo in Blackpool.« Dann wandte er sich liebevoll zu mir, und ich war dankbar, daß er in der wachsenden Dämmerung nicht die Scham in meinen Augen sehen konnte, als er jetzt sagte: »Und dieser junge Mann zieht nun hinaus, um für König und Vaterland zu kämpfen. Ich finde, er sollte auch was zu trinken haben.«

»Nun«, sagte Sharpe, »ich bin sicher, daß er einen vertragen kann.«

Wir tranken und rauchten zufrieden in der Dunkelheit. An der Abteildecke brannte ein blaues Notlicht, und ich konnte die Umrisse des Gesichts des Blackpooler Polizisten eben noch erkennen, der mit großem Genuß an seiner Zigarette zog.

Nach einer Weile wurde ich ein bißchen müde, aber ich mußte pissen und wußte, daß es mir nicht erlaubt war, allein durch den Korridor zu gehen. Ich wollte aber auch an diesem Punkt unsere Geschichte nicht auffliegen lassen, obgleich wir unser Ziel ja erreicht hatten. Aber ich mußte wirklich dringend, und Sharpe muß es gespürt haben, denn er sagte: »Du willst dir sicher auch mal die Beine vertreten, Paddy«, und er stand auf und begleitete mich zur Toilette.

»Gehen Sie als erster«, sagte ich, »Alter geht vor Unverstand«, obgleich ich es kaum aushalten konnte.

Sharpe gab mir den Weg an der Tür frei. »Schon gut,

Brendan«, sagte er, »mach daß du reinkommst, und keine faulen Tricks! Versuch ja nicht, aus dem Fenster zu springen und abzuhauen.«

Ich war ihm dankbar dafür und ließ die Tür offen, das heißt, ich ließ sie einen Spalt offen, damit er beruhigt war, und als ich wieder herauskam, gingen wir langsam und in tiefem Frieden zu unserem Abteil zurück.

Ich betrachtete die beiden und dachte, daß sie gute Trinkkumpane abgegeben hätten, wenn wir uns anderswo im Leben begegnet wären, und ich dachte mit Trauer daran, wie anders sie sein mußten, wenn sie im Dienst waren. Ich kann Polizisten nirgendwo ausstehen.

In Liverpool sollten wir unverzüglich zum Gefängnis gehen, wo ich die Nacht verbringen sollte, um das Schiff abzuwarten, das am Morgen aus irgendeinem Grund nicht von Liverpool, sondern von Holyhead abfuhr. Aber unterwegs schauten wir kurz in alle Kneipen hinein, und da ich mir nie einen Tropfen entgehen lasse, der mir über den Weg läuft, war ich am Ende so stockbesoffen, daß sie mich nicht ins Gefängnis hineinlassen wollten. Das war das erstemal, daß mir der Zutritt zum Kittchen verweigert wurde.

»Was soll ich denn mit ihm machen?« fragte Sharpe sarkastisch, »ihm im Adelphi Hotel ein Zimmer nehmen?« Das ist das größte und schickste Hotel in Liverpool, und die Leute, die zu den Rennen in Aintree gehen, steigen dort ab – eine Vier-Sterne-Bude, was immer das bedeutet.

Sharpe reichte dem Sergeant vom Dienst meine Deportationspapiere, und nach einer geflüsterten Unterhaltung wurde ich eingelassen. Ich winkte Sharpe auf Wiedersehn, und er sagte, er werde mich am Morgen abholen. Dann wurde ich von dem Diensthabenden und einem Wärter – einem schottischen Dreckskerl – einen dunklen Flur entlang und eine Treppe hinuntergeführt, bis wir zu einer offenen Tür kamen.

In guter Laune sang ich ihnen ein paar Zeilen des Liedes über die Unbesiegbaren vor, und ich wollte eben das traurigschöne Lied »Kevon Barry« anstimmen, als der schottische Wärter sagte:

»Halt's Maul, du schmieriges irisches Schwein, und geh in die Zelle. Und wenn ich diese Nacht höre, daß du weiter Krach machst, komme ich persönlich und sorge für Ruhe.«

Sie knallten die Tür zu, und ich konnte hören, wie sich ihre Schritte entfernten.

Ich schaute mich um. Wieder nackte Betonwände und ein Betonfußboden, die gleiche Holzbank als Bett und ein Kissen aus dem gleichen Material. Ich rollte mich zusammen, schob mir die Jacke unter den Kopf, zog die rauhen Decken über mich, überlegte, ob ich eine Todsünde begehen sollte, aber ich war zu betrunken und fiel in tiefen Schlaf.

Als ich erwachte, wunderte ich mich nicht. Man hörte Schlüsselrasseln und das Rasseln der Eimer, die nach draußen gebracht wurden. Ein Gesicht erschien hinter dem Guckloch. Ich erkannte es, würde es noch in der zehnten Generation erkennen, denn das war ein elender Hurensohn von Wärter, den ich vor zwei Jahren kennengelernt hatte.

Er drehte den Schlüssel im Schloß und stand mir gegenüber. »Los Be-hann. Runter in den Waschraum. Du gehst also nach Hause. Wenn's nach mir ginge, würde die ganze I.R.A. eingesperrt.«

»Sie haben sicher Ihr Bestes während des Bürgerkriegs getan«, antwortete ich. »Aber ich gehe jetzt heim, bei Gott, in ein besseres Zuhause als Sie eins haben.«

Jesus steh dir bei, dachte ich bei mir, wenn ich dich je an einem Ort treffe, wo ich dir 'nen Tritt in die Eier versetzen kann! Aber ich sagte nichts mehr. Ich hatte einen gräßlichen Kater. So groß wie die St. Georges Hall oder das Liver-Gebäude in Liverpool.

Er brachte mich in den Tagesraum, wo mich Sergeant Sharpe erwartete, und ich bekam meine Zigaretten und Streichhölzer zurück, die man mir am Abend zuvor abgenommen hatte. Zögernd legte Sergeant Sharpe mir die Handschellen an – aus Schicklichkeitsgründen, wie er mir zuflüsterte –, und wir gingen zum Zug nach Holyhead.

Sobald wir da waren, ließ er mich von der Kette und stellte mich einer Gruppe von Polizisten vor, und wir fingen an, in der Bar des Hafenlokals über Rugby zu diskutieren – eins meiner Lieblingsthemen. Wir tranken so viele Gläser Schnaps, daß diese Bullen beinahe entlassen worden wären, denn nachdem wir die ersten Gläser intus hatten, hätten von ihnen aus ganze Horden von Nazis dort an Land gehen können. Genug von dem Zeug kriegten wir, weil sie mit den Kellnern der Bude auf gutem Fuß standen.

Ich ging als letzter den Laufsteg hinauf, aus vollem Hals singend lief ich in eine ganze Gruppe Iren hinein. Sie wollten wissen, warum ich als letzter an Bord kam.

»Ich bin Deportierter«, sagte ich, »ich habe in England beinahe drei Jahre gesessen.«

»O Gott«, sagte ein wohlgekleideter Mann von etwa sechsunddreißig im Corker Akzent, »das muß schrecklich gewesen sein.«

»Nun«, sagte ich wahrheitsgemäß, »es war so làlà. Zuerst war's nicht so besonders. Aber nachher hab' ich's besser gehabt als je zuvor in meinem Leben.«

Ein paar Leute hörten das gern, aber die Mehrzahl nicht, aber sie waren sich alle einig, daß ich ein Held und ein Patriot sei, und gossen ganze Eimer von Schnaps in mich hinein. Dann kamen wir in Dun Laoire an, das die meisten als Dunleary und einige als Kingstown kennen, und ich freute mich, die Wellen an diesem Wintermorgen über den Ostpier hinüberschlagen zu sehen. Die Sonne wollte gerade herauskommen, aber als sie das Wetter sah, verlor sie den Mut und zog sich wieder zurück. Durch den Dunst hindurch konnte ich nicht »die lieblichen Hügel des heiligen Irland« erkennen, aber ich roch den bitteren Geruch ganzer Generationen vor mir und mußte die Tränen zurückhalten, die mir mit Gewalt in die Augen stiegen. All die vertrauten Wahrzeichen waren da, als hätte ich sie nie verlassen; ich hatte sie jedes einzeln immer vor Augen gehabt, als zögen sie in einer Prozession an mir vorbei.

»Wo ist Ihre Reiseerlaubnis?« sagte der Mann von der Einwanderungsbehörde.

»Hier«, sagte ich und reichte ihm meinen Deportationsbescheid.

»Was, in Jesu Namen, ist das?«

»Das ist der einzige Reisepaß, den ich habe, du Idiot von einem Beamten.«

Er las den Bescheid, betrachtete ihn und gab ihn mir zurück.

»Sind Sie Ire?«

»Nein«, sagte ich, »ich bin ein jemenitischer Araber.«

Jetzt kamen zwei Kriminalbeamte, die offenbar auf mich gewartet hatten, auf uns zu.

»Das *muß* Brendan Behan sein«, sagten sie.

Der Beamte von der Einwanderungsbehörde schüttelte mir die Hand, sein Gesicht hellte sich auf.

*»Céad míle fáilte romhat abhaile.«**

Ich konnte nicht antworten. Ich habe keine Worte, und es wäre vermessen, wenn ich versuchen wollte, zu sagen, was ich empfand. Ich ging die Gangway hinunter. Ich war frei.

Ich muß den dreckigsten Zug in Irland erwischt haben, denn die meisten sind ausgezeichnet und ganz sauber. Aber dieser, der mich von Dun Laoire nach Dublin brachte, war ein gräßliches altes Vehikel. Ich zog das Fenster runter und streckte den Kopf raus. Der Boden war gefroren, aber es würde ein schöner Tag werden, die Sonne hatte sich ein Herz gefaßt und angefangen zu scheinen. Ich sah vertraute Häuser und Menschen, die ihren morgendlichen Beschäftigungen nachgingen, und ich wunderte mich über das Grün der Wiesen und die Bäume, deren gerade Reihen sich meilenweit zu erstrecken schienen. Sie hatten das Laub verloren; es würde bald Winter werden.

In meinem Abteil saß ein alter Kerl mit einem scharfgeschnittenen Gesicht, der einen sauber aussehenden Jungen bei sich hatte. Der Junge hielt einen Stoß Zeitungen auf den Knien. Dann saßen noch zwei Dubliner Herren in der Ecke, die während der ganzen Fahrt ihr Los beklagten. Ich glaube, manche Leute könnte man mit einer Million Scheinchen ins Ritz stecken und die Gina Lollobrigida dazu, und sie hätten immer noch was zu jammern.

Als der Zug in den Dubliner Bahnhof einfuhr, machte ich die hintere Tür des Abteils auf und schwang mich blitzschnell über die Barriere.

Ein Jahrhundert schien vergangen, seit ich zuletzt die Straße nach Crumlin hinuntergegangen war, wo wir in einem Sozialbau wohnten. Die Sonne blinzelte durch die Bäume, und die frostige Luft roch herrlich nach Rauch. Ich ging vielleicht fünfzehn Minuten lang, aber die Uhr war noch nicht gemacht, die in diesem Augenblick die Zeit hätte messen können.

Mein Vater und meine Mutter begrüßten mich, sie nahmen mich in die Arme, auch meine kleine Schwester Carmel, die

* Hunderttausendmal willkommen daheim!

jetzt mit einem schottischen Schreiner verheiratet ist und in England lebt.

Während meiner Zeit in Borstal hatte ich oft an zu Hause und an meine Familie gedacht, und wenn der Frost unter den Füßen knirschte, hatte ich mir vorgestellt, wie sie in Dublin um das Feuer herumsaßen, in Dublin, wo es Feuer gab, die mich willkommen heißen würden, wenn ich herauskam. Jetzt wunderte ich mich, wie die drei Jahre sich zu nichts zusammengezogen hatten, so als wäre ich nie weggewesen. Meine Mutter weinte ein bißchen und erzählte mir von Nancy, die im »Morgenstern« bediente, was Craigavad zu dem Armenpfleger gesagt hatte, als der mit dem Haferbrei rumging; es wäre ja alles nicht so schlimm gewesen, wenn er nur nicht immer diesen alten Spazierstock benutzt hätte, um den Brei umzurühren, und dann war da noch der liebe Mick, der nur hinkam, um sein Frühstück gegen ein Glas Schnaps zu tauschen. Und zwischendrin ließ sie einfließen:

»Maureen stirbt an Schwindsucht.«

Himmel und Hölle und Verzweiflung und Vermutungen und Hoffnung! Wir hatten miteinander geplaudert, miteinander gelacht, gemacht, was Jungen und Mädchen zusammen machen. Ich war bei dem Mädchen zu Hause gewesen und kannte ihren Vater, ihre Brüder. Ich hatte Seite an Seite mit ihren Brüdern gekämpft, wir hatten auf denselben Schlachtfeldern der Armen gekämpft.

Wie konnte der Tod zu einem so jungen Menschen kommen?

Ich ging zu ihr nach Hause. Sie hatten einen Gemüseladen in der Benburb Street, in der Nähe der Guinness-Brauerei im Herzen von Dublin. Als ich hinkam, verkaufte Maureen gerade einer alten Frau einen Kohlkopf, und um ehrlich zu sein, einen Augenblick lang wußte ich nicht, ob sie es war oder ihre zehn Jahre ältere Schwester, denn als ich Dublin verlassen hatte, war Maureen fast noch ein Kind, und nun war sie eine hochgewachsene, braunhaarige, blauäugige Frau.

»Hallo Brendan«, sagte sie, »wie geht's denn so?«

»Nicht schlecht, Mädchen«, sagte ich und ging durch den Laden in die dahinterliegende Küche.

Es war niemand zu Hause, aber sie kam hinter mir her und fragte, was ich zum Abendessen haben wollte, es wäre ja Freitag. Sie sagte, sie sei sich nie sicher, welche Religion ich eigentlich hätte, obgleich alle meine Angehörigen seit 432 römische Katholiken seien. Aber ich wußte, daß Fisch knapp war, deshalb sagte ich, ich sei Protestant, und sie machte mir ein Steak. Später entdeckte sie, daß ich gar kein Protestant war, wenn auch kein richtiger Katholik, und sie sagte, ich hätte Jesus Christus für ein Pfund Rindfleisch verraten. Sie entschuldigte sich, weil die Zimmer in einem so schlechten Zustand wären, aber ihre beiden Brüder, die einzigen erwachsenen männlichen Mitglieder der Familie, waren interniert, und da ihr Vater Invalide war, gab es niemanden, der hätte tapezieren können. Da ich von Beruf Tapezierer war, fragte sie mich, ob ich wohl gelegentlich die Bude aufmöbeln – wie man in Dublin sagt –, das heißt, ob ich die Wände tapezieren könnte.

»Sicher«, sagte ich, »aber sicher, Maureen.«

Dann redeten wir dies und jenes, ich erzählte ihr Geschichten von Heldentaten, die in England um unserer Sache willen geschehen waren, und sie saß da und hörte sich alles an. Und dann erzählte sie mir von den Bekenntnissen eines I.R.A.-Stabschef, von denen ihr Vater behauptete, sie wären die reine Wahrheit und die mir völlig unwahrscheinlich vorkamen.

»Brendan«, sagte sie, »ich kann deine Ansichten nicht teilen, und ich will mir deine schmutzigen Wörter nicht anhören. Am liebsten würde ich dich bitten zu gehen.«

Als dann ein Freund von ihr kam, bat sie ihn tatsächlich, mich rauszuschmeißen.

»Mach, daß du rauskommst, Brendan Behan«, sagte der Freund.

»Jesus«, sagte ich, »ich hab' doch mein verdammtes Maul nicht mal aufgemacht.«

Aber ich ging nicht, und im Laufe der Tage möbelte ich die Bude auf und war glücklich in ihrer Gegenwart. Wir redeten ruhig miteinander, während ich arbeitete, und ich war überglücklich, daß ich in den drei Jahren nichts von meinem Handwerk vergessen hatte. Die Zimmer sahen nett und sauber aus, und ich spürte einen Frieden, den ich nie zuvor gekannt hatte.

Kurz darauf wurde Maureen in das Crooksling-Sanatorium in den Dubliner Bergen geschickt, und ich ging hin, um dieses Mädchen noch einmal zu sehen, mit der mich eine ganz reine Beziehung verband.

Ich bin von Natur feige, und ich mußte vorher ein paar

Whiskys trinken, und als ich sie dann so zart und einsam in dem nackten, nach Äther riechenden Krankensaal liegen sah, wußte ich, daß ich sie sehr innig liebte. Ich brachte ihr ein paar Blumen und sang ihr ein paar Lieder, und sie schien völlig glücklich. Irgendwie scheint mir das zu beweisen, daß die katholische Religion vielleicht doch die richtige ist. Ich war als Kind sehr fromm gewesen, aber später hatte ich Schwierigkeiten mit dem Geschlechtlichen, und dann hatte ich erlebt, wie meine Freunde exkommuniziert wurden, und ich hatte gehört, daß auch mein Vater und Tausende andere exkommuniziert worden waren. Und jetzt war ich selbst exkommuniziert, aber im Innern glaube ich, daß ich nur bei Tageslicht Atheist bin, denn ich möchte nicht ohne Priester sterben.

Ich küßte Maureen ganz keusch auf die Lippen.

»Lebwohl«, sagte ich, »lebwohl«, denn ich wußte, ich würde sie nicht wiedersehen. Ich bin kein Amateurdoktor, um Himmels willen, aber ich wußte, daß ich den Tod getroffen hatte bei einem so jungen Menschen, den ich liebte.

Ich verließ das Sanatorium, und mit dem Geld, das ich bei mir hatte – es war nicht viel –, ging ich in die »Embankment-Bar« gleich neben dem Sanatorium. Traurig dachte ich über die Worte Shakespeares, des großen Engländers, nach, der gesagt hat: »Tu, als wärst du ein Mann.« Er hat nicht gesagt: »Sei ein Mann«, sondern: »Tu, als wärst du ein Mann.«

O Gott, o Heiligstes Herz, Herr erbarme dich ihrer, ich versuchte, zu »tun, als wäre ich ein Mann«, denn ich konnte jetzt keiner sein. Ich saß da in der Hinterstube der Kneipe und machte ein tapferes Gesicht. Es saß noch ein anderer junger Mann da, der sich ganz harmlos die Zeit vertrieb, aber ich konnte seine Gegenwart nicht ertragen und trat wieder ins Tageslicht hinaus mit einem Herzen so schwarz wie die Nacht.

Ich wollte ein Stück zu Fuß gehen, aber da kam mir ausgerechnet diese Mrs. Jones entgegen, diese scheinheilige Vettel mit ihrem knochigen Gesicht und den roten, teuflischen Schweinsaugen. Auch in guten Zeiten möchte ich nicht in Eselsschreinähe zu ihr kommen.

Als wäre der Satan hinter mir her, sprang ich auf den Bus nach Blessington und stieg dort in den Dubliner Bus Nr. 21 um und fuhr zur Watling Street.

Maureens Großmutter stand in der Tür ihres Häuschens, als ich die Eingangsstufen hinaufstieg.

»Wie geht es meiner Enkelin?«

Auf diese Frage war ich nicht gefaßt, und ich wußte ja, daß es Maureen nicht gutging, aber auf meine lügnerische Art sagte ich:

»Es geht ihr ganz gut, sie ist ganz wohl.« Ich blickte ihr ins Gesicht, um zu sehen, ob sie mir glaubte. Sie nickte dankbar.

»Möchtest du nicht hereinkommen, Brendan«, sagte sie, »und eine Tasse Kaffee trinken? Paddy wird bald nach Hause kommen und bestimmt nach dir fragen.«

Paddy war ihr Sohn und Maureens Vater, aber ihr könnt mir glauben, daß ich nicht in der Stimmung war, mit irgendeinem zu sprechen, außerdem ist Kaffee ein Getränk, das ich abscheulich finde, und Tee war damals rationiert. Aber ich konnte nicht ablehnen. Es ist herrlich, wenn man eine Weile mit sich allein sein kann, draußen in der Sonne, denn das ist etwas, was man im Gefängnis nie kann, trotz all ihrer Einzelhaft – und davon habe ich mein Teil gehabt. Da beobachten diese dreckigen Schweine einen jeden Augenblick, selbst in Momenten, wo der Schlechteste von uns nicht mal einen Hund stören würde. Ich war also nicht so schlecht, der alten Frau eine Absage zu erteilen, und folgte ihr ins Haus.

Paddy O'Reilly hatte den Spitznamen »der blutige Mann«, denn er arbeitete im Schlachthof und war gewöhnlich mit Tierblut beschmiert. Es war zwar kein Menschenblut – trotzdem. Ich habe ein Herz für Tiere und kann nicht sehen, wenn eins getötet wird.

Ich habe nie über Dinge, die mir viel bedeuten, sprechen können, und ich behaupte auch nicht, daß ich etwas zu sagen habe, um dessentwillen Christus vom Kreuz herabsteigen würde oder so etwas, aber ich kann's einfach nicht aussprechen, das ist alles. Ich war also froh, daß Mrs. O'Reilly mich über meine Zeit in der Jugendhaftanstalt Borstal ausfragte. Ich erzählte ihr von einem I.R.A.-Mann aus West-Belfast, der mich hatte sprechen wollen, aber ich erzählte ihr nicht, daß ich gerade dabei war, die Kreuzwegstationen abzurutschen.

Ihre Söhne und Enkel waren genau wie meine eigenen Verwandten alle in der I.R.A., sie war daher sehr interessiert, als ich ihr erzählte, daß dieser Mann aus Belfast wußte, daß ich in Killiney Castle zusammen mit Seamus MacIlhenna und Tommy Gunn ausgebildet worden war. Tommy war immer ein Erfolg auf Festen oder Singabenden, und wir waren bei solchen

Gelegenheiten oft zusammen gewesen. Und so erinnerten wir uns an Geschichten über Tommy, diesen tollen Spaßmacher.

In diesem Augenblick kam Paddy herein, immer noch in seiner blutbefleckten Schürze, und er schüttelte mir die Hand und sagte:

»*Céad míle fáilte rombhat abhaile.*«*

Ich dankte ihm und sagte: »*Go raibh maith agat.*«**

Er hatte ein festes, aber trauriges Gesicht, und er war ein guter Mensch. Der Herr erbarme sich seiner. Er weilt nicht mehr unter uns.

»Wie geht es Maureen?« fragte er, denn er wußte, daß ich nicht um meiner Gesundheit willen hier saß.

Ich hatte mir einen ziemlichen Wortschatz aus dem britischen Slang angeeignet, einiges im Gefängnis, manches von meinen Brüdern und Vettern, die in der britischen Armee und der Royal Air Force gedient hatten – das ist eine ehrenwerte Organisation, trotzdem ich, wie man sich denken kann, gegen sie bin.

»Paddy«, flüsterte ich, so daß die Alte es nicht hören konnte, »ich glaube, Maureen ist dran.« Damit wollte ich sagen, daß sie im Sterben lag, und Paddy antwortete traurig:

»Laß uns zur Ecke gehen und einen trinken.«

Denn in Zeiten großer Not, das muß ich leider sagen, muß der Ire einen trinken, um seinen Kummer zu ersäufen, und Mrs. O'Reilly hatte uns gehört.

»Brendan«, sagte sie, »du hast mir gesagt, Maureen ginge es gut.«

»Ja, das stimmt auch. Natürlich geht es ihr gut«, log ich.

»Das glaube ich nicht. Du und Paddy O'Reilly, ihr geht nicht umsonst einen trinken.«

»Nun«, sagte ich, »vielleicht geht's ihr auch nicht so ganz gut.«

Ich konnte ihr nicht sagen, daß ihre Enkelin im Sterben lag.

Und die arme, gebrechliche, schöne alte Frau, die den Bürgerkrieg mitgemacht hatte, deren Enkel des Mordes angeklagt gewesen war – das war, so möchte ich behaupten, damals eine ehrenvolle Sache –, diese alte Frau brach weinend zusammen.

* Hunderttausendmal willkommen daheim!
** Ich danke dir sehr!

Paddy und ich gingen und überließen sie ihrem Schmerz. Das war wohl nicht sehr tapfer von uns.

»Brendan«, sagte er, »glaubst du's wirklich?«

»Ja«, antwortete ich, »ich habe schon früher Leute sterben sehen, Paddy, ich bin sicher, sie macht's nicht mehr lang.«

Er weinte, und ich weinte, und wir tranken. Und ich sang die Strophe eines Liedes, das meine Mutter sich ausgedacht hatte:

Mit Weh denk ich an die Freunde, die mich umgaben zu Hauf,
An die Mädchen mit rosigen Lippen und die Burschen mit schnellem Lauf;
An Bächen, zu breit zum Springen, liegen Knaben unter welkem Grün,
Und die rosigen Mädchen schlafen auf Feldern, wo die Rosen verblühn.

Ich sah Maureen nicht wieder, und mehr will ich darüber nicht sagen. Aber, bei Gott, ich wünschte, sie säße jetzt neben mir.

Und wenn dies die Bekenntnisse eines irischen Rebellen sind, so ist dies wirklich ein Bekenntnis.

Wie bei Sean O'Casey, der für mich der größte lebende Dramatiker ist, befand sich das einzige Stück Boden, das meine Familie besaß, in Blumenkästen, und das einzige Mal, daß ich zusammen mit meinem Vater ein Feld umgegraben habe, war während des Streiks, als die Dubliner Stadtverwaltung den Männern zwei mal ein Meter große Stücke draußen auf Swifts Friedhof überlassen hatte.

Und auch am Ostersonntag 1942 ging ich zum Friedhof von Glasnevin, aber nicht, um ein Grab zu graben. Ich war mit der Irisch Republikanischen Armee dort, oder dem, was von ihr noch übrig war, um an der Gedächtnisfeier für den Osteraufstand teilzunehmen, die am Grab der Männer stattfindet, die 1916 für die Freiheit Irlands gefallen sind.

Bei dieser Feier waren ein paar tausend Menschen, nicht alle aktive Mitglieder der I.R.A. Einige waren sogar Soldaten auf Urlaub, aber in Zivil.

Ich dachte traurig an meine beiden Kameraden von der I.R.A., die in England von der sogenannten britischen Justiz zum Tode verurteilt worden waren und jetzt unter dem Rasen lagen. Es waren zwei unschuldige, aber sehr tapfere Männer gewesen. Der eine wurde in London festgenommen, eine halbe Stunde nachdem eine Bombe in Coventry explodiert war. In ganz Irland und in Amerika hatte es Protestdemonstrationen gegeben. Die würde man so bald nicht vergessen.

Also, ich stand hier unter tausend anderen und dachte an sie.

»Gott segne Irland«, riefen die Helden,
»Gott segne Irland«, rufen wir zu euch all'n,
»Ob wir hoch am Galgen baumeln
oder auf dem Schlachtfeld taumeln,
Wenn wir nur für Irland fall'n!«

Ich stimmte zusammen mit Cafferty ein, einem jungen, vielleicht siebzehnjährigen Maurer.

»Brendan«, sagte er, »ich glaube, die Polizei ist hinter uns her.«

Ich drehte mich um und sah die Bereitschaftswagen und darin diese Schweine mit ihren verdammten Fressen, die nichts anderes im Schild führten als schwere Körperverletzungen. Ich glaube nicht, daß sie an mir besonders interessiert waren, aber sie waren an Andrew interessiert, an Lasarian und Joseph, drei Offizieren der Irisch Republikanischen Armee, die genau vor uns standen. Ich bin nie bei irgendwas Offizier gewesen.

Es war gut, die Tausende von freien Menschen um mich zu spüren, denn an die Freiheit hatte ich mich noch nicht ganz gewöhnt.

Haltet euch nur still, ihr Schweine, sonst werden wir auf dem Rückweg ein Wörtchen miteinander reden.

Cafferty stampfte unruhig auf dem grünen Rasen herum, darum gab ich die Parole aus, falls die Polypen versuchen sollten, die drei Männer zu belästigen, würden wir sie zusammenschlagen. Sie konnten uns unmöglich alle erschießen. Mit wohlgezielten, fixen Fingerstößen in ihre Glubschaugen würden wir sie fertigmachen.

Mein Sinn für Humor kann mich sogar bei einem Begräbnis zum Lachen bringen, vorausgesetzt, es ist nicht mein eigenes. Aber wenn ich es mit blöden Polizistenschweinen zu tun habe, verläßt mich mein Humor, und ich wünsche mir nur, sie fertigzumachen, und zwar mit Mitteln, die genau ihrer Unverschämtheit entsprechen. Ich fing an, gälische Lieder zu singen, besonders rebellische, und viele Kumpel stimmten ein.

Das Handgemenge brach auf dem Rückweg vom Friedhof aus. Es war kurz und munter wie ein Eselsgalopp, aber in diesen kurzen Augenblicken durchlebte ich eine ganze Lebensspanne, die mir unvergeßlich ist.

Oh, heilige Muttergottes, es war eine verdammte Schande. Die Polizisten mit ihren gierigen Fressen sprangen aus den Wagen und gingen auf Lasarian, Andrew und Joseph zu, um sie festzunehmen. Sie umzingelten sie und machten Gesichter, als würden sie jeden Augenblick überschnappen. Der Magen drehte sich mir um, und ich brach in kalten Schweiß aus. Plötzlich warf ich meine Jacke ab und ging mit den Fäusten auf sie los.

»Los«, sagte ich zu Cafferty, »wir regeln das hier.«

Alles schrie durcheinander. Ein großer, häßlicher Kerl von einem Polizisten versuchte wutschnaubend, die Leute zum Schweigen zu bringen. Da hörten wir plötzlich jemanden kreischen: »Der Mann hat einen Revolver.« Ich drehte mich um und sah in der Hand des einen I.R.A.-Offiziers den stählernen Glanz eines Revolvers. Der Mann war außer sich.

»Ich schieße, ich schieße«, kreischte er.

Jesus dachte ich bei mir, warum bin ich nicht im Jugendgefängnis in Borstal oder in Feltham in Einzelhaft? Da hätte ich wenigstens meine Ruhe und wäre allein und nicht hier, wo sich mir die Gedärme im Bauch rumdrehen.

In dem Augenblick, da ich dem Offizier den Revolver aus der Hand riß, eröffnete die Polizei das Feuer. Ich war es nicht, erst als die das Feuer eröffneten, schoß ich zurück, und, immer noch schießend, rannten Cafferty und ich um unser Leben.

Wir sprangen über die Gartenmauer des nächsten Hauses – es war ein kleinbürgerliches Vorstadthäuschen, duckten uns in die Büsche hinter der Mauer und versuchten, wieder zu Atem zu kommen. Kalter Angstschweiß stand mir jetzt auf der Stirn; während der Schießerei hatte ich keine Zeit gehabt, Angst zu haben. Meine Hände zitterten, und ich hätte gern gewußt, ob mir meine Stimme noch gehorchte, aber ich wußte, daß ich bei dem Versuch, den Atem anzuhalten, um nicht zu stottern, vor Anstrengung vielleicht ohnmächtig geworden wäre.

Es war ein Uhr mittags, und an diesem Tag war der Winter dem Frühling gewichen.

Ich stieß Cafferty an, denn die Tür des Hauses öffnete sich, und ich sah eine Frau in mittleren Jahren, deren hageres Gesicht sich über den Milchtopf in ihren Händen beugte. Sie hatte uns sofort erspäht und stieß einen Schrei aus, der das Herz eines Henkers hätte stillstehen lassen. Der Topf in ihren Händen wurde geschüttelt, als wollte sie Butter machen. Man hatte fast den Eindruck, die Butterklümpchen an der Oberfläche aufsteigen zu sehen. Aber es war ja nicht die Schuld der armen Seele. Man sieht eben nicht jeden Tag zwei Jüngelchen von neunzehn und siebzehn hinter der Gartenmauer hocken. Zitternd vor Angst drehte sie sich in der Tür um und schrie: »Jack, Jack, da sind zwei Kerle mit Pistolen, die hier reinwollen!« Denn inzwischen rannten wir beide gebückt, um nicht von der Straße her gesehen zu werden, auf die Tür zu.

Wir hörten Schritte aus dem Wohnzimmer im Hintergrund herankommen, und eine tiefe, grobe Stimme sagte: »Bei Gott, die kommen mir nicht hier rein.«

Ich dachte, ich würde einen Mann von einsachtzig mit Schultern wie King Kong zu sehen bekommen. Ich hatte den Film gesehen, als ich zwölf oder dreizehn war, er war der gräßlichste Gorilla, den man sich vorstellen kann. Drakula und Frankenstein waren im Vergleich damit eine Hochzeitsnacht.

Statt dessen kam ein Kerlchen heraus, das kleiner war als ich. Er sah uns trotzig an, aber wie unsere Augen ihn so von Kopf bis Fuß musterten, merkte ich schon, daß er genauso nervös war wie wir.

»Ihr könnt hier nicht rein«, sagte er.

»Tut mir leid«, sagte ich, »aber wir müssen rein«, und dann hängte ich lächelnd ein »Sir« an, denn er war ja eine anständige Haut und versuchte nur, sein Eigentum zu schützen. Trotz seiner wütend zusammengepreßten Lippen bemerkte ich mit Erleichterung, wie sein Herz schmolz.

»Aber hier im Haus sind kleine Kinder.«

Zum erstenmal seit Jahren hätte ich am liebsten geweint. Ich würde mir lieber einen Arm abhacken, als einem Kind auch nur ein Härchen krümmen, aber ich konnte es ihm nicht übelnehmen, daß er anders dachte. Ich spürte, wie sich meine Gedärme vor Angst verkrampften und mir kalter Schweiß auf die Stirn trat. Es ist Zeit, es war Zeit, es ist keine Zeit mehr, sagte ich mir. Wir können hier nicht rumstehen und streiten.

»Wir haben nicht vor, Kinder zu erschrecken«, sagte ich und wies mit dem Kopf nach draußen, »aber da draußen sind Leute, die nichts Gutes mit uns vorhaben.« Wir hörten jetzt die Rufe der Polizei und das Geräusch der näherkommenden Mannschaftswagen. Ich biß die Zähne zusammen – und ich hatte damals ein gutes Gebiß –, und wir beide, Cafferty und ich, drängten den armen Kerl mit vorgehaltener Pistole in sein Haus hinein. Sein einziges Verbrechen bestand darin, daß er dort war, wo er ebensogut in der Kneipe gegenüber hätte sein und bei einem Glas Bier seine Meinung über das große Rennen in England hätte zum besten geben können. Seine Alte sammelte die Kinder um sich und murmelte Stoßgebete zur Jungfrau Maria. An der Wand hing ein Bild unseres Herrn, der eine Lampe trägt, und darunter standen, in Holz geschnitzt, die Worte: »Sei standhaft.«

Wir waren standhaft, der Teufel hole den, der's nicht glaubt.

»Wenn ihr hierbleiben wollt«, sagte der tapfere Mann, »dann gebt mir die Wumme«, damit meinte der den Revolver.

»Bei meinen Eiern«, sagte ich, »niemand kriegt meinen Revolver, das schwör' ich. Streng deinen blöden Schädel an. Wir müssen uns verteidigen. Niemand will dir oder deiner Familie etwas tun. Wenn hier gekämpft wird, kannst du nach oben gehen.«

Seine Halsadern schwollen vor Wut, einen Augenblick lang dachte ich, er würde auf mich losgehen, und ich fühlte mich mehr als je zum Glauben meiner Väter gehörig, seit ich exkommuniziert worden war. O heiligstes Herz, nur keine Gewalt mehr!

Aber er sagte nur: »Hört mir mal zu. Ich lasse mich hier in meinem Haus nicht von einem Grünschnabel wie dir herumkommandieren.« Ich finde, das war mutig und außerdem vernünftig gesprochen.

Ich setzte mich neben Cafferty auf die Treppe, die aus dem vorderen Raum direkt nach oben führte. So hatten wir die Haustür im Auge und waren auf alles vorbereitet, was aus dieser Richtung auf uns zukommen konnte. Ich wischte mir den Schweiß von der Stirn und wünschte, meine Übelkeit und meine Kopfschmerzen würden für einen Augenblick all meine anderen Überlegungen auslöschen. Eine solche Pause würde mir wohler tun als ein Dutzend Glas Bier.

Wir hörten Schritte auf die Tür zukommen. O Jesus! Das Herz rutschte mir in die Hose, und in meiner wehrlosen Not wünschte ich, ich könnte aufwachen und feststellen, daß all das nur ein Traum gewesen wäre und ich mir sagen könnte: so wäre es, wenn du von der Polizei gesucht würdest. Aber es kam mir ganz wahrscheinlich vor, daß es tatsächlich so war, als es an die Tür klopfte. Sofort war ich auf den Füßen, den Revolver fest in der Hand.

»Heilige Maria, schieß nicht«, schrie der arme Mann. »Das ist meine Tochter, die aus der Messe zurückkommt.« Wirklich ging die Tür auf, und ein sehr hübsches Mädchen in meinem Alter oder vielleicht auch etwas jünger trat ein. Sie knallte die Tür hinter sich zu und legte das Gebetbuch auf den Tisch, wobei sie das schmutzige Geschirr des unterbrochenen Mittagessens beiseite schob. Ich versteckte den Ballermann so gut ich konnte in der rechten Hosentasche, aber da ich keine Jacke trug, konnte man den Kolben deutlich erkennen. Ich hätte mir darüber keine Gedanken machen sollen, denn ich sah gleich, daß sie ein kluges Mädchen war, und unseren gehetzten Blick hätte sie auf jeden Fall bemerkt.

Sie wandte sich an uns, als sie fragte: »Seid ihr die Jungens, die auf dem Friedhof von Glasnevin gekämpft haben?«

»Ja – das bin ich – das sind wir«, antwortete ich. Cafferty stieß mich mit dem Ellbogen an, damit ich nicht zuviel sagen sollte, aber er tat es nur leicht, denn er hatte großen *meas** vor mir, weil ich bei der Arbeit für unsere Sache in England geschnappt worden war.

Sie fragte mich, was ich von dem Vorfall wüßte, und ich erzählte ihr, was passiert war, wobei ich uns beide herausstrich. Ich habe mich immer gern bewundern lassen.

»Ich kann euch sagen«, sagte sie, »die ganze Gegend hier ist von einem Polizei- und Militärkordon abgesperrt.« Und ich kühner Rebell mußte daraufhin ganz dringend scheißen, rannte wie wild auf den Lokus im Hof, erledigte mein Geschäft, putzte mich ab und war ordentlich und sauber zur Stelle, während sie immer noch dastand, als wäre ich gar nicht weggewesen. So was kann die Angst doch tatsächlich mit einem machen.

Sie lächelte und faßte mich am Arm.

»Ich glaube, ich kann euch rausbringen.« Die Worte klangen

* Respekt

mir süß im Ohr, hoffentlich werde ich nie müde, mich daran zu erinnern.

»Wirklich?« sagte ich.

Wir folgten ihr dicht auf den Fersen. Ich wollte die alte Knarre etwas griffbereiter haben als in der Hosentasche und tastete danach. Dabei fühlte ich die Wärme in meine Leisten zurückströmen und die kalte Angst weichen und entschloß mich, es darauf ankommen zu lassen und ihn stecken zu lassen: ich meine den Revolver.

Es war niemand zu sehen, nur in der Ferne hörte man Stimmen, die etwas schrien, und da der Tag noch jung war, blieb den Bullen Zeit genug, uns zu jagen.

Das Mädchen brachte uns zu einem Seiteneingang des Kirchhofs von Glasnevin, den ich nicht kannte, obgleich ich den Friedhof mein ganzes Leben gekannt hatte und auch meine ganzen Tode lang, denn all meine Vorfahren sind dort begraben. Und obwohl die Luft dort gesund sein soll, hatte ich keine Lust, sie an diesem oder am nächsten Tag noch einmal zu atmen.

Wir folgten dem Mädchen über den Friedhof zu einem anderen Seitenausgang, und dort waren wir frei. Gott ist schon in Ordnung, dachte ich, und auch seine Mutter.

»*Go raibh míle maith agat*«,* sagte ich und schüttelte ihr aufrichtig die Hand.

»Schon gut, *tá fáilte romhat*«,** sagte sie und sah uns beide an, »*slán libh.*«***

»*Slán a't.*«****

Ich fiel bald aus den Socken, denn das Mädchen reichte uns zwei Päckchen Zigaretten, Marke »Sweet Afton«, eine Schachtel Streichhölzer und ein paar Rippen Schokolade, und das bewies eine Güte und ein Verständnis, das man nicht alle Tage trifft. Ich fühlte, wie mir ein Kloß in die Kehle stieg und mußte hart schlucken, denn ich bin kein harter Mann, und so etwas rührt mich. Und ich hatte nicht gesehen, daß sie diese Dinge von zu Hause mitgebracht hatte.

Wir gingen auf die Moibhi Road zu, die im Norden aus Dublin hinausführt, hörten in weiter Ferne die Straßenbahnen und stellten uns die Alten da hinten vor, wie sie nach der Messe

* Haben Sie tausend Dank.
** Gern geschehen.
*** Auf Wiedersehn.
**** Leb' wohl!

und ein paar Glas Porter froh über den kleinen Schwatz und ein bißchen besäuselt singend nach Hause fuhren.

In den Kurven kreischend, beschleunigten die Straßenbahnen vor den Bergen die Fahrt, und die Kirchenglocken schlugen lauter, je düsterer der Tag im sinkenden Licht des Nachmittags wurde.

Niedergeschlagen stellte ich fest, daß das ganze Geld, das ich bei mir gehabt hatte – nicht gerade viel, aber genug für ein paar Glas Bier –, in der Tasche meiner Jacke geblieben war, die ich zu Beginn der Schießerei weggeworfen hatte; und Cafferty hatte überhaupt kein Geld.

Wir setzten uns hinter eine Hecke in ein Kornfeld, steckten uns eine Zigarette an. Keiner hatte Lust, etwas zu sagen. Ich zog den Rauch tief in die Lunge, fühlte ihn dort kreisen, auf und ab und nach draußen steigen und starrte in die Wolke, die sich vor mir blähte. Wir mußten unbedingt zu Geld kommen, denn wie sehr wir die paar Riegel Schokolade auch einteilten, sie würden nicht länger als ein oder zwei Tage reichen. Ich war gezwungen, das Gemeinste zu tun, was ich je in meinem Leben getan habe, jedenfalls mit das Gemeinste. Wir waren gezwungen, eine Gruppe von Männern zu überfallen, die »Zahl oder Adler« spielte – was die Australier »two-up« nennen. Es waren harmlose Leute, die sich den Sonntagvormittag mit einem Spielchen vertrieben und völlig verwirrt waren, als plötzlich zwei magere Bürschchen auftauchten und mit vorgehaltenem Revolver die Kasse verlangten. Ein alter Kerl, der tapferer war als der Rest, kam auf mich zu und wollte mich ins Gesicht schlagen. »Dreckschwein, verdammter Schuft! Ich werde euch junge Hunde Benehmen beibringen. Bei Gott, mit euch bin ich noch nicht fertig.« Aber wir grabschten das Geld und verschwanden wieder in die Dunkelheit; Jesus sei Dank, wir atmeten noch, und zum Teufel nochmal, nichts war uns passiert, gedankt sei Gott und seiner hochgebenedeiten Mutter.

Die Glocken hinten in der Stadt schlugen Viertel nach sieben, und ich wußte, daß die Kneipen bald schließen würden, so waren damals die Schankgesetze in Irland. Wir fühlten, daß unser Lebensstandard plötzlich einen Sprung nach oben gemacht hatte, rauchten noch eine und aßen die Schokolade auf, da fiel mir ein, daß hier in der Nähe Verwandte von uns wohnten, die ich vielleicht überreden konnte, uns zu helfen, wenigstens unsere Kleidung etwas zu vervollständigen.

Erst jetzt merkte ich, wie kalt die Luft war, und außerdem brauchte ich noch aus einem anderen Grund unbedingt einen Rock. Ein Mann, der einen Revolver in der Hosentasche trägt, erregt nicht unbedingt Wohlwollen, und das Ding war so gut zu sehen, daß eine Fanfare aus dem Musikzug des Präsidenten nicht unbedingt nötig war, um sie anzukündigen.

Wir entschlossen uns, unser Glück zu versuchen. Schon waren wir an der Tür und klopften, aber voller Angst, denn ich war keins der fahnenschwenkenden Jüngelchen, die aus der Gälischen Liga zur I.R.A. kommen, bereit für die Ehre Irlands zu sterben. Ich war bereit, für einen Mantel zu sterben, und würde es wahrscheinlich in dieser mörderischen Kälte auch tun, falls die D.M.P. (Dubliner Städtische Polizei) nicht zuvor Hackfleisch aus mir gemacht hatte.

O Gott, es war doch wirklich wenig, worum ich bat! Was konnte ich ihnen antun? Schließlich konnten sie nichts Schlimmeres als nein sagen und würden uns nicht gleich auffressen.

Die Tür ging auf.

Das Lächeln verblaßte, die Sanftmut wich, und Wut stieg in meiner Magengrube hoch, und ich verkrampfte die Handflächen ineinander. Du pockengesichtiger Hurensohn, dachte ich bei mir, und wollte ihm einen in den Magen versetzen; aber schließlich hätte das gar nichts genützt. Sie wollten uns nicht wohl, und ich nahm mir vor, es ihnen eines Tages heimzuzahlen.

Ich fing Caffertys traurigen, aber freundlichen Blick auf, das tröstete mich ein wenig, und ich erwiderte seinen Blick, als wollte ich sagen »Wir werden's schon schaffen, mein Junge«. Ich kam mir vor, als wäre ich drei Meter groß mit der Verantwortung, die ich trug, aber gleichzeitig wünschte ich, ich läge zu Hause in der Russel Street in meinem Bett, und meine Mutter sagte mir, gegen ihren Willen lächelnd, ich sei ein nichtsnutziger irischer Flegel, und sie schickte mich mit dem harterworbenen Tageslohn und einer Kanne los, was zu trinken zu holen, und wartete dann vergeblich.

Damals brauchte ein Mann seine ganze Kraft, also machte ich kehrt und packte dabei Cafferty beim Arm.

»Los«, sagte ich, »ich weiß, wohin wir gehen.«

Wir gingen in eine schreckliche Slumgegend – Gott möge mir vergeben, daß ich es so nenne, denn ich will nicht undankbar scheinen, aber die Gasse bestand aus ehemaligen

Kutscherhäusern, die nicht so hübsch aussahen wie die alten Londoner Mews, die später so in Mode kamen. In einem davon lebte eine liebe Frau, die seit Jahren mit meiner Familie bekannt war und mit meiner Mutter zur Schule gegangen war. Sie würde versuchen, uns zu helfen, das wußte ich.

»Connie«, sagte ich, »wir sind auf der Flucht.«

»Ja«, gab sie zur Antwort, »dann solltet ihr aber nicht draußen stehenbleiben. Ihr seid identifiziert, ihr beide. Ich habe die Nachrichten im Radio gehört. Kommt lieber rein, ehe einer von denen euch sieht.«

Der Segen Jesu auf dein Haupt und auf alle, die so sind wie du, und gelobt seist du . . ., aber laut sagte ich:

»Hör mal, kannst du etwas für uns tun?«

»Aber natürlich, Brendan«, sagte sie. »Ich werde das gleiche für dich tun wie für die Jungens 1920, 1921, 1922 und 1923. Ich bring' euch unter.«

Und sie holte uns herein und gab uns einen Teller mit Speck und Kohl, und das war bestimmt ihr eigenes Abendessen, denn sie hatte kaum selber genug zu essen und sicher nichts übrig. Dann gab's noch ein Glas Bier, und ich fühlte die Wärme, die mich einhüllte wie eine Decke nach der Kälte draußen, und Jesus, Maria und Joseph, dabei entschuldigte sie sich noch, weil alles so knapp war.

»Connie«, sagte ich, »du hast uns aufgenommen und ernährt und gekleidet, und darüber hinaus nehme ich den guten Willen für die Tat, und wenn alles für uns vorher schwarz und finster aussah, so ist es doch nicht mehr so schwarz und finster wie zuvor.«

Sie machte uns mit ein paar Decken und Kissen ein Lager auf dem Boden, das war das Beste, was die arme Seele uns bieten konnte. Ich legte mich hin und fing an, den *Sunday Independent* zu lesen, aber meine Arme, die ich unter der Decke hervorstreckte, wurden kalt, deshalb legte ich die Zeitung beiseite und zog die Decke über die Arme. Ich muß eingeschlafen sein, denn das nächste, woran ich mich erinnere, ist, daß Cafferty mich schüttelte und sagte, wir müßten vor Tagesanbruch weg sein.

Ich verließ das Haus wie ein Blinder seinen Hund zurückläßt. All meine Gedanken liefen an mir vorbei und tanzten aus der Reihe vor mir her, ich konnte sie einfach nicht festhalten.

Wir gingen um die Ecke in die Dämmerung hinein.

Dies Kleinod, das birgt unsre Hoffnungen und Sorgen,
Ward in den letzten einhundert Jahr'n aus dem Moor
geborgen,
Doch die letzten sollen die ersten sein, wie du einst sprachst,
Sei, Herr, in deiner Güte, drum gnädig Belfast.

Dieses Gedicht heißt »Ballade zu einem altbekannten Refrain« und wurde von dem Belfaster Dichter Maurice Craig geschrieben, der jetzt nicht mehr in seiner Vaterstadt lebt. Ich füge es hier aus dem einfachen Grunde ein, daß Cafferty und ich unsere Vaterstadt verlassen und uns an diesem Montagmorgen zur Grenze hin auf den Weg machen mußten, bevor noch die Sonne sich ein Herz gefaßt hatte und aufging.

Jedermann weiß über die Grenze zwischen Nordirland, den sogenannten »Six Counties«, und dem Süden Bescheid – aber im alltäglichen Leben ist sie nicht sehr wirklich. Wie Millionen andere Menschen glaube ich an die Freiheit Irlands, und die Grenze ist für mich kompletter Unsinn. An einer Stelle läuft sie sogar mitten durch einen Bauernhof, und man könnte im Süden scheißen und im Norden frühstücken, einfach indem man ein paar Schritte macht. Genauso wäre es verrückt, wenn man nicht über die Straße in den Süden ginge, um einen zu trinken, denn das Bier ist hier billiger, weil hier die britischen Steuergesetze nicht gelten.

Aber solche Überlegungen stellte ich an diesem Tag kaum an. Mein politisches Denken richtete sich ausschließlich auf unsere eigene Sicherheit. Im Zwielicht der Dämmerung erkannte ich Maureens Bruder und einen alten und bewährten Freund aus der I.R.A., die mir auf der Straße entgegengelaufen kamen. Der Freund zog uns in einen Hauseingang, wo das Licht der Straßenlaterne uns nicht erreichte und sagte mir, er habe den Auftrag, mir die Pistole abzunehmen. Er hatte uns die ganze Nacht gesucht, und ich merkte, daß die Verantwortung ihn bedrückte. Ich hätte ihm gern geholfen, denn er war eine ehrliche Haut, und ich kannte seinen Vater und seine Mutter, seine Brüder und Schwestern so gut wie meine eigenen, und wir hatten frisch und munter immer auf derselben Seite gekämpft, auf dem Spielplatz und anderswo.

»Eddie«, sagte ich, »ich geb' dir den Ballermann, wenn du mir deinen dafür gibst.« Denn er stand so dicht neben mir, daß ich schon ein Idiot hätte sein müssen, um sie nicht zu sehen.

Aber er weigerte sich, und erst viele Jahre später hat er mir erzählt, daß die offiziellen Helden ihm eine völlig unbrauchbare Waffe gegeben hatten, die er gegen meine eintauschen sollte, und ich muß sagen, das war sehr anständig von ihnen. Ihr könnt mich mal und zum Teufel mit euch. Es lebe die Republik!

Traurig schüttelten wir uns die Hand.

»*Slán leat,** Eddie«, sagte ich.

»*Slán a't,*** und paß auf dich auf«, sagte er und legte mir mit einer zarten, aufmunternden Geste den Arm um die Schulter.

Die Uhren in der Stadt schlugen Viertel vor fünf, und die Luft des frühen Frühlingsmorgens war frostig und schwer wie Metall.

Auf unserem Weg zur Grenze geschah nichts Bemerkenswertes, außer kleinen gelegentlichen Schußwechseln, die ich lieber vergessen möchte. Denn ich bin kein Killer, und wenn ich getötet habe, so nur im Krieg, und auch das tut mir sehr leid. Ich wünsche, ich wünsche dringend, daß man mich dies sagen hört, denn ich prahle nicht. Ich habe nie jemanden getötet, um an sein Land zu kommen oder um irgendeiner Sache willen, an der ich mich bereichert hätte. Wenn ich getötet habe, so tat ich es als Soldat, als Mitglied der Irisch Republikanischen Armee, und ich war stolz, deren Mitglied zu sein.

In Belfast gingen wir zum Elternhaus eines jungen Mädchens, auf das ich Eindruck zu machen suchte, während Cafferty von den enormen Löhnen schwatzte, die die Arbeiter in den Fabriken und Werften des Nordens verdienen sollten. Er sprach vor allem von einem Freund, und während ich nicht versuchte, dem Mädchen vorzuspiegeln, ich wäre ein Millionär oder was ähnliches, erwartete ich nicht, daß Cafferty ausplauderte, dieser Mann sei vor dem Krieg nicht besser drangewesen als wir zur Zeit, nämlich ohne einen Pfennig. Das nennt sich einen Freund.

Am nächsten Tag nahm ich an der Hochzeit eines Mitglieds der *Cumann nam Bhan* – der Frauenliga – teil, das ist das weibliche Gegenstück zur Irisch Republikanischen Armee. Sie heiratete einen I.R.A.-Mann, es blieb also alles in der Familie.

* Leb' wohl!
** Leb' wohl!

Mittelpunkt dieser Hochzeitsfeierlichkeiten in der Umgebung der Falls Road, dem größten Katholikenviertel, war ein kleines rotes Backsteinhäuschen im Ghetto von Belfast, und es stand in einer Reihe von anderen roten Backsteinhäuschen, so wie man sie überall im Norden Englands finden kann, im Norden Irlands, in Liverpool oder in Belfast.

Das Haus war von Männern mit Gewehren umstellt, einige hatten Thompson-Maschinenpistolen, andere lange Webleys und automatische Colts, alles für den Fall, daß die Ulster Royal Constabulary einen Überraschungsangriff startete. Aber da man die Feigheit dieser Polizistenschweine ob Nord oder Süd, kennt, war es nicht zu erwarten.

Aber ehrlich, ihr hättet gelacht, denn drinnen im Haus tanzte und sang alles, als wäre es ganz alltäglich, daß man sein Mädchen unter dem Schutz einer bewaffneten Leibgarde heiratet.

Es war ein toller Abend, und ich mußte an meinen Vater und an meine Mutter denken, wie die beiden sich erheben und antreten, um »Eile zur Hochzeit« zu tanzen, und wie die beiden singen:

Sagt sie zu mir, »Wir sind genausogut wie die andern«,
Sagt sie zu mir, »Und gewiß sind wir auch so klug«,
Sagt sie zu mir, »Du bist so wild wie die andern«,
»Kathy«, sag ich, »gewiß sind wir alt genug ...«

Zu trinken gab es genug, Mengen von Bier und Whisky, und nachdem wir einiges intus hatten, hätte die Belfaster Polizei uns ohne Widerstand abführen können. Aber – und ich bin froh, daß ich das sagen kann – die Wachen draußen waren gewissenhaft, obgleich wir manches Glas durch die Fenster nach draußen reichten.

Ich merkte, daß einer der Kerle eine lange Stahlfeder, wie sie die Installateure brauchen, um ein Rohr zu biegen, im Ärmel versteckt trug, und wenn man damit eins über den Kopf kriegt, soll das nicht gerade gesund sein.

Ich ließ mir nicht anmerken, daß ich das Ding gesehen hatte, aber ich war doch erschüttert und froh, als Ambush, ein alter Freund von mir, mir was zu trinken reichte und mich bat, ein paar Stückchen auf der Mundharmonika zum besten zu geben, die ich ganz gut spiele. Ich spielte die »Internationale«, und

Ambush sang dazu, und danach sang er ein lustiges Lied über einen Hungerstreik.

Laß mich für Irland dein Kreuz tragen, Herr,
Die Zeit des Gerichts ist nah,
Und die Ängste und Qualen der Opfer
Muß tragen, wer lieb uns einst war.
Aber Herr, nimm mich aus der Opferschar,
Nicht alle sind schon bereit,
Auch wenn wir gefaßt sind zu sterben all,
Daß Irland erfahre kein Leid.

Unter den Hochzeitsgästen war auch eine ehemalige Freundin des Bräutigams, auch sie eine Irisch-Republikanische-Armee-Tante – wenn ich so respektlos von der Bewegung reden darf –, und da sie unbedingt etwas zur Feier beitragen wollte, sang sie:

Heut nacht werd ich lächeln, ach, Liebster mein,
Auch wenn der Falsche wird um mich sein,
Die Perlen, mit denen man dich versah,
Warten noch immer in meinem Haar.

Jemand im Hintergrund machte mir ein Zeichen, ich solle sie zum Schweigen bringen, aber sie war noch nicht fertig – es war nichts zu machen. Ein qualvolles Stöhnen ging durch den Raum, als sie jetzt ihr Schultertuch abwarf, um fortzufahren:

Und wenn er, der mich verlassen hat,
Auch denkt, daß mein Herze lacht,
Wenn ich auch morgen weinen muß,
Werd ich lächeln doch heute nacht.

Fragt mich nicht, was das bedeuten soll, denn es ist Belfaster Sprache, aber da es sich um Gefühle handelt, kann es ja eigentlich nur Unsinn sein.

Inzwischen waren wir alle ganz nett besäuselt, und eine Alte stand auf und sang ein Lied über ihren verstorbenen Gatten, der Artillerist bei der Marine gewesen war und bei den Dardanellen auf einen Artilleristen getroffen war, der schneller war als er. Der schnellere Artillerist kämpfte auf der Seite der

Vettern, und das sollte eine Warnung für alle sein, sich nicht in Familienstreitigkeiten einzumischen.

Dann sang Ambus noch ein Lied, nicht über europäische Wirren, sondern über innerirische: »Hier kommt unser Fenierdegen.« Er hatte eine gute Stimme, was ich bei einem Bürger bewundere; ich selber bin auch kein schlechter Kehlkopfvirtuose. Als er fertig war, sagte er: »Jetzt gib du was zum besten, Brendan.« Also sang ich den versammelten Orangeleuten »God save the King« rückwärts, das hatte ich von einem Kumpel in Borstal gelernt. Meine Familie wäre vor Entsetzen aus den Latschen gekippt, und auch die gegenwärtige Gesellschaft war nicht gerade englandfreundlich, aber die Feier war so weit fortgeschritten, daß Besonnenheit nicht länger der bessere Teil der Tapferkeit war.

Aber um zu zeigen, daß ich schließlich kein Englandfreund war – so schlau war ich noch –, sang ich aus immer vollerer Kehle, daß man mich in ganz Belfast hören konnte:

Komm raus und laß die Tonne klappern,
Dideldum, dideldum, dideldei.

Im Bürgerkrieg haben die Leute einander beim Anrücken der Schlägertrupps von Straße zu Straße gewarnt, indem sie mit den Deckeln der Mülltonnen klapperten, und dabei sangen sie dies Lied. Es ist ein gutes Lied wie die meisten Lieder im Norden.

»Zugabe«, schrien sie gutgelaunt, »sing uns das Lied, das du auf der Totenwache gesungen hast!«

Ich mußte drei Zugaben geben und war überzeugt, gut bei Stimme zu sein.

Cafferty und ich blieben in Belfast, bis ein wenig Gras über die Sache gewachsen war, denn wir hörten im Radio, daß intensiv nach uns gefahndet wurde, und es machte mir sogar Spaß, wenn ich daran dachte, wie die Uniformierten von dem Streifen träumten, der fällig war, wenn sie uns schnappten.

Wir bekamen die Polizei nicht zu sehen, bis wir ein Dorf an der Grenze der Grafschaft Dublin erreichten. Dort saßen ein paar Polizisten in ihren Autos, und andere uniformierte Polizisten standen herum. Wir traten in eine winzige Kneipe, die ich kannte und wo ich bekannt war und man uns sofort in ein kleines Hinterzimmer ließ. Dort war ein Schiebetürchen in der

Wand, das die Verbindung mit dem Schankraum herstellte, und da ich genug Flöhe in der Tasche hatte, rief ich durch:

»Einen halben Liter für mich. Einen halben Liter?« Cafferty nickte. Wir bekamen also jeder einen halben Liter und ein Schweinefüßchen und einen Teller mit Butterbroten, und das dampfende Schweinefüßchen wärmte uns, stärkte uns für den Weg und für das, was uns draußen begegnen würde.

Wir schoben die leeren Teller durch die Klappe, gingen für alle Fälle noch mal pissen und traten wieder auf die Straße hinaus.

Draußen war jetzt alles still, man hörte nur die Vögel, die über unseren Köpfen in den Himmel stiegen; der Frühling wich schon dem Sommer. Ich sog die Luft ein, die Sonne und den frischen Duft der Erde.

Als wir den Stadtrand erreichten, trennte ich mich von Cafferty, denn wir hatten gehört, daß Order erteilt worden war, mich zu erschießen, sobald man meiner ansichtig wurde, denn da ich die Pistole abgefeuert hatte, galt ich als der Gefährlichere. Bei meinen Eiern, sagte ich mir, nicht solange Gott uns sieht, der ja da oben ist und uns alle sieht.

Aber für Cafferty würde es so besser sein, denn beim gegenwärtigen Spielstand konnte man ihn nur als Helfershelfer einstufen oder wie in drei Teufels Namen sie das nennen.

Der Befehl, mich zu erschießen, wurde vom Polizeichef Gantley ausgegeben, ein Hurenkerl, einer von diesen ehemaligen Free-State-Army-Gossenlümmeln, die nie in der I.R.A. gewesen sind, jedenfalls nicht als aktive Mitglieder. Später wurde Gantley, er hieß auch noch ausgerechnet Sean, von einem seiner eigenen Männer erschossen, als er eine bravouröse Jagd auf zwei Verbrecher anführte, die sich in der Gießerei in der Hammond Lane in Dublin versteckt hielten. Vielleicht sollte man gar nicht von Verbrechern reden, ich gebrauche dies Wort nur selten. Also, Gantley ist tot, und ich bin glücklich, euch mitteilen zu können, daß ich noch lebe.

Mit ein paar gemurmelten Worten, die ermutigend sein sollten – denn ich trennte mich nur ungern von ihm –, ging Cafferty die Straße hinunter, ich sah ihm nach, bis er im Licht und im Sonnenglanz verschwand.

Als meine Mutter noch zur Schule ging, hatte sie eine Freundin, Chrissie Richardson, die in einem Waisenhaus in Dublin lebte. Später, als meine Mutter bei einer Organisation, die sich das Irische Weiße Kreuz nannte und ihr Haus in der Harcourt Street hatte, Hausmeisterin war, brachte Chrissie ihren Freund Alf zu mir, einen Schotten aus Newcastle, einen prima Kerl, wie ich fand. Er war auf der Flucht, nicht weil er zur I.R.A. gehörte, sondern weil er aus der britischen Armee desertiert war. Meine Mutter brachte ihn zu Hause unter, und sie brachte auch Chrissie bei sich unter, bis sie heiraten konnten, und danach wohnten wir alle in derselben Straße.

Um ehrlich zu sein, als ich Alf zum erstenmal sprechen hörte, dachte ich, er sei Ausländer, dabei hätte man ihn in manchen Gegenden Englands auf Grund seines Akzents für einen Iren gehalten.

Ich ging jetzt zu Alfs und Chrissies Haus und versteckte mich dort, im Heim eines ehemaligen Angehörigen der britischen Armee, der die hohe Auszeichnung hatte, ein Deserteur zu sein. Sie gaben mir ein Bett und reichlich zu essen und behandelten mich wie einen der Ihren.

Ich trat der Dubliner Brigade der Irisch Republikanischen Armee bei. Wir überfielen eine Reihe von Pfandleihen, und eine davon schröpften wir um 2000 bis 3000 Pfund für die gemeinsame Sache. Jemand sagte, wir hätten eine Medaille für das Auffinden des Ladens verdient, weil dieser nämlich umgezogen war.

Auch Cafferty überfiel Pfandleihen und wurde unter den folgenden Umständen geschnappt und wieder entlassen: Er und zwei andere I.R.A.-Leute waren in eins der größten Pfandhäuser Dublins eingedrungen, und während die beiden anderen die Angestellten hinter der Theke in Schach hielten, drückte Cafferty seinen Revolver einem Zimmermann in den Nacken, der das Pech hatte, gerade an diesem Morgen dort den Fußboden auszubessern.

»Schlag weiter mit dem Hammer auf den Boden, Mensch, dann passiert dir nichts, wenn du aber versuchst, den Kopf zu heben, knall' ich dir einen rein.«

»Schon gut«, sagte der Zimmermann, »ich hab' den Bürgerkrieg mitgemacht«, und damit klopfte er weiter auf die Fußbodenbretter, während Cafferty und die beiden anderen sich mit dem Geld aus dem Staub machten.

Einige Tage später wurden die drei von den Broy Harriers, von Gantley und seinen munteren Mannen, festgenommen, und wo immer Gantley jetzt sein mag, ich glaube nicht, daß er immer noch so munter aussieht, denn wie ich sagte, ist er von einem seiner eigenen Leute erschossen worden. Die waren ganz groß im Schießen, denn sie waren meist halb besoffen, wenn sie aus der Burg (dort hat die Spezialeinheit ihr Hauptquartier) zu irgendeinem Unternehmen loszogen.

Der Zimmermann wurde herbeigerufen, um sie zu identifizieren.

»Natürlich«, sagte er, »kann ich sie identifizieren. Zeigt mir nur ihre Füße.«

Dem Polizisten kam diese Bitte höchst merkwürdig vor, aber er war froh, einen Zeugen zu haben, denn die Angestellten des Pfandhauses hatten einfach erklärt, sie wollten mit der Sache nichts zu tun haben. Sie ließen den Zimmermann so an den Verdächtigen vorbeimarschieren, daß er ihre Füße sehen konnte, und als er zu Cafferty kam, sagte er:

»Das ist der Mann.«

»Zum Teufel nochmal«, sagte Cafferty, »bist du verrückt? Um mich zu identifizieren, mußt du die Hand auf die Schulter des Mannes legen und ihm ins Gesicht schauen.«

»Du bist der Mann, der mir im Pfandhaus die Pistole in den Nacken gedrückt hat, an dem und dem Tag, im Jahre des Herrn 1942.«

»Hören Sie mal, Sie haben ja jetzt zum erstenmal mein Gesicht gesehen.«

»Stimmt«, sagte der Zimmermann, »aber ich habe deine Schuhe gesehen, und wenn man fünf Minuten lang mit einer Fünfundvierziger im Nacken ein Paar Schuhe betrachtet, so kennt man jede Falte in diesen Schuhen, genauso, wie du die Falten in deinem Gesicht kennst, wenn du dich rasierst.«

Cafferty wurde angeklagt, und der Zimmermann wurde als Zeuge geladen und war bereit, auszusagen. Und die Polizei sagte, er sei ein tapferer Mann und ein guter Bürger, und sie gaben ihm eine Menge Whisky, redeten auf ihn ein, und was so dazu gehört.

Aber bevor er vor Gericht auftreten konnte, wurde ihm ein Schuhkarton mit einem Paar schmutziger alter Schuhe ins Haus geschickt; an einem der Schuhe war eine Kondolenzkarte befestigt, und in der Schachtel lag eine Kugel. Auf der Kondolenzkarte stand der Name des Zimmermanns und das Datum der bevorstehenden Gerichtsverhandlung. »Zum Gedenken an seine liebe Seele. Möge jeder, der heute seiner gedenkt, ein kurzes Gebet für ihn sprechen. Häng dir sein Bild an die Wand. Dahingegangen, doch unvergessen.«

Der Zimmermann verstand diesen Wink mit dem Zaunpfahl und verzichtete darauf, als Zeuge der Anklage aufzutreten.

»Wie soll ich denn einen Menschen an seinen Schuhen identifizieren?« sagte er zur Polizei.

Und Cafferty wurde freigelassen.

An diesem Sommertag des Jahres 1942 machte draußen die Sonne gerade den schwachen Versuch, zum Vorschein zu kommen; und während die anderen sich anschickten, ihren Geschäften nachzugehen, setzte ich mich nach einem Frühstück von Räucherhering und Pilzen, Tee, Brot, Butter und Marmelade hin, um über meine Lage nachzudenken.

Ich hatte zwar kein Geld, aber es gab doch Leute, die mir für einen Witz und ein bißchen Unterhaltung gelegentlich ein Glas Bier und einen Whisky spendierten.

Ich wohnte bei Jack Corr in Dublin in der Blessington Street Nr. 15 ganz in der Nähe meiner Großeltern. Ich war zu der Überzeugung gelangt, daß ein bißchen Luft und Licht mir guttun würden, und Luft und Licht sollte ich auch bekommen, ohne einen Finger zu rühren.

Die Tür flog auf, als stände der Teufel selber dahinter, und ein Haufen gemein aussehender Kerle packten mich, während ich zum Fenster stürzte. Gantley und seine Mannen beschimpften mich zwar, aber ich wurde nicht tätlich angegriffen wie in Liverpool bei meiner letzten Verhaftung. Einer der Kriminalbeamten steckte mir eine Schachtel Zigaretten und Streichhölzer zu. Mancher würde sagen, er hätte mich damit weich machen wollen, damit ich aussagte, aber ich bin immer bereit, solche Handlungen als Ausdruck menschlicher Barmherzigkeit zu betrachten. Sie durchsuchten mich, tasteten die Nähte meiner Hose ab und fanden die Pistole.

»Ihr wärt hier nicht so leicht reingekommen, wenn ich Zeit gefunden hätte, sie zu gebrauchen«, sagte ich. »Ihr werdet die Iren nicht aus Irland vertreiben, das könnt ihr euch, verdammt nochmal, merken.«

Gantley sah mich an und seufzte, als hätte er nichts gehört.

Und zusammen mit einem jüngeren, dunkelhaarigen Polizisten legte er mir die Handschellen an.

Ich wurde zu einem wartenden Auto gebracht, um das sich eine Menschenmenge gesammelt hatte, und einer machte den schüchternen Versuch, mit mir zu sprechen.

»Los«, sagte der Dunkelhaarige, »verduftet, hier gibt's nichts zu sehen. Los, macht, daß ihr wegkommt.«

Wir fuhren aufs Polizeirevier, und der Wachtmeister nahm meine Personalien auf. Dann wurde ich in eine Zelle gesteckt, von der aus man aufs Watt sah. Am anderen Morgen sollte ich vorgeführt werden.

Ich setzte mich auf die Bettkante und steckte mir ein Stäbchen an, starrte wie gebannt auf die Glut und sah die Asche zu Boden fallen. So blieb ich lange sitzen. O Jesus, jetzt war ich erst drei Stunden eingesperrt, und diesmal würde es für immer sein.

Ich ließ mich auf die Matratze zurücksinken und versuchte, an etwas anderes zu denken. Um es mir bequemer zu machen, legte ich das Deckenende auf den hölzernen Kopfkeil. Ich döste und schlief dann fest ein.

Als ich wieder wach wurde, war es Nacht, nur das Schlagen der Glocke der Christchurch oben auf dem Hügel war in der Stille zu hören. Ich mußte aufs Klo, riß ein Streichholz an und fand den Topf in der Ecke an der Tür. Ich stand in der Kälte und Einsamkeit davor, und Verzweiflung stieg dabei in mir auf.

Verdammte Scheißhäuser. Wenn ich die draußen anträfe, würde ich schreien und toben und sie mit Tritten traktieren. Aber ich würde nie mehr draußen sein, ich schnüffelte lange, lange und wollte gerade ein Niesen daraus machen, als Schlüsselrasseln an der Tür mich unterbrach. Der Wärter brachte ein Tablett mit Aluminiumschüsseln. Es war mein Essen, mein Junge, und man hatte doch einen armen Sünder nicht im Schlaf stören wollen, und dann dachte man wie Lanna Machrees Hund, was denn Schlimmes dabei wäre, wenn man mit jedem ein Stückchen des Weges ging. Während er sprach, stellte er das Tablett hin und zwinkerte mir zu.

In der einen Schüssel war eine dicke Suppe, die andere enthielt Kartoffeln, und bevor der Wärter noch die Tür zugeknallt hatte, hatte ich mich hungrig darüber hergemacht und fühlte mich schon besser.

Ich legte mich wieder aufs Bett und überlegte, ob sie mich am

Morgen vor Gericht stellen würden, und fühlte die verzweifelte Angst des Verurteilten, der am Morgen seiner Hinrichtung erwacht. Niemals würde der Morgen kommen, wo ich wenigstens nicht mehr allein sein würde. Zu kämpfen ist besser als Einsamkeit, selbst wenn sie nur Püffe und Flüche austeilten.

Endlich hörte ich, wie sich Schritte näherten, und der Schlüssel drehte sich im Schloß.

»Los, komm mit. Nach unten zum Waschen.« Ein dicker Kerl, aber ganz freundlich. Ich ging mit ihm in den Waschraum und fühlte mich schon lebendiger.

Geschniegelt und gestriegelt wurde ich dann in einem Mannschaftswagen in die Collins-Kaserne gebracht, wo ich Andrew, Lasarian und Joseph wiedersah, die wegen der Schießerei in Glasnevin mit mir angeklagt waren. Ich hatte sie seitdem nicht mehr gesehen, und einen Augenblick standen wir traurig beieinander. Wir wurden des versuchten Mordes und wegen Waffenbesitz angeklagt und sollten ins Bridewell-Gefängnis überstellt werden, um die Gerichtsverhandlung abzuwarten.

Wie ich hörte, hatte am Vortag eine lange Debatte im Kabinett stattgefunden, ob mein Fall vor das Militärsondergericht oder vor das Kriminalsondergericht kommen sollte. Obgleich in beiden Gerichten die gleichen gemeinen Idioten saßen, konnte das Militärgericht nach dem Sonderermächtigungsgesetz einen nur als schuldig befinden und zum Tode verurteilen oder als nicht schuldig befinden und freilassen. Sie hatten keine andere Möglichkeit. Beim Kriminalsondergericht bekam man eine ungefähre Vorstellung von einem normalen Verfahren, dort konnten sie einen zum Tode verurteilen oder zu einer Haftstrafe, aber sie konnten nur bei einem Kapitalverbrechen, also wenn man einen getötet hatte, die Todesstrafe aussprechen.

Zwei Wochen lang waren wir alle, Andrew, Lasarian, Joseph und ich im C-Flügel und warteten auf unsere Verhandlung. Wir waren in getrennten Zellen, zwei, drei und eins, aber obgleich wir selber saubermachen und unsere Zellen aufräumen mußten, brauchten wir keine Toiletteneimer auszuleeren, da es in der Ecke ein richtiges Klo gab. Die Ketten zum Abziehen befanden sich aber außerhalb, denn diese gemeinen Kerle wollten kein Risiko eingehen. Die Putzfrauen kamen jeden Morgen und zogen ab. Am zweiten Morgen saß ich auf meinem Bett und hörte, wie sie kamen und alle Klos abzogen, bis eine schließlich an meiner Tür ankam.

»Soll ich abziehen, Sir?« fragte sie.

»Ja, bitte, meine Dame.«

»Warum bist du drin, Junge?«

»Ich hab' auf 'nen dreckigen Polizisten geschossen.«

»Oh, mein Gott«, jammerte sie, »was werden die mit dir machen?«

»Die kriegen es fertig und hängen mich.«

»Jesus, Maria und Joseph«, jetzt weinte sie beinahe darüber. »Gott, steh deiner armen Mutter bei.«

»Scheiß auf meine Mutter«, sagte ich, »die wird doch nicht aufgehängt, sondern ich.«

Ich hörte, wie sie den Flur hinunterging und vor sich hin murmelte.

Da wir in Untersuchungshaft waren, durften wir rauchen, und ich war dankbar, daß ich so viel lesen durfte wie ich wollte. Aber das Warten zerrte an meinen Nerven und schlug mir auf den Magen. Alles, was ich gegen meine Übelkeit tun konnte, war, mich über die Bettkante zu lehnen und zu wünschen, das Warten nähme ein Ende. Aber dann – Gott steh uns bei – konnte das auch das Ende bedeuten.

Schließlich schließt der Wärter eines Morgens früher auf als gewöhnlich, befiehlt uns, an der Tür stehenzubleiben und auf das Begleitpersonal zu warten, denn an diesem Tage sollten wir vor dem Kriminalsondergericht erscheinen. Wir wurden in den Gefängnishof hinuntergeführt, wo ein Mannschaftswagen der Polizei auf uns wartete. Wir wurden einzeln mit je einem bewaffneten Polizisten zusammengeschlossen und so in den Wagen gedrängt. Drei andere Kapos mit Thompson-Maschinenpistolen kletterten mit uns hinein, damit wir ja nicht mit unserem Bewacher davonrannten.

Die Türen knallten zu, der Motor wurde gestartet, und wir saßen da, blickten zu Boden und dachten über unsere Lage nach.

Als wir an der Collins-Kaserne angekommen waren, wurden wir in einen Warteraum gebracht, und die Handschellen wurden abgenommen. Unsere Namen wurden aufgerufen, wir gingen in den Gerichtssaal und fanden uns Colonel John Joyce und mehreren anderen Männern in Uniform gegenüber. Da wir Soldaten der Irisch Republikanischen Armee waren, weigerten wir uns, das Gericht anzuerkennen, und das Gericht stellte fest, daß wir uns nicht schuldig bekannten. Vorher hatte man uns auf unseren Geisteszustand untersucht und festgestellt, daß wir voll zurechnungsfähig waren.

Zurechnungsfähiger, als ihr es je sein werdet, ihr braunarschigen Scheißkerle, dachte ich bei mir.

Andrew, Lasarian und Joseph waren angeklagt, Feuerwaffen und belastende Dokumente besessen zu haben und Mitglieder einer verbotenen Organisation zu sein, während ich des versuchten Mordes an Patrick Kirwan und Martin Hanrahan angeklagt war; oder war es Martin Kirwan und Patrick Hanrahan – ist ja auch scheißegal. Dazu kam auch bei mir illegaler Besitz von Feuerwaffen.

Colonel John Joyce und die Offiziere saßen vor uns, hinter einer Art Theke, die etwas erhöht stand; ihre Mützen und Degen lagen vor ihnen, und unser militärischer Bewacher sagte uns ganz höflich, wir sollten auf die Angeklagtenbank gehen und dort bleiben.

Die Polizei erzählte ihre Geschichte, und mit einer Ausnahme geschah das ohne alle Gehässigkeit, und ich dachte darüber nach, wie traurig es war, daß Iren gegen Iren kämpften, ja, ich schäme mich noch jetzt, es zu sagen, daß irgendwo Männer gegen Männer kämpfen, oder Männer gegen Frauen oder Frauen gegen Frauen, denn ich glaube, im Herzen bin ich ein Pazifist.

Der Colonel fragte uns, ob wir etwas zu sagen hätten, und ich entschloß mich, die gleiche Aussage zu machen, die damals den Richter in Liverpool in eine so gemeine und unrichterliche Wut versetzt hatte, daß er mich zu drei Jahren Jugendhaft verurteilte.

Nachdem ich »Meine Herren« und all das Dazugehörige gesagt hatte, fuhr ich fort: »Es gibt nur die eine Lösung der irischen Frage, und bevor nicht die zweiunddreißig Provinzen der Irischen Republik wieder vereint sind, wird das unfreie Irland niemals Frieden haben. Gott segne Irland!« und dann schrie ich: »Es lebe die Republik!« Ich schrie es ihnen durch den Raum ins Gesicht, während sie sich anschickten, unser Urteil zu sprechen.

Andrew und Lasarian bekamen sieben Jahre, und Joseph – ich vermute wegen seiner Jugend – achtzehn Monate.

Ich fühlte, wie meine Gedärme sich zusammenkrampften und mein Magen sich verknotete und verhärtete. Vierzehn Jahre Zuchthaus. Du dreckiges Schwein, du dünnlippiger Rechtsscheißer. Der Teufel soll dich holen und die Republik dazu, da hab' ich nun ganz allein für unsere Sache 'ne Lippe riskiert. Einen Tritt in die Eier, den würd' ich dir jetzt gern verpassen!

Es war vorbei und zu Ende. Trotzdem ich in den Augen der Irischen Republik der am wenigsten Schuldige von uns vieren war, hatte ich die schwerste Strafe bekommen. Später las ich zu meiner Befriedigung in unserem republikanischen Untergrundjournal, das in Belfast gedruckt wird, daß »der Freiwillige Behan vor den Offizieren des Kriminalsondergerichtshofes großen Mut gezeigt hat.« Ich las dies mit einem etwas ironischen Lächeln.

Nach uns kamen ein paar leichte Jüngelchen an die Reihe, die bei einem Banküberfall in einer Grenzstadt festgenommen worden waren, und ich wußte aus Erfahrung, daß dies eine Aufgabe ist, die einem, wenn man geschnappt wird, keinen Ruhm einbringt, denn trotz der Tatsache, daß man im Namen der Republik und für die gerechte Sache raubt, ist es nach einem allgemeingültigen Gesetz der I.R.A. ausdrücklich verboten, das Gericht nicht anzuerkennen; man darf sich nicht als politischen Täter bezeichnen und steht als gewöhnlicher Krimineller vor Gericht. Ich habe nichts gegen Kriminelle, aber jeder Kriminelle, den ich kennengelernt habe, war ein Konservativer und Langeweiler, und wenn diese Leute mal nicht im Kittchen sind und wählen können, so wählen sie in Irland die Leute, die einige meiner Freunde an die Wand gestellt haben und die mich und andere für vierzehn Jahre, für sieben Jahre und achtzehn Monate ins Zuchthaus schicken.

Ich bewunderte diese Burschen damals sehr, denn sie traten übers ganze Gesicht lächelnd vor; das Beispiel ihrer Tapferkeit war ansteckend, und auch ich ging lächelnd und guter Laune nach unten, denn wie einmal jemand gesagt hat: »Jeder, der aus vierzehn Metern Entfernung auf einen Polizisten schießt und ihn verpaßt, verdient ein Jahr für jeden Meter, um den er ihn verpaßt hat.«

Vor der Saaltür traf ich meine Mutter und die Mütter der anderen Jungens. Meine Mutter war in Tränen, ich reichte ihr die Hand und rang nach Atem, um etwas zu sagen, aber ich wußte, daß es unmöglich sein würde.

Ich rannte die Treppe hinunter und in das Polizeiauto hinein, das uns zum Mountjoy-Gefängnis bringen sollte. Es waren schon ein paar Kerle drin, und ich setzte mich neben Andrew.

An meiner anderen Seite saß ein Junge, aber obgleich genug Platz war, rückte er nur ein paar Zentimeter. Lasarian saß neben der Tür. Ich reichte ihm meine brennende Zigarette, er steckte sie in den Mund, sog gierig daran und hielt den Blick auf das brennende Ende gerichtet. Der Wärter knallte die Tür zu, die uns von der Fahrerkabine trennte, und wir fuhren ab.

Am oberen Rand waren Luftschlitze, ich stand auf, um hinauszuschauen, sah die Rückseite des Hauptgerichtshofes und dachte wehmütig an Robert Emmet, Sohn eines Doktors und ein großer Führer im Kampf um die irische Unabhängigkeit; er hatte dort für seine Mühen vor Gericht gestanden.

Ich sagte den anderen, wo wir gerade waren: »Wir kommen jetzt am Plaza vorbei, am Kino.«

»Ich gehe jeden Sonntag hin. Ich hab' noch keinen Film verpaßt«, sagte einer der Jungen und schnalzte mit der Zunge, als freue er sich schon auf den nächsten Sonntag.

»Also, nächsten Sonntag wirst du ja kaum hinkommen«, sagte Lasarian wütend.

Der Junge verzog ein wenig den Mund, sagte aber nichts. Ich versuchte, ihn zu trösten und sagte ihm, er werde bestimmt Strafnachlaß wegen guter Führung bekommen und weil er noch nicht vorbestraft sei und all das, aber bald merkte ich, daß es keinen Sinn hatte, und gab es auf.

Wir fuhren die Blessington Street hinauf, bogen in die Berkeley Road, fuhren die nördliche Umgehung entlang und bogen in die Auffahrt zum Haupttor. Unser Bewacher rief den Wachen am Tor etwas zu, das Tor öffnete sich, und der Wagen fuhr an.

»Wir fahren rein«, sagte ich, wandte mich vom Luftschlitz ab und setzte mich neben Andrew. Wir alle hielten den Atem an, während der Wagen nun langsam in den Hof hineinfuhr und vor den Stufen zum Gefängnis anhielt. Hier am inneren Tor stand wieder ein Mann, er trat an den Wagen und schlug mit der Faust gegen die Wagenwand.

»Macht die Zigaretten aus, und kommt raus, macht schnell.«

Wir kletterten einer nach dem andern hinaus, stellten uns in einer Reihe auf und blickten uns um. Der Wärter schaute zu einigen Gefangenen hin, die an einer Grasböschung Unkraut jäteten und einander zunickten. Sie nickten nicht uns zu, sondern nur einander.

Ein Wärter schrie ungeduldig: »Paßt auf, ihr Dreckskerle, die Böschung muß in Ordnung sein, bevor ihr zu Bett geht.«

Einige der Gefangenen trugen schwere Friesanzüge, dunkelgrau mit einem breiten Streifen und Mützen von derselben Farbe mit einem großen Knopf obendrauf. Andere hatten keine Jacken an, nur Baumwollhemden und ein breites Stück Stoff um den Hals, das wohl einen Schlips darstellen sollte.

Ein kugelköpfiger Mann wie ein Klumpen Kohle, mit einem harten aber bleichen Gesicht kam die Treppe herab, hinter ihm her ein Wärter mit einer Silberlitze um die Mütze. Der Wärter nahm Haltung an.

»Die Neuzugänge, Sir.«

Der Kugelkopf nickte und winkte uns, daß wir ihm folgen sollten; wir wurden in einen Raum geführt, der der Unfallstation eines Hospitals glich. Hier warteten achtzig andere I.R.A.-Männer darauf, daß ihre Namen in ein dickes Buch geschrieben wurden. In einer Ecke waren Badekabinen.

»Breandán Ó Beacháin*«, sagte ich zu dem Wärter, der in sein Buch verliebt schien; es sah aus, als leckte er beim Schreiben die Tinte auf, so nahe war er dran.

Er murmelte etwas vor sich hin, dann hob er den Kopf: »Aha, du bist einer der Kerle, die drüben in England gesessen haben.«

»Ja«, antwortete ich, und was geht das dich an, du lausiger Hund, du klebst da an deinem Pult fest und überläßt die Republik sich selbst; aber das sagte ich nur leise zu mir.

»Du bist ein harter Brocken.« Und seine kleinen Knopfaugen wurden mutig, denn er hatte ja die Regierung, den Polizeichef, seine Vorgesetzten, Beamten und Jesus weiß was sonst noch im Rücken.

»Das werde ich euch, verdammt noch mal, schon noch beweisen.« Ich muß selber sagen, damals war ich ganz schön mutig.

Zwei Wärter packten mich bei den Armen. »Komm schon, Brendan«, sagte der Grauhaarige von ihnen, »es hat gar keinen Sinn, hier Krawall zu machen. Er hat es gar nicht böse gemeint.«

Sie führten mich zu den Badezellen, und ich weigerte mich, mich durchsuchen zu lassen, bevor ich mich auszog, und Andrew und Lasarian machten es ebenso.

* Name Brendan Behan auf Gälisch

Wir bekamen ganze vierundzwanzig Zentimeter hoch Wasser in die Wanne. »Für den Fall, daß wir es austrinken«, rief ich dem Jungen in der Nachbarzelle zu.

Ich fühlte mich wohl nach dem Bad, und nachdem ich mich abgetrocknet hatte, blickte ich an mir herunter. O Gott, dachte ich, es muß doch schrecklich sein, alt zu werden, mit krummen Beinen und knotigen Zehen, und das Loch in meinem Bauch würde sich in dieser Bude auch ohne viel Bier ausfüllen, denn das Trinken richtet ja den meisten Schaden an.

Ein anderer Gefangener schloß die Badezelle auf, reichte mir meine Gefängniskleidung herein. Dann trat ich hinaus zu dem kleinen Joseph, der mit anderen Gefangenen, unter ihnen auch Andrew und Lasarian, zusammenstand.

Wir wurden im Gänsemarsch durch den Hauptkorridor ins Gefängnis geführt.

»Bleibt hier in der Mitte stehen«, sagte der Wärter; wir schienen in der Hauptstraße des Gefängnisses angekommen zu sein. Hier trafen die vier Flügel zusammen; »A« führte genau nach Westen; »B« und »C« verliefen im rechten Winkel dazu, und »D« war die Fortsetzung von »A« nach Osten. In jedem Flügel lagen drei Eisengalerien übereinander, die durch Eisentreppen miteinander verbunden waren. Von »A« ging ein Flur zur Küche ab, und in der Mitte des Raums, gleich daneben, stand eine Steinsäule, an der ein Triangel hing.

Mir knurrte der Magen in meiner Zelle,
Und die Mäuse, die piepsten um mich herum.
Und der olle Triangel
Machte dingel-dangel
Auf und ab am Königskanal.

Schon früh am Morgen
brüllt der Maschores:
»Raus aus dem Bett und die Zelle gefegt.«
Und der olle Triangel
Macht sein dingel-dangel
Auf und ab am Königskanal.

Am Ende von Flügel »D« befand sich eine rote Eisentür, davor ein verschlossenes, mit Aluminium gestrichenes Gitter. Es war die Tür zum Galgen.

Andrew, Lasarian, Joseph und ich kamen in den Flügel »B«,

auch einer der Jungens, die die Bank in der Grenzstadt überfallen hatten und deren Verhandlung nach unserer stattgefunden hatte.

»Jeder stellt sich an eine Zellentür«, schnarrte ein Wärter. »Los, ihr da, macht voran.«

Ich bewegte mich ganz langsam und war froh, daß ich diesen arschgesichtigen, vertrockneten alten Kerl ein bißchen ärgern konnte. Sein Kamm schwoll vor Wut, als er mich gegen die Zellentür stieß und mir meine Ausrüstung in die Hand drückte – Kopfkissen, in denen sich Bettlaken und ein Handtuch befanden.

Er machte die Tür auf, und, o Gott, das Herz sank mir in die Hose. Es war wie das schwarze Loch von Kalkutta, nur waren die Wände getüncht, sonst hätte man sie überhaupt nicht gesehen, da das Fenster zur Hälfte unter Bodenniveau lag. Im Dämmerlicht konnte ich die üblichen Kritzeleien an den Wänden erkennen. Es gab da Herzen und Blumen und Namen, die ich nur mühsam entziffern konnte.

Der Wärter knallte die Tür hinter mir zu, hob die Klappe von dem Guckloch in der Tür, ließ sie wieder fallen und entfernte sich, seine Schritte verhallten im Korridor. Ich tat die zehn Schritte von der Tür zu dem sogenannten Fenster und überlegte niedergeschlagen, wieviel Schritte das wohl sein würden, wenn ich sie an jedem Tag der nun kommenden vierzehn Jahre machte.

Am Morgen gab es die gewöhnliche Gefängnisroutine: das Aufräumen der Zelle, das Frühstück, Benutzung des Toiletteneimers, das Hinaustragen und Leeren zusammen mit den andern. Danach wurde aufgeschlossen.

Natürlich sprach niemand davon, aber im Haus herrschte eine gespannte Atmosphäre; wir hörten, daß ein Gefangener im »D«-Flügel namens Bernard Kirwan in Kürze geköpft werden sollte; da er nicht hier ist, um für sich selbst zu sprechen, will ich nichts über ihn sagen, außer, daß er ein sehr heiteres Naturell besaß.

Es war Sommer, und ich war spät vom Exerzierplatz hereingekommen, wo ich mit einem jungen Burschen namens Hickey aus Limerick Handball gespielt hatte. Er war ein anständiger Kerl und im ganzen Knast dafür bekannt. Unsere Hemden wurden jede Woche von den Damen auf der Frauenseite des Gefängnisses gewaschen, und sie hängten sie auf dem Exerzierplatz zum Trocknen auf. Es war eine angenehme Unterbrechung, ihnen zuzusehen, wenn sie beim Aufhängen auf Stühle kletterten und sich streckten und reckten. Aber manchmal waren die Hemden so schlecht gewaschen und gebügelt, daß man gar nicht sehen konnte, ob sie überhaupt gewaschen waren. Hickey hatte einmal die Nase voll, und er schrieb auf den Kragen seines Hemdes, der so schlaff war wie der Draht an der Klospülung, »Mehr Stärke hier«, und als er das Hemd zurückbekam, war an das Rückenende ein Zettel gesteckt, auf dem stand »Weniger Scheiße hier«.

Aber an jenem Tag, als Hickey und ich zusammen hereinkamen, stand Bernard Kirwan mit seinen Besuchern und zwei Wärtern zusammen. Er stieß die beiden Wärter beiseite, die wie erstarrt waren bei dem Gedanken, daß ein zum Tode Verurteilter mit anderen Kontakt aufnahm, stürzte aus der Zelle und umarmte uns beide.

»Morgen«, sagte er, »um zehn nach acht. Ich werde für euch im Himmel beten.«

Der Herr erbarme sich seiner. Ich hoffe, seine Gebete wurden erhört.

Als er am nächsten Morgen zur Hinrichtung geholt wurde, stellte er ein Glas Wasser auf den Rücken seiner rechten Hand, wandte sich an den Wärter und sagte: »Siehst du, das ist die Hand eines Mannes, der in zehn Minuten gehängt werden wird.« Seine Hand zitterte nicht.

Jemand erzählte mir, er sei sehr tapfer gewesen, aber ich sagte: »Nein, er war nur total verrückt.« Denn er wußte nicht, was es bedeutet, gehängt zu werden. Nach dem, was ich in verschiedenen Gefängnissen gehört habe, ist es eine qualvolle Todesart.

Jahre später habe ich meinem Stück *The Quare Fellow* (dt. *Der Spaßvogel*) die letzten Wochen vom Leben dieses Mannes zugrunde gelegt.

Die einzige andere Hinrichtung, die ich während meines Aufenthaltes im »Joy« erlebte, war die eines Jungen aus Kerry, der auf einen Polizisten geschossen hatte, dem gleichen Anklagepunkt hatte ich unter anderem meine Zuchthausstrafe zu verdanken. Aber nach dem unerforschlichen Ratschluß des Herrn hielt man ihn für wichtiger als mich, und er wurde erschossen. Ich möchte hier ausdrücklich festhalten, daß er nicht von den Briten und nicht von der nordirischen Regierung, sondern von der republikanischen Regierung des Mister Eamon de Valera hingerichtet wurde, und das beweist, daß Behauptungen wie »die Deinen werden für dich sorgen« kompletter Unsinn sind.

Die Gefängnisroutine im Mountjoy war ähnlich wie die in Liverpool, nur daß die meisten meiner Mitgefangenen hier an verschiedenen handwerklichen Kursen teilnahmen, wie Sticken und Korbflechten. Sie saßen in schweigenden Reihen auf ihren Stühlen und stickten widerwärtigen Kitsch »Im Gedenken an unseren Herrn Jesus Christus« und »das Heiligste Herz« und »Den Soldaten der Republik, die von 1939 bis 1942 hingerichtet wurden«, und ein elender kleiner Kerl, dessen Ehrgeiz noch weiterging, stickte eine Namensliste aller Gehängten und Erschossenen und Umgebrachten.

Jesus, Maria und Joseph, das brachte mich fast um, und es gab keinen Mann oder Jungen, der nicht diese keltischen Kreuze aus Streichhölzern zur Erinnerung an irgendein beschissenes Ereignis gemacht hätte. Einige Burschen entwickelten eine richtige Geschicklichkeit darin, sie klebten Stückchen von gebrauchten Streichhölzern zusammen und machten alles mögliche daraus. Ich habe das nie geschafft, meine Finger waren narbig wie die eines Drogensüchtigen, zerstochen vom Zusammennähen der Postsäcke im Gefängnis von Walton in England. Aber ich sammelte die Sachen, die sie aussortierten, und verschickte sie an meine Freunde, und die sagten: »Das hat Brendan Behan im Mountjoy-Gefängnis gemacht.«

Dann wurden die Tage immer kürzer, der Herbst ging dahin, und der Winter kam, ein schrecklicher Ostwind brauste um das Gefängnis, und Weihnachten war nahe.

Statt der Stickerei wurden jetzt massenweise Weihnachtskarten hergestellt, aber ich hatte damit nichts am Hut. Ich hatte zuviel mit Lesen und Rauchen zu tun, und manchmal hatte ich auch was zu trinken. Das wurde durch einen Wärter ermöglicht, der ein paar Pfennige daran verdiente, daß er Whisky und Zigaretten besorgte und Briefe einwarf, bis er geschnappt wurde und seine Papiere bekam.

Einer der Burschen, der inzwischen gestorben ist – der Herr gebe ihm die ewige Ruhe –, zeichnete eine Weihnachtskarte in Form eines Grabsteins zum Andenken an einen Soldaten der Republik, der in diesem Jahr hingerichtet worden war. Die Karte war für die Eltern des jungen Mannes bestimmt. Auf der

Vorderseite war ein kurzer Bericht über sein Leben und seinen Tod, innen im Faltblatt stand: »In liebendem Gedenken an Jimmy McSherry, für die Republik von Irland gestorben im November 1942. Wir wollen heute dein gedenken und ein stilles Gebet dir schenken. Ich wünsche seinem Vater und seiner Mutter ein sehr fröhliches Weihnachtsfest und ein gesegnetes neues Jahr, Ihr ergebener Jimmy Stokes.«

Am neunten Februar wurde ich zwanzig, und am St.-Patricks-Tag standen Andrew, Lasarian, Joseph und ich auf dem Exerzierplatz mit Kleeblättern im Knopfloch. Ich habe sonst nie viel für den St.-Patricks-Tag und Kleeblätter übriggehabt, aber es erinnerte uns an Ostern und das Fest der Republik und den Marsch zum Friedhof von Glasnevin.

Der Frühling und der Sommer verliefen ziemlich monoton, aber das ist nun mal so im Knast, anderswo ist es eher schlimmer. Aber die Zeit verstrich, ich gewöhnte mich ein, und jeden Tag gab es ein bißchen Spaß.

An jenem Abend las ich noch ein wenig, bis die Lichter ausgemacht wurden, dann fiel mir ein, daß ein Jahr von den vierzehn schon vergangen war, und ich schlief ein.

Und wenn du gehst zum Curragh Camp, frag nur nach
Nummer neun,
Da siehst du drei Soldaten steh'n, und der hübscheste, der ist
mein.

An diesem Morgen wurde früher als sonst aufgeschlossen, und der Wärter sagte mir, ich sollte, wenn ich gefrühstückt hätte, einen Schlips anziehen.

»Du kannst mich mal«, sagte ich ihm.

Da ich schon Anfang des Monats meinen Besuch gehabt hatte und nicht um eine Sondererlaubnis eingekommen war, konnte es kein Besuch sein, es sei denn, es handelte sich um so eine Niete von der Gesellschaft für die Rehabilitation rückfälliger Strafgefangener oder dem Amt für arschkriecherische Reformer. Ich hatte keine Lust, mich für so einen fein zu machen. Neulich hatte mich einer von denen besucht, der hatte von sich im Plural Majestatis gesprochen, so als wäre er sich nicht zu fein, selbst Hand anzulegen und für ein paar Diamanten in ein Haus einzubrechen. Einem blinden Bettler einen Groschen aus dem Hut zu klauen, hätte dem eher ähnlich gesehen.

Die Kumpels waren ganz aufgeregt, denn sie hatten einen leeren Wagen im Hof vorfahren sehen, und mit Neuaufnahmen konnte der nichts zu tun haben. Sie guckten immer wieder nach dem Wärter, der vor der Auffahrt Wache stand, so als könnten sie etwas erfahren, wenn sie ihn nur ansahen. Schließlich kam ein Wärter mit einer Liste und las vor: »Die Folgenden werden ins Militärgefängnis in Arbor Hill verlegt.« Ich sah Andrew an, und der sah mich an, und Lasarian sah uns beide an, denn es bestand wenig Hoffnung, daß wir drei nicht dabei wären.

Ich machte mir über diese Veränderung keine Illusionen, denn ich hatte gehört, daß die Zellen dort nur knapp fünf mal drei Meter groß waren und daß man in Einzelhaft nur fünf Schritte in jeder Richtung tun konnte. Aber ich wußte auch, daß gleich hinter der Mauer um den Exerzierplatz die Gräber der Männer lagen, die in der Osterwoche 1916 hingerichtet worden waren: Thomas J. Clarke, Padraig H. Pearse, Thomas McDonagh und die anderen. Ich kannte ihre Namen und ihren Lebenslauf so gut wie meinen eigenen.

Auch Eamon de Valera wäre hingerichtet worden, wäre nicht Bernard Shaws Brief gewesen, der in einer englischen Zeitung veröffentlicht wurde und bewies, daß der Geist dieser tapferen Männer in der ganzen Welt Widerhall gefunden hatte. Bernard Shaw schrieb: »Nach meiner Überzeugung waren die Männer, die nach ihrer Gefangennahme oder nachdem sie sich ergeben hatten, kaltblütig erschossen wurden, Kriegsgefangene, und es war völlig unrechtmäßig, sie abzuschlachten... Ich kann einen Iren, der im Kampf um die irische Unabhängigkeit gegen die britische Herrschaft gefangengenommen wird, nicht als Verräter ansehen. Dieser Kampf ist ein ehrlicher Kampf in jeder Hinsicht, nur daß meine Landsleute sich einer erdrückenden Übermacht gegenübersahen.«

In Westminster wandte sich John Dillon an Asquith: »Hier werden keine Mörder hingerichtet, sondern Männer, die in einem gerechten Kampf tapfer gekämpft haben.«

De Valeras Todesurteil wurde in eine lebenslängliche Zuchthausstrafe verwandelt; »Sträfling Nr. 95« in Dartmoor.

Im Hof vom Gefängnis von Kilmainham machten fünfzehn von uns sich bereit,
Und kalt und still in Arbour Hill, da liegen sie nun Seit' an Seit'.
Die Schuld, die zahlen wir noch zurück, der Geist ist noch wach, nur Mut,
Für Häftling neun fünf durch Feuer und Tod, zu rächen Märtyrerblut.

Zum Schluß wurden unsere Namen verlesen, und ich sagte mir, eine Abwechslung ist immer gut, und wir liefen munter nach oben, um unsere paar Klamotten zu holen. Wir wurden zu zweien zusammengeschlossen, und die Handschellen wurden an zwei langen Ketten befestigt, eine für jede Seite des Mannschaftswagens. Ich wurde mit Hickey zusammengeschlossen, die nächsten an der Kette waren Andrew und Lasarian. Wir stellten uns auf, schön ordentlich und stramm wie die Matrosen; schon waren wir aufgesprungen, und der Wagen fuhr aus dem Exerzierplatz heraus, legte auf offener Straße Geschwindigkeit zu, und in fünf Minuten waren wir in Arbor Hill.

Ich hätte nie geglaubt, daß der Sommer je enden würde, als ich jetzt meine Blicke über die Dubliner Berge schweifen ließ, über die Torfmoore und Sümpfe, und als ich die See wieder roch, und unwillkürlich sang ich »Die See, oh, die See. *a ghrádh gheal mo chroidhe.**« Alle wandten sich mir erstaunt und erfreut zu, sie riefen nach den alten Liedern, die ich kannte. Einige hatte ich von meiner Mutter zu Hause gehört, obgleich es in ihrer Generation Menschen gab, die sich der alten Melodien schämten, die den Herzen der Menschen durch Jahre hindurch Kraft gegeben hatten. Ich wollte immer gern wissen, was die Menschen noch vor ihrer Zeit gesungen hatten und hörte immer genau zu, wenn die ganz Alten, die Rentner, in den Kneipen sangen.

Ich sang: »Steh auf, sagt Ziegenfell« und »James Carey und sein Sohn«, und bei dem schönen, traurigen »Kevin Barry«, das auf beiden Seiten des Ozeans bekannt ist, fielen alle ein, auch die Wärter.

Dann hielt der Wagen im Gefängnishof. Die Ketten und

* Geliebte meines Herzens

Handschellen wurden abgenommen, und wir wurden im Hof aufgestellt. Einer der Wärter ging in das Gebäude, um sich unsere sichere Ablieferung quittieren zu lassen, während der Hauptwärter uns durch ein anderes Tor führte, wo wir eingekleidet werden sollten.

Wir fingen an, die Kleider abzulegen, wir hatten uns inzwischen völlig daran gewöhnt, voreinander nackt zu sein, aber ein Neuer, Thomas Margaretty, stand in einer Ecke und hielt sich die Hand vor den Schoß. Er war ganz rot geworden, und seine Augen musterten mich von Kopf bis Fuß, als ich sang: »Ich hab' 'n feines Bündel Kokosnüsse.« Dann hätte ich am liebsten meine Zunge verschluckt, als er mir leise zuflüsterte, er hätte nur einen Hoden. Wie das jemand merken sollte, war mir nicht klar, aber er schien das jedenfalls zu fürchten.

Der gleiche Bursche bekam immer Briefe von seiner Frau, die an »Thomas Margaretty, Politischer Gefangener« gerichtet waren, und bei Gott, ich sollte es wirklich nicht sagen, aber er sah tatsächlich so aus. Er hatte schneeweißes Haar und eine Haut, die aussah, als wäre sie zu sehr gespannt worden, und wenn man sah, welche Mühe er sich gab, wegen seines einen Hodens immer als letzter in die Dusche zu kommen, das machte einen ganz fertig. Einen Witz verstand er erst, wenn er ihn dicht vor der Nase hatte.

Eines Abends, an einem dämmrigen Novembertag, drapierte ich mir in der Dusche ein Handtuch um die Mitte und streckte die Arme aus, als wäre ich eine Erscheinung aus Salvador Dalis »Kreuzigung«, und als Margaretty mich sah, lief der arme kleine Kerl schreiend davon: »O Jesus, hier spukt's.«

Die Welt ist schon komisch, aber es ist die beste, die wir haben.

Nach Weihnachten wurden wir wieder verlegt, diesmal dreißig Meilen weit in das Internierungslager Curragh, und wir waren froh darüber, denn mit den Leuten dort waren wir durch die gleiche Mühle gedreht worden. Ich war überrascht, daß ich viele der Gefangenen kannte, auch mein Freund Cafferty war dabei. Aber in diesem Lager waren nicht nur Mitglieder der I.R.A. interniert, sondern auch britische, kanadische, amerikanische und deutsche Flieger, obgleich die in besonderen Lagern von uns getrennt waren.

Ich bin nie über die mangelnde Tapferkeit von anderen hergezogen, da ich selber ein Feigling bin, aber im Fall der britischen, kanadischen und amerikanischen Flieger fand ich es doch eine ziemliche Feigheit, sich zu ergeben, denn sie hätten das Territorium des Freistaates verlassen dürfen, falls es ihnen gelungen wäre, ihr Flugzeug binnen vierundzwanzig Stunden zu reparieren und nach Nordirland zu fliegen. Sie hätten auch ihr beschädigtes Flugzeug liegenlassen, zu Fuß über die Grenze gehen oder einen Bus nehmen können. Viele haben das auch, wie ich hörte, getan.

Einige dieser Internierten, zweifelsohne vernünftige Leute, zogen es vor, den Rest des Krieges mit den Pferdenärrinnen der großen Rennbahn von Curragh zu verbringen, statt sich weiteren Schrecken auszusetzen, denn soviel ich sehen konnte, bekamen sie vierundzwanzig Stunden täglich Urlaub auf Ehrenwort. Die Deutschen dagegen hatten keine Wahl, aber auch sie hatten ihre Gönner unter der irischen Bourgoisie, in einigen Fällen sogar unter der britischen.

In Curragh lagen wir zu dreißig oder vierzig Mann in einer Baracke. Andrew lag in einer anderen Baracke, aber Lasarian und Joseph, die jetzt wieder bei uns waren, hatten ihre Betten direkt neben mir, und Cafferty lag unter dem Fenster gleich an der Tür. Mir gegenüber lag ein Mann aus Tyrone, einssiebenundachtzig ohne Schuhe mit dichten blonden Locken.

Er kam zu mir herüber, und Cafferty stellte uns vor.

»Du solltest um Aufnahme ins Lazarett bitten«, sagte der Mann aus Tyrone.

»Fällt mir im Traum nicht ein«, dachte ich bei mir. »Wieso? Mir fehlt doch nichts.« Mir fehlte wirklich nichts. Ich war ein so vollkommenes Exemplar irischer Jugend, wie man es sich nur vorstellen kann. Ich hatte gute Zähne, dichtes Haar, eine frische Haut, keinen Bauch, und wäre ein Gottesgeschenk für das weibliche Geschlecht gewesen, nur gab es dort weit und breit keine Vertreterin davon.

Aber dieser Mann aus Tyrone hatte seine Gründe: Das Lazarett bekam das beste Fleisch, das ins Lager kam, und die Köche bekamen das beste Fleisch, das ins Lazarett kam – wie man so sagt: Wer zuerst mahlt, mahlt am besten; und der Mann aus Tyrone war mit den Köchen befreundet.

Es gab noch einen Grund. Man kann gegen die Armee des Freistaates sagen, was man will, aber verhungern lassen sie einen nicht. Jeder Tuberkulosepatient im Lazarett bekam täglich zwei Flaschen dunkles Bier und ein Pfund Hühnerfleisch. Einige der Kerle klauten, bevor sie ins Lazarett verlegt wurden, neue Nachttöpfe aus dem Magazin, und wenn sie dann das Bier nicht bewältigen konnten, gossen sie es in die Nachtgeschirre, die etwa vier Liter faßten. Dann gaben sie die leeren Flaschen zurück, weil die Wärter darauf bestanden.

An meinem ersten Abend in Curragh hatten ein paar der Jungens für mich im Lazarett eine Party vorbereitet, da es kurz vor meinem einundzwanzigsten Geburtstag war. Sie hatten genug Bier und Hühnchen gespart, um die Party bis drei Uhr morgens in Gang zu halten. Nie im Leben habe ich ein fröhlicheres Lazarett gesehen. Die Lieder nahmen kein Ende, wir sangen aus tiefster Brust, und je mehr Bier wir in uns hineingossen, desto größer wurde das Volumen unserer vollen Tenorstimmen.

Die Sergeanten der »Leinsamenkavallerie«, wie wir das Sanitätskorps nannten, kamen dazu, und einer sang eine Arie aus »Lucia di Lammermoor«, ein anderer eine Nummer aus Gounods »Faust«, und ich trug auch ein paar Stücke vor. Man erzählte sich, daß wir einen Toast auf uns selbst ausbrachten, auf uns, die Landesverräter.

Was kümmert uns des Verräters Spott, ob hohnlacht der Tyrann,
Eines Sträflings Barett ist die edelste Kron, die eine Ire tragen kann.
Und jeder Gäl' in Inisfail, der verachtet den Sklavenstand,
Vom Lee bis zum Boyne würde gerne sein ein Sträfling in unserem Land.

Ich wollte dieses Lied gerade mit einem Toast beenden, und setzte einen Nachttopf an die Lippen, als draußen vor dem Fenster einer der Wärter vorbeiging. Er hörte den Lärm, warf einen Blick hinein und wurde prompt ohnmächtig, als er sah, wie ich den Nachttopf an die Lippen hob und gierig trank.

Als ich an diesem Abend warm und leicht angeschlagen in meinem Bett lag, schaute ich zu Lasarian hinüber, dessen Gesicht vom Schein eines Kerzenstummels erhellt war.

»Verdammt noch mal, zähl deine Schäfchen«, sagte ich, »das hier ist eine prima Bude.«

Das Lager von Curragh war in drei politische Abteilungen geteilt: in die, die die offizielle I.R.A. unterstützten, diejenigen, die wie ich die irreguläre I.R.A. unterstützten, und diejenigen, die mit keiner der beiden Gruppierungen einverstanden waren und eine eigene Fraktion bildeten.

Ich sympathisierte mit allen und hatte in allen Lagern Freunde. Ich war stark versucht, der ersten Gruppierung beizutreten, weil Cathal Goulding dazu gehörte, ein sehr lieber Freund von mir, den ich seit meiner Kindheit kannte. Wir kannten uns fast von Geburt an. Wir waren zusammen bei den Fianna-Pfadfindern gewesen, waren zusammen in die I.R.A. eingetreten, waren zusammen rausgeschmissen und zusammen wieder aufgenommen worden.

Er verbüßte im Lager eine Strafe wegen bewaffnetem Überfall. Tatsächlich trat ich für einige Zeit seiner Gruppe bei, aber das Fatale war, wenn man sich einer Gruppe anschloß, durfte man mit den anderen nichts mehr zu tun haben. Man durfte nicht einmal mehr mit ihnen sprechen. Ich bin aber ein völlig unbeständiger Mensch und konnte mich nie lange an diese Regeln halten, nicht aus Anständigkeit, sondern einfach, weil ich sie vergaß. Nachdem sie mich mehrmals verwarnt hatten, hatte die offizielle I.R.A. die Nase voll von Brendan Francis Behan, und ich wurde rausgeschmissen. Cathal gab mir als Abschiedsgeschenk eine Packung Zigaretten. Mein Gott, man hätte denken können, ich ging nach Amerika und nicht nur auf die andere Seite eines betonierten Weges. Ich schloß mich dann denen an, die zur weniger offiziellen I.R.A. gehörten, einige davon waren auch sehr nahe Freunde von mir und sind es noch heute, und in einer Notlage würde ich von ihnen unter allen Menschen in Irland am ehesten Hilfe erwarten.

Außerhalb des Lagers wurde allgemein angenommen, daß von den drei Gruppen eine für die Alliierten war, eine für die Deutschen und eine für die Linken. Aber das war nicht der Fall.

Alles in allem waren wir eine gemischte Gesellschaft, national, politisch und sozial, und man hätte eine geweihte Medaille tragen müssen, um nicht von den vielen, kreuz und quer verlaufenden Strömungen beeinflußt zu werden. In jedem Kriegsgefangenenlager herrscht eine Stacheldrahtpsychose, die jede Beurteilung, die von außen kommt, lächerlich erscheinen läßt – und damit hat sich's.

Zu meiner Zeit dort wurde niemand schlecht behandelt, aber ich habe gehört, daß während der sogenannten Säuberungswelle im Jahre 1940 einige Kerle ganz schön fertiggemacht wurden. Einer von denen war Rory Brugha. Sein Vater, Cathal Brugha, war ein ehemaliger Verteidigungsminister im irisch republikanischen Kabinett und ein Märtyrer des Bürgerkrieges. Er war einer der letzten Männer, die im Bürgerkrieg fielen. Er betrachtete die Unterzeichnung des Waffenstillstandsvertrages als »nationalen Selbstmord«. Ich glaube, seine Vorfahren stammten aus Yorkshire, und – die Brughas mögen mir verzeihen – als er aufstand, um die Rede zu halten, in der er den Vertrag endgültig ablehnte, sagte er mit typischer Yorkshire-Dickköpfigkeit:

»Englands Position ist schwach; Irlands Position ist stark. Ja, wenn es auch nicht so wäre, wenn unsere letzte Patrone verschossen, unser letzter Schilling ausgegeben wäre, wenn unser letzter Mann auf dem Boden läge, die Feinde rings um ihn heulten, das Bajonett schon erhoben, um es ihm in den Leib zu stoßen, und ihn fragten: ›Willst du jetzt dem Empire beitreten?‹ – dann würde dieser Mann, getreu der überkommenen Tradition sagen: ›Nein, das will ich nicht.‹«

Auf die Gefahr hin, der Begünstigung bezichtigt zu werden, muß ich hier noch einen anderen Mann aus Yorkshire erwähnen, Rudge Hathaway, einer der letzten, der im Bürgerkrieg fiel. Er kam um in den Höhlen von Clashmealcon in der Grafschaft Kerry, vor denen die Soldaten des Freistaates – ich schäme mich, es zu sagen – und die verdammten Schweinehunde der Dubliner Polizei Fässer mit Teer anzündeten, um ihn auszuräuchern.

Brughas Sohn aber wurde gezwungen, Spießruten zu laufen. Er mußte sich wie alle anderen seine Mahlzeiten holen und dabei durch eine Doppelreihe von Militärpolizisten der Freistaatarmee, die, während er zur Küche und zurück lief, mit Stöcken auf ihn einschlugen. Das ist eine der abscheulichsten Geschichten, die ich gehört habe, aber ich weiß, daß sie wahr ist, denn vertrauenswürdige Leute haben sie mir erzählt, und sie war damals im Lager allen bekannt.

Gegen Ende des Jahres 1943 kannten wir alle, und alle kannten uns, und wir waren froh, zusammen zu sein, auch wenn alles nach Routine verlief. Dann fiel, kurz nach Neujahr, Schnee – was in Irland sehr ungewöhnlich ist –, und wir wurden überhaupt nicht mehr richtig warm. Aber schließlich überlebten wir den Winter doch, und im Sommer würde uns der Teufel schon nicht umbringen.

Es war Cathal Goulding, der die Wette vorschlug. Hundert Zigaretten, daß ich nicht splitterfasernackt im Schnee ums Lager herumlaufen würde.

»Aber selbstverständlich, Cathal«, sagte ich, »natürlich mach ich das.« Und in aller Frühe stand ich am nächsten Morgen auf, als es noch dunkel und kalt war und der Schnee wieder anfing zu fallen, aber gleich wieder auf mir schmolz. Wie der Blitz schoß ich los, denn ich war schlank und leicht wie eine Feder. Wenn Sie mich heute sehen und mich damals gesehen hätten, würden Sie wahrscheinlich einen Unterschied feststellen.

Ich lief nackt um das ganze Gelände herum, mir war warm und fröhlich zumute, ich platschte mit den nackten Füßen durch den Schnee, schmiß mich dann hinein und wälzte mich darin und biß hinein wie in Zuckerwatte auf dem Jahrmarkt. Als ich die Baracke wieder erreicht hatte, fing es erst richtig an zu schneien, in dicken, dichten, sanften Flocken. Mein Körper glühte von der Berührung mit dem Schnee, mein Haar lockte sich in der Feuchtigkeit, ich zog meine Kleider wieder an und fühlte die Wärme in meinen Unterleib zurückkehren, während ich an die hundert Stäbchen dachte, die ich gewonnen hatte. Das würde jemanden eine ganze Zeitlang seine Ration kosten.

Später saß ich auf dem Klo, das wir Bolands nannten zu Ehren des damaligen Justizministers, der diesen Namen trug. Da hörte ich, wie sich zwei Jungens über den Vorfall unterhielten. »Für einen so mageren Kerl«, sagte der eine, »ist Behan ganz schön zäh.«

Der Herr segne dich und all die Deinen.

Ich möchte niemandem empfehlen, freiwillig Potheen zu trinken, denn es ist allgemein bekannt, daß dieser edle Mondscheintropfen, der schwarz und mit improvisierten Mitteln gebraut wird, der Gesundheit nicht gerade zuträglich ist. Aber da wir nichts Besseres hatten, brauten wir uns welchen im Curragh-Lager. Es war eine Demonstration großer Einigkeit, denn alle drei Gruppierungen nahmen daran teil.

Die offizielle Seite gab uns das Rohr, um daraus eine Destillierschlange zu machen, die weniger offizielle Seite – sogar weniger offiziell als wir – stiftete den Zucker, während wir das Getreide beisteuerten, dazu die Geschicklichkeit von Gerrity und Gallagher und Jack Lynch, die die nötigen Kenntnisse besaßen.

Der schwarze Dan O'Toole, einer der Küchenbullen, der uns immer das beste Fleisch gab, einer der besten Kämpfer, den die Republikanische Armee hervorgebracht hat, und die drei, Gerrity, Gallagher, ein Mann aus Mayo, dem Westen Irlands, und Jack Lynch aus West-Cork überwachten das Brauen und Brennen, damit das Getränk rechtzeitig zu den Osterfeierlichkeiten des Jahres 1945 fertig war.

Potheen wird aus Getreide hergestellt, das zuerst vergoren, dann gekocht und zuletzt destilliert wird. Der Schnaps wird mit Dampfdruck durch ein Schlangenrohr gepreßt, an dessen Ende er in kleinen Tropfen herauskommt.

Die meisten von uns waren sich einig, daß die ersten drei Tropfen auf keinen Fall getrunken werden durften, sondern daß man sie den Elfen opfern mußte.

»Die Elfen können mich mal«, sagte Dan O'Toole, »an diesen verdammten Blödsinn glaube ich nicht.«

»Nein, nein«, widersprachen wir. »Man muß die ersten drei Tropfen weggießen.« Und wir gossen sie auch weg. Später sagte mir ein Arzt, daß wir gar nicht so dumm wären, wie wir aussähen. Die ersten Tropfen des destillierten Alkohols enthalten nämlich eine Menge Fuselöl, von dem man erblinden kann, wenn man es trinkt.

Es war vier Uhr nachmittags, als wir mit dem Destillieren fertig waren. Obgleich der Frühling noch nicht kommen wollte, war es in der Sonne doch ganz warm.

Da rief Jack Lynch uns zu, daß in drei Stunden das Osterkonzert beginnen sollte, und wir sollten jetzt die Nachttöpfe holen und alles für die Feier danach vorbereiten.

Das Konzert machte mich ganz nervös – nicht daß es schlecht gewesen wäre; ich klatschte gewaltig, als sie fertig waren –, aber das Warten auf die Früchte unserer nachmittäglichen Arbeit zerrte an mir, so daß es mir ganz und gar wurscht war, ob Bizets »Carmen« gespielt wurde oder »The Wearing of the Green« oder »Ol'King Cole«. Ich indessen merkte allerdings, daß andere ganz hingerissen waren.

An diesem Abend – eine fröhlichere Sauferei werd' ich nie mehr erleben – besuchten uns viele von der Militärpolizei, von denen mindestens einer sich ziemlich besoff, weil er väterlicher mit seinen Gefangenen umging, als eigentlich zulässig war. Er bat mich, ihm ein paar gälische Lieder zu singen, am besten richtige Rebellenlieder, und je beleidigender sie waren, desto besser gefielen sie dem Kerl. Und ich, voll von Whisky und Liebe zu meinen Mitmenschen, war gut bei Stimme, das muß ich wirklich sagen.

Der Abend endete mit dem Liedchen »My Dark Rosaleen«

O! die Erde soll färben sich rot,
Vom Blut der Verräter gefüllt,
Die Erde soll zittern, mit uns kommt der Tod,
Berg und Wald sei'n von Flammen umhüllt,
Und Kanonenlärm und Schlachtrufgetön
Soll'n fröhlich durch Täler zieh'n,
Bevor du verblüh'n mußt, bevor du mußt geh'n,
Meine schwarze Rosaleen,
Du meine Rosaleen!
Die Stund' des Gerichts muß kommen erst,
Bevor du verblüh'n kannst und dich von uns kehrst.

Das ist vom Lieblingsdichter von James Joyce, James Clarance Mangan, der während der großen Hungersnot des Jahres 1847 an der Cholera starb. Er hat auch das folgende Lied geschrieben:

Ström hin, mein Lied, wie der rauschende Fluß,
Der sich stürzt in die mächtige See,
Gott wird mir leuchten, wenn ich lösen muß
Aus dem Herzen dich voll Weh!
Verkünd du der Welt, wenn verbleicht mein Gebein,
Da wo kalt die Winde weh'n,
Daß durch einen die Liebe floß stark und rein,
Wie kein Auge je geseh'n.

Nimm dein Glas, du Schuft aus Limerick. Es lebe die Republik!

So sang ich wie nie zuvor und nie seitdem an jenem Ostersonntag 1945 im Curragh-Lager, voll mit dem selbstgebrannten Whisky, von dem der verstorbene Daniel O'Toole, den wir Donal Dubh oder den schwarzen Dan nannten – weil sein Haar, nicht sein Herz schwarz war –, von dem also Daniel O'Toole, der Herr hab ihn selig, die ersten drei Tropfen nicht trinken durfte.

Kurz danach kam über den Rundfunk die Nachricht von Hitlers Tod. Die meisten der Gefangenen und Internierten jubelten laut. Aber ich hatte zwei Freunde, deren Ansichten über Hitler so verschieden waren und die einander so haßten, daß es fast jedes Mal, wenn sie sich begegneten, eine Schlägerei gab.

Eamon war ein ehemaliger Beamter aus Dublin, der zu glauben schien, daß Hitler gar nicht so schwarz wäre, wie er gemalt wurde, während Gerry, ein Mann aus Cork von knapp einsfünfzig, Hitler und alle seine Werke und all seine Herrlichkeit verabscheute. Er war der größte Kampfhahn in Munster und der zäheste Bursche, den ich je getroffen habe. Im Lager turnte er jeden Morgen, um sich zu stählen, während wir andern faulenzten, herumlungerten und uns höchstens einmal zu einem Schwatz aufschwangen. Aber dieser komische Kerl hatte in der internationalen Brigade bei Madrid gekämpft und an der Ebro-Front. Wir hatten noch so ein paar im Lager – sogar eine ganze Menge.

An diesem Tag sprachen Cafferty, Cathal, Eamon und ich beim Tee über Hitler.

»Gerry freut sich wahrscheinlich über die Nachricht«, sagte Eamon. »Und trotzdem war Hitler doch gar nicht so übel.«

»Nun«, sagte ich, »Gerry meint, daß ihr euch jetzt, da Hitler tot ist, versöhnen und die Hand reichen solltet.«

Ich war damals groß darin, die Leute aus purer Lust am Necken aneinanderzubringen, und während ich sprach, zwinkerte ich Cathal über den Tisch hinweg zu.

»Stimmt das?« sagte Eamon. »Das würde ich ihm hoch anrechnen.«

Gleichzeitig tat er so, als interessiere ihn die Sache nicht sehr. Sobald er sein Zeug aufgegessen hatte, ging er nach draußen. Nach dem Tee schmissen uns die Küchenbullen raus, und Cathal, Cafferty und ich machten draußen die Runde, rauchten und plauderten und blieben hin und wieder stehen, um uns eine neue Zigarette anzuzünden. Da sah ich aus dem Augenwinkel, daß Eamon auf Gerry zuging.

»Mir scheint«, sagte er, »daß du jetzt, da der Führer tot ist, doch etwas Sympathie für ihn aufbringst.«

Gerry warf ihm nur einen Blick zu, die Zähne gebleckt wie ein wütender Hund.

»Du und dein Führer, ihr sollt verrecken, du verdammtes Faschistenschwein!« Damit stürzte er sich auf ihn.

Ich packte sie beide am Wickel und trennte sie, sonst hätten sie sich noch umgebracht.

»Weg, auseinander! Ihr dreckigen, verdammten Raufbolde.« Der Militärpolizist kam über den Hof auf uns zu. Du süßeste Stimme im Land Erin, Gott segne dich, sagte ich im stillen, denn ich konnte am Ausdruck ihrer Gesichter erkennen, daß ich jetzt dran gewesen wäre.

»Was fällt euch ein. Wenn ihr euch austoben wollt, kann ich euch Arbeit besorgen, dann wird euch bald Hören und Sehen vergehen.« Dann wandte er sich an mich. »Was ist hier los, Behan?«

Ich sagte, ich wüßte von nichts. Ich hätte Geschrei gehört, wäre hingelaufen und hätte die beiden getrennt. Mein Gott, ich hatte es damals raus, Gott segne den Vater der Lüge und ihre Mutter auch.

Der Korporal sah mich zweifelnd an, atmete dann tief, nickte und ging davon. Ehrlich, es tat mir leid, und ich schämte mich auch ein bißchen, daß es mir leid tat, statt mich kaputtzulachen, weil es mir gelungen war, die Monotonie unseres Daseins durch einen kleinen Streich zu beleben. Eamon und Gerry schlenderten beide in Richtung ihrer Baracken davon, und ich dachte mir, es könnte uns Schlimmeres passieren, als wegen Hitler in Streit zu geraten, der jetzt tot irgendwo neben seiner Motte lag.

An diesem Abend lag ich im dämmrigen Licht warm in meinem Bett und spann so vor mich hin. Jeder Kesselflicker kann auf seine Weise tanzen, jeder Krüppel sich fortbewegen, und selbst wenn wir alle genau die Kinder waren, vor denen uns unsere Mütter warnten, so waren wir doch gar kein so übler Haufen, und das Viertel in Norddublin, aus dem ich stammte, war eins der gefürchtetsten. Ich setzte mich auf und blickte um mich. Lasarian, Cafferty und Joseph schliefen, und in dem blauen Schein des Notlichtes sahen sie ganz unschuldig aus.

Ich las noch ein paar Seiten in einem Buch von Arthur Koestler und schlief dann ein.

Gewöhnlich interessierte es mich nicht sehr, welcher verdammte britische Geleitzug mal wieder untergegangen war oder wieweit die Alliierten in die besetzten Gebiete eingedrungen waren, aber seit Hitler abgekratzt war, herrschte große

Spannung und Ungeduld unter einem Teil der Gefangenen und besonders unter den Internierten, die sich fragten, wann sie entlassen wurden. Mich berührte das nicht sehr. Was auch immer die anderen erwarten mochten, für mich war die Chance, entlassen zu werden, gering.

Am Morgen stand ein ganzer Schwarm Militärpolizei bei der Küche in Gruppen herum, und bald machte das Gerücht die Runde, daß alle Internierten und eine große Zahl Gefangener sofort entlassen werden sollten.

Andrew, Lasarian und Joseph gingen nach draußen, und ich dachte, Cafferty würde vor Aufregung gleich tot umfallen, denn seine Hand zitterte, als er meine schüttelte und sagte, er werde seine Familie wiedersehen, noch ehe der Tag zu Ende ging.

Ich sah sie in den Lastwagen steigen und winkte und ging dann mit Cathal zum Exerzierplatz. Alle Internierten waren dort versammelt und wurden vom Hauptfeldwebel paarweise zum Appell aufgestellt. Einen Eselsschrei weit von da, wo wir standen, sollten sie auf die Busse warten, die sie nach Hause bringen würden. Nur zweiundzwanzig Mann von uns, die man für den harten Kern der I.R.A. hielt, und ich bin stolz, daß ich dazugehörte, waren ausgesondert worden und sollten im Lager bleiben.

Der Hauptfeldwebel hatte den Befehl gegeben, daß es keine Demonstrationen, keinen Jubel oder Ähnliches geben dürfe. Wahrscheinlich dachte er, das wäre unfair uns gegenüber, und irgendwie hatte er auch recht. Aber Gott schließt nie eine Tür, ohne eine andere zu öffnen, und wenn er mit der rechten Hand nimmt, so gibt er mit der linken mehr, als er genommen hat; wir waren in einem Lager, das für Tausende bestimmt und jetzt fast leer war. Wenn wir gewollt hätten, hätte jeder von uns allein in einer Baracke schlafen können, und jeder hätte die Rationen von sechs Mann essen können, denn, wie ich schon früher sagte: Die Armee des Freistaates geizte nie mit Verpflegung.

Cathal und ich taten eine Woche lang überhaupt nichts. Wir aßen nur »Sea-Pie«, eine Art Irish Stew mit Rüben statt Kartoffeln, was prima schmeckte, und spielten Handball.

Es war Sommer, die Sonne stand hoch, das Laub war kräftig und grün, es waren Tage, an denen man weiß, daß Christus für uns gestorben ist. Aber ich beneidete auch die anderen, die bei diesem Wetter die Berge wiedersahen, denn man konnte sie, sogar mitten in Dublin, nach allen Seiten hin sehen.

An diesem Morgen lag ich noch im Bett.

»Bee-hann!«

Ich wäre fast aus dem Bett gefallen. Was soll das, du lausiger Militärbulle, sagte ich mir und legte das Buch aus der Hand.

Der Wärter stieß die Tür der Baracke auf und kam herein.

»Los«, sagte er, »pack deinen Kram zusammen, und das ein bißchen schnell.«

»Was ist los? Kommen wir andern jetzt auch nach Hause?«

»Das wirst du schon sehen«, sagte er dicht neben meinem Bett.

Ich sprang auf, zog mich schnell an, packte mein Zeug zusammen, und der Wärter trieb mich über den Hof zur Aufnahme. Cathal war schon da, wir nickten uns lächelnd zu.

»Sieht aus, als würden wir entlassen.«

»Bestimmt«, sagte Cathal, und die anderen Gefangenen, die dazugekommen waren, lachten und knufften einander zum Spaß. Wir mußten uns aufstellen, und es war keiner in der Reihe, der nicht an Entlassung dachte, aber dann kamen Wärter mit langen Ketten und Handschellen.

O Jesus und Heilige Maria, Mutter Gottes, am liebsten wäre ich auf der Stelle gestorben, so leid war ich den ewigen Kampf, und ich sah die Enttäuschung wie einen Mantel auch über die anderen fallen und sie zudecken.

Wir wurden zu zweien mit Handschellen aneinandergeschlossen, und die Handschellen wurden an den langen Ketten befestigt wie damals, als wir von Arbour Hill hierherkamen, aber diesmal ging es nicht in einen Wagen, sondern zwei Wärter faßten die Kette, wir wurden nur ein paar Schritt weit die Straße hinunter in ein kleineres Gefängnis verlegt, das das Glashaus genannt wurde. Cathal und ich ließen uns zusammenschließen und standen in der Mitte des improvisierten Gespanns wie ein paar Zugpferde vor einer zweiundzwanzigspännigen Kutsche, und ab ging's, als wären wir auf der Dubliner »Hores-Show« in Ballsbridge.

Der diensttuende Offizier in unserer Militäreskorte war ein kleiner, gefährlich aussehender Kerl, der seine Kleinheit durch Aggressivität auszugleichen versuchte. Er lief an unserer Reihe auf und ab, sagte zu jedem, er solle voranmachen, fuchtelte dabei mit seinem Stock und hielt ihn den am unschuldigsten

Aussehenden vors Gesicht. Wag nur, mir vor dem Gesicht herumzuwedeln, du aufgeblasener Wanst mit deinem verschrumpelten Dings, und du wirst nicht wissen, wie dir geschieht.

»Laß ihn doch«, sagte Cathal, »er versucht nur, uns zu ärgern.«

Ich hatte keine Angst vor ihm: ich habe zwar Angst vor dem Lokomotivführer, aber nicht vor dem Öllappen, und ich hätte es mit ihm aufnehmen können. Er war der Typ, der sich an die großen Kraftprotze ranschmeißt und sich in den lokalen Kneipen gern als »klein, aber oho!« beschrieben hört.

»Es gibt nur einen Dummkopf hier, der glaubt, er dürfe uns piesacken, und das ist er«, sagte ich. Aber kaum hatte ich das gesagt, als eine Gruppe von Deutschen und Kanadiern auf dem Sammelplatz anfingen, uns zu beschimpfen. Einen Augenblick lang waren wir nur ehrlich überrascht, denn hier waren zwei sogenannte Todfeinde in Gehässigkeit vereint gegen die Einwohner des Landes, dessen Gastfreundschaft sie genossen, vereint allein in ihrem gemeinsamen Haß auf uns, die Irisch-Republikanische Armee, während ihresgleichen sich noch drei Wochen zuvor gegenseitig umgebracht und ihre Beute mit Kreide an den Wänden oder auf den Flügeln ihrer Flugzeuge vermerkt hatten.

Ich packte mir einen Deutschen am Wickel.

»Komm her«, sagte ich, »du knochiger Hunnenhund. Ich hab' nur eine Hand frei, aber zwei Teller voll Fleisch, und wenn ich dich jetzt nicht mit dieser einen Hand zerquetsche, dann tret' ich dich in die Eier, daß du es nicht mehr vergißt.«

Sowas nennen wir in den Slums zu Hause einen »Ringsend Uppercut«, und ich hätt' ihm auch einen verpaßt, aber die Militärpolizei richtete ihre Revolver auf diese Helden des Zweiten Weltkrieges und befahl ihnen, sich davonzumachen und uns in Ruhe zu lassen. Und dazu hatten sie auch allen Grund, sonst hätten wir es ihnen, mit oder ohne Ketten, gezeigt.

Der Grund, warum sie uns angriffen, war, glaube ich, folgender: die Kanadier glaubten, daß wir neutral wären oder die Deutschen begünstigten, und die Deutschen glaubten, daß wir neutral wären oder die Alliierten begünstigten. In Wirklichkeit standen wir nur auf einer Seite: auf unserer eigenen.

Berg und Tal, Gefängnis und Höhlenwand
Erzählen vom tapferen Kampf, der stattfand.
An Zahl unterlegen, müde, voll Mut
Marschierte voran die stolze Nachhut.

Als wir das Glashaus, das auf einem verdammt hohen Berg lag, erreichten, war ich müde und hungrig und niedergeschlagen und froh, daß keine Leute herumstanden und uns in unserem Elend anstarrten – zwei Reihen Gefangener an zwei Ketten. Wir schlurften durch ein Tor an der Seite des Gebäudes und eine Treppe hinauf, wo ein Sergeant uns die Handschellen abnahm und ein jüngerer Wärter unsere Namen aufschrieb und dann ging, um unsere sichere Ankunft zu melden. Wir wurden in unsere Zellen gebracht, aber nicht eingeschlossen, wir ließen unser Gepäck da und gingen in den Speisesaal, wo eine ausgezeichnete Mahlzeit auf uns wartete: Schinken und Kartoffeln und Kohl. Wir aßen mit großem Genuß.

Gekocht wurde hier von Berufsköchen der Armee des Freistaates und nicht mehr von unseren eigenen Jungens, die nur eine vage Vorstellung vom Kochen hatten.

Wir waren die einzigen Kerle im Glashaus und führten ein recht erträgliches Leben, aber oben in Port Laoise oder dem Maryborough-Gefängnis, wie wir gewöhnlich das staatliche Zuchthaus nennen, lebten noch acht I.R.A.-Leute unter elenden Bedingungen. Sie alle trugen nur Decken, weil sie sich weigerten, Sträflingskleider anzuziehen. Einer von ihnen, Sean McCoughey, starb übrigens während meiner Zeit im Glashaus. Er starb während eines Hunger- und Durststreiks im Mai 1946. Ich wußte vieles über diesen jungen Mann, unter anderem, daß, nachdem er zehn oder zwölf Tage ohne einen Bissen zu essen oder einen Schluck zu trinken, im Bett gelegen hatte, ein Wärter in die Zelle kam, ihn mit einigen Eimern Wasser übergoß und sagte: »Du Hund, wenn du nicht auf die eine Weise Wasser zu dir nehmen willst, dann kriegst du es eben auf eine andere.«

Am Tage seines Todes sangen Cathal und ich allerlei Rebellenlieder. Darunter auch eins über die Krönung:

Am achtundzwanzigsten Juli war's,
Im Jahr siebenunddreißig des Herrn,
Daß ein Feuer sich in den Himmel fraß,
Hell leuchtete es schon von fern.

Das Königspaar kam im Morgenrau'n
Den Sund herauf in stolzer Fahrt,
Wir empfingen es in Belfast-Town
Mit Freudenfeuer-Vivat.

Der König schritt still auf und ab an Deck,
Umgeben von seinen Ganoven,
Die Königin verlangt' einen Schal vor Schreck,
Es brachten ihn ihre Zofen.

Als er fragte, »Was seh ich dort für einen Schein?«
Kam die Antwort gleich auf der Stell,
»Das muß das vereinte Irland sein,
Was da leuchtet vor uns so hell.«

Ein paar sagten, der Brand käm von Ulster her,
Doch andre haben gelacht,
Ein Mann schwor, daß es ein Zufall wär,
Der Brand hätt' von selbst sich entfacht.

Ein Verehrer des Königs und der Queen,
Der sein Vaterland gut gekannt,
Sprach, die Flammen wär'n orange, weiß und grün
In dem Feuer, das vor uns brannt.

Unsere Stimmen wurden immer lauter und konnten im ganzen Glashaus gehört werden, als wir jetzt alle zusammen sangen:

Unten im Tal traf ich auf ein altes Weib,
Es pflückte Nesseln und nahm mich nicht wahr,
Es summte ein Lied, ich hört' es ganz nah:
Ruhm und Heil! Ruhm und Heil den tapfren Feniern!

Sie starben im Tal, in der Fremde gar,
Auch wenn ihre Sache verloren war,
Doch für Irland scheuten sie keine Gefahr,
Ruhm und Heil! Ruhm und Heil den tapfren Feniern!

Ich ging meines Wegs, gottlob, und traf sie;
Ob ich lang leb, ob nicht, ich vergeß sie nie,
Vor solchen Männern beug ich die Knie,
Ruhm und Heil! Ruhm und Heil den tapfren Feniern!

Dieses Lied schrieb mein Onkel Peadar Kearney, und das Glory-O (Ruhm und Heil) ist oft aus der Kehle der Nation erklungen, daß man meinen könnte, es wäre dort gewachsen.

Mein Onkel machte das Gedicht zu einer Melodie, die er von einer alten Frau in Combe gehört hatte. Er starb 1942 und hinterließ außer seinen Söhnen und Enkeln seine treue und großmütige Geliebte, Lebensgefährtin und Ehefrau Eva. Keiner von beiden hat für das, was sie taten, Lohn erwartet. Die Sache des Volkes war ihr Leben, und das lebten sie. Und es war nur gut, daß seine Witwe nichts erwartete, denn genau das bekam sie.

Sean McCaughey wurde in Dublin ehrenvoll begraben, und die Ehrenwache feuerte über seinem Sarg die Revolver ab.

»Zieht die Waffe! Feuer! Feuer! Feuer!«

Seltsamerweise benutzt die Ehrenwache in der Armee des Freistaates nur Gewehre, aber in der I.R.A. benutzen wir nur Revolver. Unsere Ehrenwache besteht aus sechs Leuten, in der Armee des Freistaates sind es acht, der Schießbefehl wird dort seltsamerweise auf irisch gegeben, während er bei uns auf englisch gegeben wird. Wir haben außerdem den Vorzug, scharfe Munition zu benutzen.

Nach der Feier wurde Seans Leiche mit einem Sonderzug nach Belfast gebracht und dort auf dem Milltown-Friedhof beigesetzt. Er und seinesgleichen waren tapfere Männer. Ich saß in meiner Zelle auf dem Bettrand, und Yeats Gedicht: »Sechzehn tote Männer« fiel mir ein.

O was redeten wir lang und breit, bevor
Die sechzehn Mann wurden hingericht',
Wer kann sprechen von geben und nehmen,
Was sein sollte und was nicht,
Während die Toten uns alle beschämen,
Uns mahnen an unsere Pflicht.

Als ich dieses Gedicht zum letztenmal gehört hatte, saß ich mit meinem Stiefbruder Rory im Hinterstübchen des »Shaking Man«, und ein Alter hatte gerade die Bemerkung gemacht, als Hauptquartier das bekannteste Gebäude der Stadt zu wählen, sei eine lächerliche Strategie gewesen. Darauf sagte Rory: »Aber was für ein Sinn für Theater – was für ein herrlicher Sinn für Theater.«

Ich wußte, was er meinte. Hatte ich doch im Queen's Theatre in Dublin mitten im begeisterten Samstagabend-Publikum gestanden, als sich die Szene* verwandelte: zum »brennenden Hauptpostamt« und die Rede von Pearse** am Grabe von Rossa,*** die dazu aus den Lautsprechern erklang, im tosenden Beifall unterging, der andauerte, bis es dunkel wurde, so daß wir bis zum Ende des Aktes brauchten, um unsere Gesichter wieder in Gewalt zu bekommen und unsere Nachbarn ohne Verlegenheit ansehen zu können.

In meiner Kindheit glaubte ich die ganze Osterwoche (die Woche des Aufstands) viel besser in Erinnerung zu haben als heute, denn heute kann ich gut genug rechnen, um zu wissen, daß ich unmöglich an dem Aufstand teilgenommen haben kann, der sich sieben Jahre vor meiner Geburt ereignete.

Und ich dachte über die Begräbnisfeier in Belfast nach. In der Gesellschaft von gebürtigen Ulsterleuten kann man sich bestenfalls über ihre Dialektanekdoten zu Tode langweilen, in denen der Witz des Nordens bewiesen werden soll. Die Protestanten erzählen gewöhnlich Witze über verschlagene Papisten und komische Fenier, und ihre katholischen Mitbürger erwidern das Kompliment mit irrsinnig witzigen Bemerkungen über komische Lutheraner und witzige Wesleyander. Der unglückliche Dubliner ist gewöhnlich zu Tode erschrocken, denn die da oben sind rauhe Burschen; er kann nur grinsen und es ertragen und es zusammen mit ihrem anderen Quatsch schlucken, zum Beispiel mit dieser Geschichte von dem »rädlichen Maan«, der einem andern »rädlichen Maan« ein Glas Wasser reicht, nachdem dieser unter den Rädern eines Zweitonners hervorgezogen worden ist – denn der »rädliche Maan« gehört der anderen Religion an.

Trotz allem: Sean McCaughey bekam einen ehrenvollen Abschied, wenn es ihm auch sicher ziemlich gleichgültig war.

Im Glashaus durften wir unsere eigenen Kleider tragen, und wenn diese verschlissen waren, bekamen wir sogar von der

* Sean O'Casey, »Der Pflug und die Sterne« (The Plough and the Stars), Drama über den Osteraufstand 1916; eine Szene behandelt die Erstürmung des Dubliner Hauptpostamtes.

** Pádraic Pearse, Republikaner; war während des Osteraufstands kurz Präsident der Irischen Republik; wurde 1916 hingerichtet.

*** Widerstandskämpfer aus dem 19. Jahrhundert.

Armee des Freistaates eine Art Zivilzeug, das »Martin Henrys« genannt wurde.

Wir gingen alle zusammen zum Hofgang, marschierten einer hinter dem andern in der Runde und konnten danach im Gang zwischen dem Hof und dem Lazarett oft ein paar Worte wechseln. Nach einiger Zeit fanden wir heraus, daß praktisch jeder, der dem Arzt sagte, er hätte das Gefühl, an Tuberkulose zu leiden, die üblichen zwei Flaschen Braunbier und das Pfund Hühnerfleisch täglich bekommen konnte.

Es gab einmal einen Kerl im Gefängnis, der den ganzen Tag in seiner Zelle blieb und sich weigerte, mit den anderen zusammenzukommen. Der bekam seine zwei Eier und sein Huhn gebracht, und zwar wegen seiner Nerven, denn er behauptete, der Leibhaftige erschiene ihm immer im Schlaf, um ihn in der lieben Heimat willkommen zu heißen. Aber das war nicht zu meiner Zeit. Mich wollte der Doktor nicht als Kranken anerkennen, aber glücklicherweise erkannte er eine ganze Reihe anderer an, so daß immer 'ne Flasche Bier aufzutreiben war, und die war willkommen nach einem Handballspiel im alten Schuppen hinter dem Exerzierplatz.

Gegen Ende 1945 begannen die Nürnberger Prozesse, und wir, was für Gefangene außergewöhnlich ist, waren alle auf einer Seite, und zwar nicht auf der der Angeklagten, sondern auf der der Ankläger. Wenn man in der Klemme sitzt, erwartet man nicht, daß der rote Teppich für einen ausgelegt wird, und es wäre idiotisch, überhaupt etwas zu erwarten, selbst wenn der Richter zu den Schöffen sagt, sie sollten sich von allen Vorurteilen frei machen. Ich sah die Logik dieser Heuchelei, denn jeder betrachtet die Dinge auf seine Weise: Man kann in diesem Augenblick ein Patriot sein und im nächsten ein Mörder.

Leider muß ich gestehen, daß ich zu jener Zeit in bestimmten Fällen für die Todesstrafe war, sogar bei Frauen, und ich hatte das Gefühl, daß diesen Leuten Gerechtigkeit widerfuhr. Auf diese Gefühle bin ich heute nicht sehr stolz.

Während der Prozesse kamen Cathal und ich einmal nach dem Handballspiel ins Haus, um zu duschen, und trafen dort auf einen Korporal, einen netten, anständigen, kugelrunden Burschen, einen unschuldigen Jungen aus dem Landesinneren von Irland, der auf uns gewartet hatte. Er nickte uns lächelnd zu.

»Hallo«, sagte ich und versuchte, witzig zu sein, »wie geht's dem Ungeheuer von Belsen?«

Ich hatte nicht geglaubt, daß es möglich sei, die Gefühle einer Rotmütze (so nannten wir gewöhnlich die Militärpolizei) zu verletzen, aber dieser gute kleine Kerl war tief verletzt, und ich mußte mich bei ihm entschuldigen. Und bei Gott, das war nicht das erste und auch nicht das letzte Mal, daß ich mich entschuldigen mußte.

Am Samstagnachmittag konnten wir Besuch bekommen; wir saßen dann wie in einer diskreten Pfandleihe in abgeteilten Nischen und redeten über eine Theke hinweg mit Verwandten und Freunden in der gegenüberliegenden Nische. Ein Militärpolizist überwachte den Vorgang. Er ging auf und ab und wies uns darauf hin, wenn die Zeit zu Ende ging. Ich war dann immer erleichtert, denn ich kam mir vor wie ein Esel auf dem Pferdemarkt.

Unsere Tage in dem *compound**, wie wir das Glashaus nannten, glichen einer dem anderen, und jeder Tag, der verstreicht, ist für den Gefangenen wie ein wachsendes Bankkonto, aber ich dachte jetzt noch nicht wie manche andere Burschen an meine Entlassung.

Es gab unter uns einen verrückten Republikaner, der es, glaube ich, vorgezogen hätte, für den Rest seines Lebens und seines Todes im Kittchen zu bleiben, wenn dies der republikanischen Bewegung geholfen hätte, nicht nur in den zweiunddreißig Provinzen Irlands, sondern auch in Bangkok, Hangtschau und Alaska. Er kam aus dem Norden, und ich kannte seine Heimat gut, nicht nur von meinen Besuchen dort, sondern auch aus einem anderen Grund. Als Kind hatte ich zu Füßen meiner Eltern und Großeltern gesessen und ihren Erzählungen über uns verwandte I.R.A.-Leute gelauscht, die während des Ersten Weltkrieges dort in der Nähe operiert hatten oder dort im Gefängnis gesessen hatten, und mein jüngerer Bruder war als regulärer Soldat der königlich-irischen Füsiliere im Zweiten Weltkrieg auch dort stationiert gewesen.

Aber der republikanische Wahn dieses Dummkopfs machte mich ganz fertig und dazu die gräßlichen I.R.A.-Kampflieder, die er mit schriller Stimme sang – »Für Irland laß mich dein Kreuz tragen, Herr, die Zeit der Prüfung ist nah« –, aber das

* Gefangenenlager in China und Indien

Lied, das er über die Grafschaft Down sang, hätte mir, hätte nur er es nicht immer gesungen, gefallen können: »Die alte steinige Straße möcht ich gehn . . .«

Meine Erfahrungen im Boxen beschränkten sich fast ganz auf die schmale Gasse, die dort verläuft, wo in Dublin der Croke-Park an die Bahnlinie stößt und wo ich als Junge meine Gegner aus den wohlhabenderen Gegenden Dublins zum Faustkampf traf. Aber einige der Burschen waren ganz gut im Boxen, einer war sogar ein Professioneller.

An dem Abend, als in Dublin Martin Thornton gegen Bruce Woodcock kämpfte, schwafelten diese Burschen über die Wissenschaft des Boxens, und als Jack Doyle nach seinem großartigen Kampf in Chicago nach Hause kam, säumten die Menschen die Gardiner Street, und über die ganze Breite der Waterford Street war eine Fahne gespannt, auf der Sankt Patrick mit einem grünen Schnurrbart die Harfe spielte.

Ich interessierte mich nicht sehr für die Kunst des Boxens, aber ich interessierte mich für die Kunst, wie man zwei Dutzend Flaschen Bier köpft, und ich besoff mich so, daß man mich in die Zelle zurücktragen mußte.

Außer dem Fehlen von Frauen, an das ich gewöhnt war, hatte ich wirklich nicht viel zu leiden, und auch, wenn wir nicht Karten spielten, habe ich mich nie gelangweilt, selbst wenn ich nichts anderes zu tun hatte, als aus dem Fenster zu schauen. Wir waren ja, wie Cathal es ausdrückte, alle zusammen vor den Karren gespannt.

Spät im Herbst kamen die Stürme, und es wurde sehr kalt, aber ich hätte noch mehr gefroren, wenn ich in die Kälte rausgemußt hätte. Die Kälte mußte wohl mein Gehirn eingefroren haben, denn ich konnte mir an diesem Morgen gar nicht vorstellen, daß ich einmal nicht mehr im Lager sein würde. Um mich aufzumuntern, begann ich, ein Lied der I.R.A. zu singen.

Und wenn der Krieg vorbei
Und unser Irland frei,
Dann führ ich sie zum Traualtar,
Daß eines Rebellen Weib sie sei.
Und wir geh'n nach Dublin zum Stephens Green,

Wo die Helme glitzern in der Sonn',
Wo die Bajonette blitzen und krachen die Gewehr
Zu dem Echo einer Thompson Kanon'.

Dabei hatte ich niemals auch nur einen einzigen beschissenen Helm gesehen, und ich war überhaupt ein Schwachkopf, daß ich dies Lied sang. Da wurde die Zelle aufgeschlossen, und ich bekam eine unglaubliche Neuigkeit mitgeteilt. Die Regierung hatte angeordnet, mich umgehend zu entlassen. Es war eine Amnestie erlassen worden, eine Amnestie für uns alle.

Als es mir klar wurde, daß ich frei sein würde, wußte ich, daß diese Freiheit Hunger und Armut bedeutete, daß es bedeutete, keinen Schlafanzug mehr zu haben, nicht einmal einen Armeeschlafanzug. Aber ich wußte: Diese Freiheit bedeutet auch, die Lichter meiner Vaterstadt wiederzusehen, die hellen Lichter, die dich willkommen heißen – und oh, ich weiß nicht – ich war damals jung, um Jesu willen. Der Winter drückte mich nicht so, wie er mich heute drückt. Es ist immer Winter in Dublin.

Ich hörte einmal, wie ein neu-alter I.R.A.-Mann einen bekannten Politiker, der sich anschickte, eine Rede zu halten, anschrie: »Ihr habt die besten Männer in euren Gefängnissen.« Vielleicht wären ich und meine Angehörigen gar nicht seiner Meinung gewesen, aber – lieber Gott – heute fühlte ich mich wirklich so gut wie noch nie, wie Hans im Glück am glücklichsten Tag seines Lebens.

Der Sturm wütete immer noch, peitschte über die Gebäude des Lagers, und als ich das Gelände verlassen hatte, trieb er mir nassen Schnee ins Gesicht, aber für mich war es wie der schönste Hochsommer, so aufgeregt war ich.

Ich wurde von einem Mädchen abgeholt, das mit einem meiner Freunde, dem Geschäftsführer einer Dubliner Hunderennbahn, verheiratet ist: »*Céad míle fáilte, Breandán*«,* und sie umarmte mich und küßte mich auf beide Wangen.

»*Go rhaib maith agat go deo, a ghrá, mar gheall ar an bhfáilte lách sin*«**, antwortete ich, froh, daß sich jemand über meine Rückkehr freute.

Dann fuhren wir nach Dublin, wo ich einiges abzuklappern hatte, diesen und jenen traf, manches Bier spendiert bekam,

* Sei hunderttausendmal gegrüßt, Brendan!
** Vielen Dank, mein Schatz, für dieses Willkommen.

während ich über meine Leiden berichtete, von denen ich nicht eines überging, eher ein bißchen dazudichtete. Man hörte mir andächtig zu, und ich bedankte mich, indem ich ein Glas nach dem andern kippte und zahllose Rebellenlieder zum besten gab, von denen die meisten, so ist das mit der Erinnerung, Balladen und alte Lieder aus anderen Ländern waren.

Im »Shaking Man« traf ich einen Mann mittleren Alters mit verwittertem Gesicht und in einem Tweedanzug, wie es seinem Rang als Engländer zukam. Es wäre schwer gewesen, draußen bei der Jagd den Mann von einem Pferd zu unterscheiden, nur wäre jedes anständige Pferd vor Scham tot umgefallen, wäre es dem Mann gelungen, seinen Rücken zu besteigen.

»Ich habe meine Flitterwochen auf der Isle of Man verbracht«, und ich glaubte schon, ich würde eine dieser verdammten Plaudereien zu hören bekommen, wie man sie uns im dritten Programm des BBC vorsetzt.

»Wie war es denn?« fragte ich, obgleich mir das natürlich scheißegal war.

»Nun, als wir weggingen, haben wir einen großartigen Empfang gegeben.«

Ich habe gehört, daß er später Staatssekretär im britischen Innenministerium wurde, von Sir Anthony Hodensack oder Schlappschwanz oder so ähnlich.

Wir verließen den »Shaking Man«, und nach kurzen Pausen im »Blue Lias«, bei O'Mears und Davy Byrnes Pinte kamen wir nach Crumlin, und ich war so voll und besoffen, daß ich mich an nichts mehr erinnere. Ich weiß erst wieder, daß mein Vater mich am Abend mit zu einer Vorstadtkneipe auf der anderen Seite der Stadt nahm, die der »Floating Ballroom« hieß. Dort wurde ich von allen Anwesenden herzlich begrüßt, und Batterien von Gläsern Bier wurden mir hingeschoben, mit denen ich ganz gut fertig wurde.

Später gingen wir zum Haus eines Freundes, wo sie ein Klavier hatten und eine Tochter Mary, die darauf spielen konnte. Mein Vater war ein großartiger Fiedler, und auch mein Onkel, der eine Fiedel geschenkt bekommen hatte, weil er die irische Nationalhymne verfaßt hatte. Mein Vater spielte sie an diesem Abend. Er stand neben dem Klavier, auf dem Mary ihn begleitete. Dann sang mein Vater ein Lied über die große Hungersnot:

Oh, wie klein die Kartoffeln war'n bei uns daheim,
Oh, wie klein die Kartoffeln war'n bei uns daheim,
Oh, wie klein die Kartoffeln war'n, doch wir aßen sie
mit Haut und Haar'n,
Sie war'n besser als der Scheißfraß hier.

Wir alle lachten, trotzdem das Lied doch von dieser schrecklichen und schmählichen Hungersnot handelte, aber, bei Gott, man mußte einfach über den alten Kerl lachen; er hätte es fertiggebracht, sogar in einem Kirchenlied solche Ausdrücke unterzubringen, nur war er, wenn Kirchenlieder gesungen wurden, selten in der Nähe.

Dann sang der Drucker Jack was vor. Er war ein untersetzter, sehr heiterer Mann, ein Protestant, der für eine protestantische Zeitung, den Dubliner *Evening Mail*, arbeitete. Leider lebt er nicht mehr. Ob nun protestantisch oder katholisch, der *Evening Mail* war eine Zeitung der alteingesessenen Dubliner. Sie besteht seit 1823 und ist die einzige irische Zeitung, die je einen Artikel zu meinen Gunsten geschrieben hat. Ich war damals in der außergewöhnlichen Lage, daß ich in Frankreich und Schweden, in England, Amerika und in verschiedenen anderen Ländchen großen Beifall erntete, während ich für die irische Bourgeoisie und die irische Amateur-Intelligentsia der letzte Dreck war. Das ließ mich kalt, denn in Dublin ist es ja schon ein Erfolg, wenn man ein Stück ein oder zwei Wochen auf dem Spielplan halten kann. Aber sie ärgerten sich über meinen Erfolg in kleinen Städtchen wie Paris und Stockholm und London und New York, und schrieben diesen Erfolg der Tatsache zu, daß ich meinen Glauben und mein Vaterland lächerlich gemacht hätte.

Ich habe meinen Glauben niemals lächerlich gemacht, aber was mein Vaterland betrifft, so ist die erste Pflicht eines Schriftstellers, sein Vaterland zu kritisieren, sonst ist er kein Schriftsteller. In Jesu Namen, wie soll ein Schriftsteller anderer Leute Vaterland angreifen, wenn er sein eigenes nicht angreift?

Der Leitartikel im *Evening Mail* trug die einfache Überschrift BRENDAN BEHAN »Behan hat seiner Vaterstadt große Ehre gemacht. Wir sagen nicht, seinem Vaterland, denn wir sind nicht über das Stadtgebiet von Dublin hinaus verbreitet.«

Das Lied, das Jack sang, stammte seltsamerweise noch aus

den Jakobiterkriegen und bekannte sich zu König Jakob gegen König Wilhelm.

Weißt du noch, wann
Kathleen?
Als dein Liebster flüsterte bang,
»Soll ich bleiben oder zieh'n,
Kathleen?«
Und du antwortetest, »Du sollst zieh'n!
Für König Jakob tu deinen Gang
Und sei kühn!«

Kathleen ist der Name meiner Mutter, und vielleicht glaubte Jack, das Lied handele von ihr.

Mary war ein reizendes Mädchen, in meinem Alter und von meinem Gewicht, aber das auszuprobieren, hatte ich nicht den Mut. So sangen wir beide, sie und ich, zweistimmig, meistens Lieder von Thomas Moore, den ich sehr liebe. Er war ein Freund von Robert Emmet, und man sagt, daß er Georg IV. mit seinen Liedern über Robert Emmet zu Tränen rührte. In diesen Liedern besang er Emmets trauriges Leben, seine Hinrichtung und seine Liebesaffäre mit Sarah Curran, die ihm so treu war, daß sie ein Jahr nach seinem Tod einen schottischen Offizier heiratete. C'est la vie.

Die Lieder müssen Mary das Herz erwärmt haben, denn später wurden wir gute Freunde, und in der folgenden Woche führte ich sie ein paarmal aus, und ich muß schon sagen, ich stellte mich keineswegs so ungeschickt an, wie man es von einem ehemaligen Fürsorgezögling und einem entlassenen Strafgefangenen erwarten sollte.

Tagelang danach trank ich alles in mich hinein, das nach Bier aussah; von harten Sachen hielt ich mich allerdings fern. Schließlich machte meine Mutter den Vorschlag, ich sollte mich nach ein bißchen Arbeit umsehen und versuchen, etwas für sie und die Familie anzuschaffen. Ich blickte zum Fenster hinaus, und mir schauderte, aber sie blieb eisern, ach, nicht einmal die Schlechtesten unter uns können sich dem erzieherischen Einfluß einer guten Frau entziehen.

Ich gab dem grämlichen Individuum im Büro meine Gewerkschaftskarte, und nach dem Gesicht zu urteilen, das er machte, als er meinen Namen las, glaubte ich, er hätte die sechsundzwanzig Grafschaften am liebsten den Engländern zurückgegeben, weil ich mich darin aufhielt; aber er verschaffte mir Arbeit.

Ich sollte in Caherdaniel in Südirland das Haus von Daniel O'Connor restaurieren helfen. O'Connor, genannt der Befreier, weil er uns die katholische Emanzipation gebracht haben soll. Aber er war es auch, der die britischen Truppen gegen die irischen Arbeiter zu Hilfe rief, als er im Jahre 1843 Bürgermeister von Dublin war. Jesus, Maria und Joseph, das war ein scheußlicher Auftrag, aber ich hatte zuviel Angst vor den Flüchen meiner Mutter, um die Arbeit abzulehnen. Ich nahm sie also an.

Ich bin praktisch in den Farbeimer hineingeboren worden, denn mein Vater und meine Großväter waren schon Anstreicher, und meine frühesten Erinnerungen sind Erinnerungen an meinen Vater im Overall mit Pinseln und Farbeimer und manchmal mit Glaserwerkzeug in den Händen. Ich selbst hatte eine vierjährige Anstreicherlehre durchgemacht und war zwei Jahre in Dublin in die Berufsschule gegangen, so daß ich als Vorarbeiter eingestellt wurde.

Die Leute auf der Arbeit waren im ganzen ein Haufen netter Kerle. Wir hatten uns allen Spitznamen aus der Bibel der Anstreicher gegeben, Robert Tressalls Buch »The Ragged Trouserd Philanthropists«. Allerdings hatten die meisten das Buch nie gelesen, weder dieses noch irgendein anderes.

Leider gab es unter den Kollegen einen schmallippigen, gemeinen Kerl, der seine eigene Mutter verkauft hätte, und zum ersten Mal in meinem Leben habe ich einen Mann entlassen, und zwar habe ich ihn aus folgendem Grund entlassen. Ich hatte Durst und löschte ihn in einer Kneipe, die kaum einen Katzensprung von O'Connors Haus entfernt lag. Da kommt dieser Mann zu mir und sagt: »Mr. Behan, sind Sie hier der Vorarbeiter?«

»Ja«, sage ich.

»Nun, dann muß ich Ihnen eins sagen, ein paar Ihrer Anstreicher und andere Arbeiter sitzen über der Straße in der Kneipe.«

»Dann will ich Ihnen mal sagen, was Sie da tun können«, sagte ich. »Nehmen Sie Ihre drei Karten, die Arbeitslosenversicherung, die Invalidenversicherung und die Schlechtwetterversicherung (denn im Baugewerbe bekommt man eine Entschädigung, wenn das Wetter zu schlecht zum Arbeiten ist).

Mit der einen Karte können Sie weggehen, mit der zweiten wegbleiben, und mit der dritten nicht zurückkommen.«

Ich hätte ihm gern eine Lektion verpaßt und ihm mit dem Knie eins in seine Heiratsaussichten versetzt, aber er blieb nicht lange genug, um mir die Möglichkeit zu geben.

Damals war der verantwortliche Offizier der Londoner I.R.A. bei mir, der in England zwanzig Jahre bekommen hatte, aber nach zehn Jahren entlassen worden war.

»Ich habe den Kerl rausgeschmissen«, sagte ich.

»Wie kommst du denn zum Teufel dazu, jemanden rauszuschmeißen, Brendan?«

»Nun, wenn er sogar seine Kollegen verpfeift, was wird er dann mit uns machen?«

Wir tranken noch ein paar Runden, und es kamen noch ein paar andere hinzu, die gerade Mittag machten, und wir fingen an, über die Gelder für die Restauration von O'Connors Haus zu diskutieren, die aus aller Welt zusammengekommen waren. Ein junges Mädchen, es war zufällig eine Jüdin, erwähnte den Papst.

»Oh, der Papst kann mich mal«, sagte ich, und die meisten lachten darüber, nur ein alter Mann mit scharfen Zügen, seinem Aussehen nach ein Ladeninhaber, starrte mich auf sozusagen nationalistische Weise an, sein Gesichtsausdruck, wenn man das überhaupt so nennen kann, wurde entrüstet.

»Ich muß Ihnen mitteilen, Sie junger Hund«, sagte er, »daß der Papst 5000 Pfund für die Restaurierung von Daniel O'Connors Vaterhaus gestiftet hat.«

»Gott sei Dank«, dachte ich bei mir, denn ich sehe nicht, daß deinesgleichen die Hand in die Tasche stecken, um das Haus vor dem Verfall zu retten. Also sagten wir jetzt alle zustimmend, daß der Papst ein guter Mann sei, ein prima Kerl, und das jüdische Mädchen versuchte in unseren Gesichtern zu lesen, ob wir sie nicht auf den Arm nähmen.

Am Sonntag sah ich sie in der Messe wieder, sie blickte verzückt zum Altar und auf den Priester, und ich dachte mir, daß doch die Konvertiten bei weitem die besten Katholiken abgeben.

Der Priester, der den Gottesdienst abhielt, war ein Namensvetter von mir, Pastor Behan, und mir wurde angedeutet, daß man mich allgemein für seinen Sohn hielt, was ich, soviel ich weiß, nicht bin. Aber ich war sehr befreundet mit ihm. Ich erinnere mich, daß ich eines Tages bei ihm in der Sakristei war. Er zeigte mir die Monstranz, aus der die Edelsteine herausgebrochen worden waren.

»Sieh dir das an, Brendan«, sagte er.

Mein Gott, man kann heutzutage nichts mehr aus der Hand lassen, wenn schon so etwas gestohlen wird.

Er war Feldgeistlicher im Ersten Weltkrieg gewesen und hatte bei Lord Kitchener vorgesprochen, weil die Geistlichen gehindert wurden, die irischen Soldaten zu betreuen.

»Aus welchem Teil Irlands kommen Sie?« fragte Kitchener.

»Ich komme aus Kerry«, antwortete Pastor Behan.

»Ich bin auch aus Kerry, genau wie Sie. Ich komme aus dem Süden von Kerry. Wissen Sie, wie ich Kriegsminister geworden bin?«

»Nein«, sagte Pastor Behan, »vermutlich, weil Sie es wollten.«

»Es gibt nichts, was ich weniger gewollt hätte. Es gab eine Zeit in meinem Leben, wo ich sehr gern den Kriegsminister erschossen und dabei für Irland gestorben wäre.« Und er erklärte Pastor Behan, wie alles gekommen war. Als er ein Junge war, waren in seiner Gegend im Süden von Kerry alle Jugendlichen Fenier; das heißt, sie waren Mitglieder der Irisch-Republikanischen Bruderschaft, die sich die Hinrichtung einiger Großgrundbesitzer und den Sturz der britischen Regierung zum Ziel gesetzt hatte.

»Die Fenierbewegung«, wie man sie allgemein nannte, wurde am Sankt-Patricks-Tag 1858 von John O'Mahony in New York gegründet. Er konnte Gälisch und war mit den Sagen von den alten Feniern vertraut. Er hatte aus Irland fliehen müssen, war zuerst nach Paris, dann nach Amerika gegangen, um der Gefangennahme nach dem Aufstand von 1848 zu entgehen, wie mehrere andere auch. Der Grund, warum die Bewegung am Sankt-Patricks-Tag gegründet wurde, ist nicht von historischer Bedeutung, sondern auf die Tatsache zurückzuführen, daß dies der einzige Tag war, an dem die meisten Iren, und es gab viele in New York, nicht zur Arbeit gehen mußten. Sie weigerten sich, an diesem Tag zu arbeiten, nicht weil sie sich betrinken, sondern weil sie in ihre Kirche gehen wollten.

Die meisten Mitglieder der »Fenierbewegung« in Irland waren in Kitcheners Jugend ehemalige Offiziere entweder der

Union oder der Konföderierten Armee des amerikanischen Bürgerkrieges, die heimlich ins Land eingereist waren, um die jungen Leute zum Kampf gegen die britische Armee auszubilden. Kitchener schloß sich ihnen an, aber als der Bezirkshauptmann der Königlich-Irischen Gendarmerie seine Tante darüber informierte – er wurde von einer Tante erzogen –, schickte diese ihn prompt nach England auf die Kadettenschule von Woolwich, und so wurde er schließlich Kriegsminister. Ich erinnere mich, als Junge an meinem Fenster zur Straße hin einen richtigen »Pukka«-Engländer gesehen zu haben, dessen gezwirbelter Schnurrbart fast das ganze Gesicht bedeckte; und dieser Mann hatte Sean Treacy vor den Tans* versteckt. Er sah aus wie ein Plakat von Kitchener – »König und Vaterland brauchen dich« –, wie er den Zeigefinger auf den Beschauer richtet mit einem Blick, der selbst den Schüchternsten in die britische Armee oder in die I.R.A. oder sonstwohin treiben könnte.

Dieser Mann war Hauptfeldwebel House, und er war der einzige Mensch in unserer Straße, der sich noch an meinen Vater als Jungen erinnern konnte. Ich glaube, er hatte den Krimkrieg mitgemacht, und er hatte seine Frau, eine Irin, kennengelernt, als er die Miliz ausbildete. So nannte man sie vor dem Ersten Weltkrieg. Die Miliz bestand aus Leuten vom Land – Landstreichern und Herumlungerern. Man brachte sie ins Curragh-Lager, wo sie einen Monat lang ausgebildet und gefüttert wurden, danach rannten sie wie die Verrückten über das flache Land von Kildare und versuchten, die nächste Kneipe zu erreichen. Am Schluß ihrer Dienstzeit bekamen sie ein Pfund geschenkt, und dann entließ sie der Hauptfeldwebel, indem er brüllte: »Miliz! Zu euren Zuchthäusern, Armenhäusern, Pennbuden und Kittchen – Wegtreten!«

Pfarrer Behan lachte, als ich ihm diese Geschichte erzählte. Er war ein guter und sehr treuer Priester. In seiner Pfarre wurde an einer sehr einsamen Straße in der Nähe des Hauses, das wir restaurierten, ein alter Mann erschossen, der Irland einen schlechten Dienst erwiesen hatte. Die Polizei kam in Scharen herbei, konnte aber nichts herausfinden, denn die Iren sind, trotz all ihrer seltsamen Eigenschaften, kein Volk von Denunzianten.

* Englische Truppen in Irland

Kurz danach, es war Abend, und ich hatte mich schon zu Bett gelegt, kam Pfarrer Behan zu mir.

»Würdest du wohl mitkommen und mir helfen?« sagte er.

Ich bin ein sehr schreckhafter Mensch, und weder in Irland noch in England hatte ich etwas Ähnliches gesehen wie das, was mich erwartete. Ich sah eine Frau, die sich erhängt hatte, und man sagte, sie habe das getan, weil sie den Mörder des alten Mannes kannte.

Pfarrer Behan, sein Ministrant und ich schnitten diese arme, arme aber immer noch schöne Frau ab, und der Priester flüsterte ein paar Gebetsworte, eine Bitte für diesen und den Jüngsten Tag. In diesem Augenblick wurde ich ohnmächtig.

Als ich wieder zu mir kam, hoben wir die tote Frau vorsichtig auf und legten sie in das Ponywägelchen, und Pfarrer Behan beugte sich über sie und erteilte ihr, so gut er konnte, die Sterbesakramente. Ich weiß nicht, was geschieht, wenn Menschen Selbstmord begehen, aber ich weiß ganz bestimmt, daß sie nicht ganz von der Kirche getrennt sind.

Später war ich beim Begräbnis dieser armen Frau, an dem ihre Familie und ihre Verwandten teilnahmen. Solche Dinge kann ich nur schwer ertragen. Während des Gottesdienstes stand Pfarrer Behan auf. »Diese Frau wußte nicht, was sie tat«, sagte er, »ich bin sicher, daß sie den Verstand verloren hatte.«

Wir begruben sie mitten in der Nacht in geweihter Erde in den Bergen von Kerry und unter dem Himmel von Kerry auf einem Friedhof, von dem der Blick über den Atlantischen Ozean geht und über die Blasketinseln, die unten in der Bucht liegen. Später fragte ich Pfarrer Behan, ob es recht gewesen sei, ihr die Sterbesakramente zu erteilen.

»Brendan«, sagte er, »wer sind wir, um das zu beurteilen? Vielleicht war es ein Unfall.«

Ich bin nie so stolz auf den katholischen Klerus gewesen wie an diesem Tag, denn meine frühen Erfahrungen im Gefängnis in England hatten mich glauben lassen, daß Religion, gleich welcher Konfession, nichts mit Mitleid und Liebe zu tun hatte.

Die englischen Katholiken hatten für die irischen nichts übrig, und manche der Geistlichen waren sehr hart und exkommunizierten Mitglieder der Irisch-Republikanischen Armee, weil sie unbedingt zeigen mußten, daß diese, obgleich katholisch, fleischgewordene Teufel, keine Italiener waren.

»Ein italienisierter Engländer ist der Teufel in Person«, heißt ein Sprichwort der elisabethianischen Zeit, und bei Gott, sie machten dies Sprichwort wahr.

Die Kapläne der anglikanischen Kirche waren dagegen allgemein beliebt, aus dem einfachen Grund, weil sie handfest und menschlich waren. Der anglikanische Kaplan im Jugendgefängnis, dessen zweitberühmtester Insasse ich war (der berühmteste war Neville George Heath, der fünf Frauen umgebracht hatte und am Galgen für seine Taten sühnte und der erste ehemalige Häftling von Borstal war, der in der Royal Air Force Offizier wurde; er war der erste aus unserer Anstalt, der wegen seiner Verbrechen, die er nach seiner Borstal-Zeit beging, hingerichtet wurde), dieser Kaplan also hatte die Gewohnheit, nach der Kommunion ein besonderes Frühstück zu geben, das »Agape« genannt wurde, das ist das griechische Wort für Liebesmahl.

Ich wurde oft eingeladen, natürlich nicht zum Gottesdienst, sondern zum Beisammensein danach, denn der Padre war hochentzückt über die Art, wie ich die Decke der anglikanischen Kapelle verputzt hatte. Das Frühstück bestand aus unserer gewöhnlichen Ration, aber es wurde immer in Tassen und Untertassen serviert, die die Damen der Pfarre hereinbrachten, und hinterher schenkte der Padre uns immer eine Zigarette. Diese wöchentlichen Zusammenkünfte waren berühmt, aber der Padre war noch berühmter wegen seines Streits, den er mit einem der Wärter gehabt hatte.

Wir hatten einen Negerjungen in der Anstalt, Malcolm Ring. Das ist nicht sein richtiger Name, aber ich habe es so satt, wegen Verleumdung belangt zu werden, daß ich mich scheue, den Namen des Allmächtigen Gottes zu erwähnen, aus Angst, er könnte mir einen Prozeß wegen Verleumdung machen. Also dieser Junge war aus der Tiger Bay in Cardiff und saß, weil er einem norwegischen Seemann den rechten Arm abgehackt hatte, und er war ein sehr frommes Mitglied der Kirche von England. Aber der Wärter dachte, er schriebe sich nur wegen der süßen Brötchen und des Stäbchens in die Liste der Kommunikanten ein.

Am nächsten Sonntag tauchte Möhrchen, wie wir ihn unwissender- und unschuldigerweise nannten, nicht auf. Der Kaplan geht zu ihm und fragt nach dem Grund. Nach vielem Bohren erzählt Möhrchen dem Kaplan, warum er nicht gehen durfte, er sagt auch, dies sei das erste Mal gewesen, daß er mit einem Geistlichen gesprochen habe.

Der Kaplan ging zu dem Wärter und sagte: »Wenn Sie sich nicht bei dem Jungen entschuldigen, lege ich mein Amt hier nieder, und ich werde aller Welt sagen, warum ich das tue.«

Dann ging der Geistliche zum Gefängnisdirektor, der auch ein überzeugter Anglikaner war. Bis dahin hatte ich nie geglaubt, daß die Anglikaner ihre Religion so ernst nähmen, aber offenbar tun sie es doch. Der Direktor sagt dem Wärter, daß der Kaplan sein Amt nicht niederzulegen brauche, aber daß der Wärter entlassen würde, falls er sich nicht entschuldige. Dem Wärter blieb also nichts übrig, als sich bei Möhrchen zu entschuldigen, und diese Geschichte machte den Kaplan bei den Jungen berühmt.

Etwas Ähnliches entdeckte ich in San Francisco, wo ich einen Priester kennenlernte, der den katholischen Anwärtern auf die Gaskammer in St. Quentin beistand. Damals saß Chessman dort, und der Priester ging ihn oft besuchen, obgleich Chessman nicht seiner Kirche angehörte. Der Direktor des Gefängnisses mißbilligte diese Besuche und ließ den Priester kommen.

»Herr Kaplan«, sagte er, »ich habe gehört, daß Sie Chessman besucht haben.«

»Ja«, sagte der Priester. »Warum nicht? Er ist ein Kind Gottes wie alle anderen.«

»Nun, aber Chessman gehört nicht Ihrem Glauben an.«

»Nein, aber auch keinem anderen.«

»Nein«, sagte der Direktor. »Und ich wünsche nicht, daß Sie ihn besuchen.«

»Ich werde ihn besuchen, so oft ich will. Ich habe das Recht, ihn zu besuchen, denn unser Glaube ist ein prophetischer Glaube, und wir versuchen, die Glut aus dem Feuer zu holen. Ich sehe eine Hoffnung, daß Chessman sich bekehren könnte.«

Das, sagte der Priester später zu mir, sei die größte Lüge seines Lebens gewesen, denn die Chance, daß Chessman ihn bekehrt hätte, sei größer gewesen als die, daß er Chessman bekehrt hätte.

Wir verließen Caherdaniel früh am Morgen und fuhren nach Dublin zurück. Es war eine schwere Arbeit gewesen, und zum Schluß hatten wir Überstunden gemacht und in großem Tempo gearbeitet, wir hatten die Farbe mit flachen, vier Zoll breiten Bürsten fast an die Wände geschmissen.

Jetzt war alles vorbei, und mit der Kraft, die uns noch geblieben war, stimmten wir ein Liedchen an:

Links, rechts und rechts kehrt, so marschier'n wir vereint,
Das Bajonett aufgesteckt, ein Schrecken für jeden Feind,
Der Ruhm von alt Irland und eintausend Musketier'
Und ein Schrecken der Schöpfung sind Dublins Füsilier'.

Während die anderen Burschen die zweite Strophe sangen, kam mir der Gedanke, wie seltsam es doch sei, daß die Dubliner Füsiliere schon nach ein paar Generationen vergessen waren, denn, bei Gott, sie hatten doch zu Tausenden ihr Blut vergossen.

Ich hatte einen Onkel bei den Dubliner Königlichen Füsilieren, der im Ersten Weltkrieg bei Menin gefallen war, und die Belgische Armee hatte die pietätvolle Sitte, jedes Jahr am Tor von Menin den letzten Zapfenstreich zu blasen. Ich bin einmal zu dieser Feier hingefahren, wahrscheinlich weil Blut dicker ist als Wasser. Mein Vater stahl das Gewehr meines Onkels, aber er benutzte es gegen die britische Armee, nicht für die britische Armee. Aber als mein Onkel gefallen war, bekam meine Großmutter eine Hinterbliebenenrente von der damaligen Regierung Seiner Majestät.

Wir sangen und tranken auf dem ganzen Weg, bis die Sonne unterging und wir im Dunkeln in Dublin ankamen.

Im Hinterstübchen des »Shaking Man« saß eine ältere Frau, und da ich ein Glas in der Hand hielt, ging ich, eher aus Höflichkeit als aus einem anderen Grund, zu ihr.

»Guten Abend, Maria«, sagte ich, »wie geht's denn?«

Sie hob das Gesicht aus dem Umschlagtuch. »Nicht übel, Brendan«, sagte sie.

»Und wie geht's dem Alten?« Damit meinte ich ihren Mann.

»Oh, der arbeitet in London in der Munitionsfabrik in Woolwich. Er kriegt nicht allzuviel, etwa zehn Pfund die Woche.«

»Und wie geht's Sean?«

»Ah, Sean verdient ein bißchen mehr. Der alte Kerl kriegt zehn Pfund in der Woche, schickt mir sechs und vertrinkt vier. Aber Sean ist ein prima Junge. Er arbeitet in den Flugzeugwerken und macht Flugzeuge und schickt wöchentlich vier Pfund heim.«

»Und sag mir, wie geht es Mary?«

»Sprich mir nicht von dieser Hure. Die kniet in der Kapelle und betet, daß wir nie mehr einen Krieg bekommen.«

Am nächsten Morgen ging ich die Grafton Street entlang, in Gedanken versunken, als mich Michael O'Flaherty, ein Anstreicher und Freund von mir, anhielt.

»Würdest du wohl eine Schwarzarbeit annehmen, Brendan?«

»Na«, sagte ich, »ich bin doch bekannt dafür gewesen, daß ich nur Schwarzarbeiten annehme. Es gibt nur eine Sache, die mir lieber ist als illegale Arbeit, das ist ein illegaler Streik, und es gibt nur eine Sache, die mir lieber ist, als ein illegaler Streik, das ist ein illegaler Blitzstreik.«

»Erinnerst du dich an Dick Timmons?«

»Aber natürlich.«

»Er sitzt in England eine lange Strafe ab.«

»Tsts, da muß man aber was gegen tun.«

»Es gibt da in England einen Kerl, der will ihn aus dem Gefängnis holen.«

Ich fing an zu lachen.

»Es gibt 'ne Menge Leute, die aus dem Gefängnis geholt werden möchten«, sagte ich.

Michael dachte, ich wollte mich über ihn lustig machen, und das paßte ihm gar nicht.

»Dieser Mann ist zufällig ein Mitbürger von dir, ein Dubliner, einst in der Capel Street geboren.«

Nun bin ich als strenger Dubliner erzogen worden, und meine Mutter ist in der Capel Street geboren, deshalb schämte ich mich ein bißchen, daß ich gelacht hatte.

»Okay«, sagte ich, »natürlich helfe ich.«

Ich ging nach Hause, packte ein paar Sachen zusammen und verabredete mich mit Barry O'Sullivan, einem Amerikaner irischer Abstammung, einem guten Soldaten und begeisterten irischen Patrioten, der mir für die Überfahrt nach England seinen Paß geben sollte. Michael hatte mir einen Revolver besorgt und einen Burschen von der Luftwaffe, von der Royal Air Force, überredet, mir seine Kennkarte und sein Soldbuch zu geben, und wir sollten uns alle in einer Stunde in Donal's Kneipe treffen.

Donal stand an diesem Morgen selbst hinter der Theke, er murmelte in seinem Waterford-Dialekt vor sich hin, das tat er immer, wenn er nicht trank. Er war ein Mann von sechsundfünfzig oder siebenundfünfzig Jahren, und manchmal leistete ich ihm bei seinem Gemurmel Gesellschaft. Wenn er nach einer Saufperiode bei einem Entziehungsversuch war, hätte ich seinen Teil des Dialogs auswendig hersagen können, und ich konnte ihn dazu bringen, Dinge zu sagen, die er ganz und gar nicht zu sagen beabsichtigte, zum Beispiel, daß er eine Runde für mich auf Kredit ausgeben würde, wozu er normalerweise nicht bereit war. Aber heute hatte er seine nüchterne Periode noch nicht erreicht, und ich zahlte mein Bier, als Michael und Barry mit den nötigen Dokumenten hereinkamen.

Wir blieben eine Weile zusammen und tranken noch eins, und ich freute mich fast darauf, England wiederzusehen, nach einer erzwungenen Abwesenheit von sechs Jahren. Ich freute mich darauf, einen Kumpel, wie wir es im I.R.A.-Slang nennen, rauszufischen. Das war eine ganz nette Frechheit meinerseits, und manche würden es unverantwortlichen Leichtsinn nennen.

Vor Donals Tür reichten wir uns die Hand, und man übergab mir den Revolver. Wir wechselten noch ein paar Worte, schüttelten uns noch einmal die Hand und trennten uns dann, ich, um nach Belfast zu fahren, die anderen, um ihren Geschäften nachzugehen.

Auf meinem Weg zur Grenze machte ich eine ganze Reihe von Besuchen, und so dauerte es fast fünf Tage, bis ich in Belfast ankam. Da meine Aufenthalte nicht eigentlich zu meinem Auftrag gehört hatten, durchsuchte ich noch einmal meine Taschen, um mich zu vergewissern, daß ich die nötigen Dokumente noch hatte.

Auf Barrys Paßphoto sah man, daß er ein künstliches Auge hatte, was mir bei unserem Zusammentreffen nicht aufgefallen war, und ich hoffte, daß es umgekehrt bei mir auch nicht auffallen würde. In den Papieren stand, daß meine Frau ein Kind erwartete; damals hatte ich weder Frau noch Kind – inzwischen habe ich diese beiden Mängel behoben. Der Tatsache, daß ich den Termin, der in den Papieren als letzter

Abreisetag angesetzt war, um einen Tag überschritten hatte, legte ich keine besondere Bedeutung bei.

Ich übergab die Papiere dem mickrigen Beamten, der mich fragte, warum ich in Zivil sei und warum ich den Abreisetermin um einen Tag überschritten hätte. Damals erwartete man von jedem, der mit Urlaubsschein reiste, daß er die Uniform seiner Waffengattung trug, und ich sagte, ich hätte wegen der Schwangerschaft meiner Frau Urlaub bekommen und mich wegen ihres Zustandes um einen Tag verspätet.

Schließlich durfte ich an Bord gehen. Das Schiff war der »Ulster Monarch« und fuhr nach Liverpool. Es war voll von Soldaten, und ich betrank mich schrecklich während der Überfahrt, denn ich habe festgestellt, daß man seine Aufgabe als Soldat der I.R.A. am besten erfüllte, wenn man sich betrank.

Neben mir an der Bar stand ein jüdischer Mann von vielleicht achtundvierzig Jahren, er war klein, hatte aber üppiges braunes Haar.

»Was hast du für eine Nummer?« fragte er. »Wann kommst du raus?« Damit meinte er, wann ich ins Zivilleben entlassen würde.

»Ich habe die Nummer siebzig«, sagte ich, das ist die Hausnummer meiner Eltern in Dublin, und ich sagte ihm, ich sei in der Royal Air Force und auf Heimaturlaub gewesen.

»Hör mal, Behan, ich kenne dich, du bist nicht in der Royal Air Force. Wenn du die Nummer siebzig hättest, wärst du neunzehnhundertneunzehn entlassen worden.«

Aber er lächelte, während er das sagte, und war freundlich.

»Also, was für eine Nummer müßte ich denn angeben?« sagte ich.

»Sag irgendeine beschissene Nummer, aber um Gottes willen keine niedrige.« Er schwieg einen Augenblick und dachte angestrengt nach. »Sag eintausendneunhundertsiebzig.«

»Gut«, sagte ich, »das paßt mir.« Und wir nahmen unsere Gläser und machten einen zufriedenen Zug.

Wir blieben während der ganzen Überfahrt an der Bar, und mein Freund sprach mit Begeisterung von den Diensten, die er König und Empire geleistet hatte, ich konnte allerdings nicht herauskriegen, worin diese Dienste bestanden, sie waren eindeutig geheim.

Nachdem wir in Liverpool angelegt hatten, mußten sich alle

Armeeangehörigen zur Kontrolle aufstellen, und ich bemerkte einen mies aussehenden Unteroffizier, der mir besondere Aufmerksamkeit zollte. O Gott, ich hätte beinahe in die Hosen gemacht: wie sollte ich mit meinem Revolver nur aus dieser Situation herauskommen?

Ich ging zu dem Kerl hin, den ich beim Namen nennen würde, wenn ich nicht Angst vor dem F.B.I. und vor Scotland Yard hätte, knallte zackig die Hacken zusammen und sagte: »Herr Unteroffizier.«

»Was wollen Sie?«

»Ich muß mal austreten.«

»Was du brauchtest, ist 'ne Flasche Gin für deine Nieren.« Trotzdem ließ er mich gehen, ich trat aus der Reihe, und es gelang mir, davonzukommen und auf eine Straßenbahn zu springen.

Du kannst mich mal, und die R.A.F. auch, dachte ich so bei mir.

Ich suchte sofort Eddie, den Burschen aus Dublin, auf, und der informierte mich, welche Kontakte wir aufnehmen mußten, um Dick aus dem Loch, dem Kittchen, dem Knast zu holen. Wir fuhren zu einem Ort in Gloustershire, und es gelang uns tatsächlich, ihm rauszuhelfen.

Selbst heute wäre es nicht angebracht, über Einzelheiten zu berichten, wie wir das schafften. Es war ein bestens durchorganisiertes Unternehmen, das eine umfassende Planung erfordert hatte, und ich möchte anderen keine Chance verpatzen, wenn ich das Maul zu weit aufreiße. Wir liehen uns einen Lastwagen vom Nachschub, einem Truppenteil, der gewöhnlich »die Erdbeermarmeladeräuber« genannt wird, und brachten Dick von Gloustershire nach Liverpool und gingen so Hunderten von gräßlich aussehenden Polizeihunden aus dem Weg, die zu sehen ich nicht die geringste Lust hatte. Mein Gott, was waren wir damals für Kerle.

In Liverpool erwartete uns ein Wagen, ein alter Austin, der Eddies Bruder gehörte – er hatte ihn von seiner Abfindung gekauft, als er die R.A.F. verließ –, und alles war so arrangiert, daß wir nach Bradford fahren und dort im Haus eines Engländers schlafen sollten. Reisen kann sehr deprimierend sein, denn der Mensch ist nicht dazu geschaffen, so viel herumzufahren, und als wir an unserem Ziel ankamen, waren wir alle ziemlich verängstigt. Die Leute glauben, daß Ausbrecher schrecklich mutige Leute sind, aber meist ist das nicht der Fall, wir wurden von schlimmen Befürchtungen gequält.

Die Haustür öffnete sich, bevor wir noch ausgestiegen waren, und ein kleiner, etwa vierzigjähriger Mann winkte Eddie, der am Steuer saß, er solle den Wagen ein Stückchen die Straße hinunter hinter einer Hecke parken. Dann rief er Dick und mir zu, wir sollten ins Haus gehen.

Charlie, das war sein Name, war zu lebenslänglich verurteilt gewesen, hatte aber nur sechs Jahre abgesessen. Ich wollte gern wissen, wofür er eine so schwere Strafe bekommen hatte, so fragte ich Eddie, und dieser erzählte mir, Charlie hätte seine Mutter mit einem Soldaten im Bett überrascht und hätte den Soldaten in Stücke gehackt. Aber er hätte mildernde Umstände gekriegt, man hatte Milde walten lassen, und ich finde zu Recht.

Eine so regnerische Nacht habe ich nie wieder erlebt. Als ich warm, trocken und wohlgesättigt im Bett lag, fand ich, daß die Sache gut lief, wenigstens für den Augenblick.

Dick flüsterte mir zu: »Heute nacht werden die Wärter draußen sein und mich suchen.«

»Besser die als wir«, sagte ich, während ich auf den Regen horchte, der gegen die Fenster prasselte.

»Verdammt, das gießt ja mit Eimern.«

Wir dachten an alle, die jetzt draußen waren, kalt und elend und naß bis auf die Haut. Aber das trocknet wieder, sagte ich mir. Die setzen eher Rost an, als daß sie eine Lungenentzündung kriegen.

Von Bradford fuhren wir nach Manchester zum Haus der Eltern eines Freundes, der mit mir im Mountjoy-Gefängnis im selben Block gelegen hatte. Sein Vater war Setzer bei der *Irish Press* gewesen, das ist De Valeras Zeitung, er hatte den Telexstreifen abgenommen, der über den Tod seines eigenen Sohnes berichtete, und war an der Maschine ohnmächtig geworden. Der unglückliche Junge fuhr auf dem Fahrrad die Holles Street hinunter, vorbei an dem Hospital, in dem ich geboren bin, als ein Polizeiwagen aus einer Nebenstraße schoß, und einer der tapferen und sehr betrunkenen Gangster der Irish Special Branch schob ein Maschinengewehr aus dem Seitenfenster des Wagens und schoß ihn in den Rücken.

Die Eltern hießen uns herzlich willkommen, nahmen uns ohne Fragen auf, und in dieser Nacht teilte ich das Bett mit

Gerry, einem anderen Sohn, einem Theologiestudenten. Wir hatten schon eine Zeitlang so gelegen, alle im Haus hatten sich zur Ruhe begeben; ich konnte Gerrys Gesicht, halbverdeckt von den Laken, von der Glut seiner Zigarette erleuchtet, erkennen. Er hielt mir seine Zigarette hin, ich nahm sie aus seinen Fingern und steckte sie mir zwischen die Lippen. Ich blies den Rauch in die Dunkelheit über mir und flüsterte: »Erinnerst du dich noch an deinen Bruder?«

Er antwortete nicht sofort, dann sagte er, noch leiser als ich: »Ja, ein wenig.«

Da sang ich ihm folgendes Lied:

Oft sitze ich einsam und grüble im trüben,
Wie es war in den Tagen, vorbei sind sie lang,
Dann seh ich ein Lächeln auf deinem Bild drüben
Und hör deine Stimme in einem Gesang.
Jetzt aber liegst du, wo seufzend sich biegen
Die feuchten Halme auf dem grünen Grund,
Auf dem einsamen Grab, wo die Blumen ranken,
Mein Freund verließ mich, und mein Herz ist wund.
Nie werden wir tauschen mehr hehre Gedanken,
Nie tönt seine Stimme mir mehr ins Ohr,
Einer ist schwach stets, zwei werden nicht wanken,
Und der Baß, der ist stumm, wenn erst geht der Tenor.
Er wird nicht mehr schimpfen, mich mit Worten
   ertränken,
Mich im Wortstreit besiegen, er ist verstummt,
Die Rede wird einsam und mühsam das Denken,
Mein Freund verließ mich, und mein Herz ist wund.

Ich wünschte ihm flüsternd gute Nacht und zog vorsichtig an meiner verdeckten Zigarette, horchte auf den Wind draußen und dachte an die Schweinehunde von Polizisten, die einen unschuldigen Jungen ermordet hatten. Aber ich hegte nicht nur bittere Gedanken.

Ich war bei den irischen »Christlichen Brüdern« zur Schule gegangen, von denen ich mich in beiderseitigem Einverständnis 1936 trennte. Aber während einer Schulstunde erfuhr ich von ihnen, daß während des Aufstandes die Frauen in den Arbeitervierteln von Dublin Kannen voll Tee und Butterbrote für die englischen Truppen gemacht hatten. Die Butterbrote waren gewiß nicht sehr üppig, Brot, Margarine und Corned Beef, das war alles, was sie hatten. Ich stürzte nach Hause, um es brühwarm meiner Großmutter zu erzählen.

»Du hattest vier Söhne, die beim Osteraufstand auf den Barrikaden kämpften«, sagte ich. »Ist es wirklich wahr, daß die Dubliner Frauen, und vor allem die in den Slums, die britische Armee gefüttert haben?«

»Natürlich«, sagte sie, »das hab' ich auch getan.«

»Um Gottes willen, wie konntest du das denn tun?«

»Brendan«, sagte sie, »sie hatten doch auch Mütter. Und, Gott steh' ihnen bei, sie wußten nicht mal, ob sie in Holland oder in Island waren. Sie wußten nur eins: daß sie kämpfen mußten, daß sie eine Khakiuniform trugen und Gewehre hatten. Und schließlich und endlich waren sie doch nur kleine Bürschchen.«

In dieser Nacht lag ich da, dachte über all das nach und fühlte, daß Frauen so sein müssen. Ich schloß die Augen und tat, als ob ich schliefe, und ich schlief auch wirklich ein.

Früh am Morgen verabschiedeten wir uns und fuhren nach Leeds. Es war einer der Tage, an dem man sich wie neugeboren fühlt, weil man im Freien ist, in der frischen Luft, zwischen Gras und grünen Bäumen. Ich hatte die Fahrerei satt, wir waren von Lancashire nach Yorkshire gefahren, aber wenn man unterwegs ist, was will man machen, und wenn die Sonne scheint, ist alles halb so schlimm.

Als wir den Stadtrand von Leeds erreichten, waren wir bester Stimmung und machten Pause, um einen Rum zu trinken. Wir hielten am sogenannten Cross Flatts Park, der in einer Vorstadt an der Straßenbahnlinie liegt, die am Armley-Gefängnis vorbeiführt. Ich erinnere mich daran (an den Park, nicht an das Kittchen), weil es dort in der Mitte einen Kiosk gab mit Tischen und Stühlen, wo alte Männer und Frauen saßen, plauderten oder Kopf oder Adler spielten. Wir drei stellten uns zu den Zuschauern, die um die Tische herumstanden, denn auf einem Plakat stand geschrieben: »Kein Zutritt für Personen unter fünfundsechzig, außer auf besondere Einladung.«

Unnötig zu sagen, daß ich eine besondere Einladung bekam (eine Stimme aus Crumlin: kein Theater ohne den Hanswurst). Ich nahm die anderen mit hinein. In der Mitte des überfüllten Raumes stand ein Gentleman wie aus dem Bilderbuch, der alte Volkslieder, die im Chor gesungen wurden, mit dem Akkordeon begleitete. »Falls Sie nicht abgeneigt sind«, sagte der Mann, nachdem er einen Priem aus seiner Backe entfernt hatte, und ich stand auf und sang ein irisches Lied: »In Glendalough lebte ein alter Heiliger«, und bekam rauschenden Beifall. Zwischen den Yorkshire-Stimmen »Gut gemacht, Paddy«, usw. hörte ich deutlich, wie ein alter Kerl sagte: *»Maith an bhuachaill thú.«**

Gott steh mir bei oder so was Ähnliches, sagte ich und sah mich nach der Quelle dieses Grußes um. Ich sah einen alten Mann, der mir zulächelte und sagte: *»Cé'n caoi'bhfuil tú, Paddy?«***

*»Táimse go maith, go raibh maith agat«,**** sagte ich etwas verwundert.

»Ein wenig, mein Junge«, sagte er und erzählte etwas von sich. Er war aus Leeds, dort geboren und aufgewachsen, und außer im Ersten Weltkrieg hatte er die Stadt nie verlassen. Aber seine Eltern waren aus dem »Joyce country«, und er sagte: »Wenn sich vor fünfzig Jahren in der York Road die alten Leute am Samstagabend und Sonntagmorgen trafen, dann sprachen sie nur Gälisch. Ohne zu wollen, schnappten wir Jungen hier und da etwas auf.«

Dazu kann ich sagen, daß der große Prediger und Missionar des Gälischen aus dem Gaeltacht (den gälisch sprechenden Landesteilen Irlands) an tAthair O'Conghaile,**** dessen Vater, Brüder und Verwandte meine Freunde sind – und darauf bin ich stolz –, jedes Jahr für die Arbeiter von Connemara in Huddersfield Einkehrtage in gälischer Sprache abhält.

Wir verließen den Kiosk wie frühchristliche Märtyrer und kletterten in den Wagen. Es hat Leute gegeben, die mit weniger Widerwillen ins Gefängnis gingen, aber wir wollten nicht zuviel riskieren. Im Stadtzentrum kehrten wir in Albert Cowlings Weinhaus ein, das ich, was Essen und Trinken anbelangt, wärmstens empfehlen kann. Was immer auch kommen mag, diese Pinte werde ich nie vergessen, denn an den Wänden des Aborts stand allerhand geschrieben.

»Wie findest du unsere Kneipe?« fragte mich Mr. Cowling.

»Ich finde sie prima«, sagte ich.

* Du bist ein guter Junge.

** Wie geht es dir, Paddy?

*** Mir geht es gut, hoffentlich geht es dir auch so gut.

**** Pater O'Connelly

»Und wie findest du die Inschriften auf den Wänden da hinten?« sagte er und wies dabei in Richtung des Aborts.

»Na«, sagte ich, da ich ein ausgemachter Heuchler bin, »die finde ich ganz abscheulich. Wollen Sie sie wegmachen lassen? Sie sollten die Wände überstreichen lassen.«

»Überstreichen?« rief er. »Ich werde sie mit durchsichtigem Lack streichen lassen.«

In dieser Nacht schliefen wir in einer Scheune. Das Pferd, das dort stand, machte einen solchen Krach, daß ich dachte, es besserte seine eigenen Hufeisen aus. Mein Gott, alle Sünden seines vergangenen Lebens müssen ihm in dieser Nacht durch den Kopf gegangen sein.

Ich war froh, als es hell wurde, aber da bemerkte ich einen Mann, der durch das Fenster zu uns hereinschaute. Ich war drauf und dran, auf ihn zu schießen, da schrie Dick: »Um Gottes willen, schieß nicht. Das ist nur ein Präparator.« Der Mann war anscheinend ganz berühmt, Dick hatte ihn schon früher getroffen und ihn wiedererkannt.

Der alte Kerl hielt nun tatsächlich ausgestopfte Hunde, Katzen und andere Tiere vor dem Fenster in die Höhe. Wahrscheinlich hatte er gedacht, wir wären Landstreicher und bereit, für ein Glas Bier die Häute zusammenzunähen. Wir schüttelten den Kopf, und nach einer Weile verschwand er.

An diesem Tag fuhren Eddie, Dick und ich wieder in die Stadt, denn wir warteten auf Nachricht, wann wir nach Liverpool fahren und dort ein Schiff für die Überfahrt nehmen könnten. In Leeds gab es einen Mann, der zu lebenslänglich verurteilt gewesen war und uns vielleicht helfen konnte. Wir parkten den Wagen im Stadtzentrum und gingen den Rest des Weges zu Fuß.

Leeds ist gar nicht so, wie man erwarten sollte (dies könnte ein zweideutiges Kompliment sein), sondern eine saubere, helle und freundliche Stadt. Ich erinnere mich an eine Straße, die Swinegate hieß, ein plumper Name, der aber zur Hauptstadt der Provinz Yorkshire paßt, an deren Ende eine alte Brücke über ein Flüßchen führt. Auf unserem Weg kamen wir an mehreren Polizisten vorbei, die rauchten und plauderten und das Leben offenbar genossen. Sie traten beiseite, um uns vorbeizulassen.

»Was denken die wohl, wer wir sind?« sagte ich.

»Wahrscheinlich Kerle, die an den Hintertüren nach Abfällen für die Schweine fragen«, sagte Dick.

»Nett von ihnen«, sagte ich; der Gedanke amüsierte mich. »Aber wenn sie sich wirklich Gedanken machen sollten, so halten sie uns wahrscheinlich bloß für drei irische Jungen, die einen Bummel machen.« Irgendwie entsprach das auch genau den Tatsachen.

Im Haus unseres Gewährsmannes erfuhren wir, daß wir nach Manchester zurückfahren mußten. Dort sollten wir eine irische Kneipenwirtin aufsuchen. Gott segne dich, dachte ich bei mir. Das Herumfahren fing an, mir Spaß zu machen.

Viele Jahre später war ich Ehrengast bei einem literarischen Frühstück und traf dort ein paar von den Leuten wieder, die mir damals auf der Flucht geholfen hatten. Obgleich ich zu der Zeit untergetaucht war, behandelten sie mich sehr loyal, auch wenn sie mit der I.R.A. nicht ganz einverstanden waren. Sie versteckten mich, gaben mir zu essen und gaben mir Munition – keine Kugeln, sondern Geld.

Das literarische Frühstück in Harrogate war eine wundervolle Sache und eins der wenigen reinen Vergnügen meines Lebens. Ich lernte Frank Swinnerton kennen, den ich sehr schätze, und ich wurde von Lord Boothby und der Countes von Harewood sehr nett behandelt in jener charmanten Art, die nur die Engländer haben, wenn sie wollen und wann sie wollen. Der irische Charme ist fast zu leicht zu haben, und wir neigen manchmal dazu, nicht das zu sagen, was wir meinen, sondern das, von dem wir glauben, daß wir es meinen sollten. Trotzdem, die Engländer sind auf eine Weise noch raffiniertere Lügner als wir.

Als im Jahre 1921 über den Vertrag zwischen England und Irland verhandelt wurde, nahmen der Earl of Birkenhead, der nach allem, was man hört, ein sehr charmanter Mann und wie ich Alkoholiker gewesen sein soll, und Winston Churchill, der offenbar, wenn er wollte, sehr charmant sein konnte, Michael Collins beiseite und schmeichelten ihm so, daß er darauf hereinfiel, und das hatte für Irland katastrophale Folgen. Gott möge Michael Collins trotzdem gnädig sein, denn er war mein Wohltäter, bevor ich geboren wurde. Als er Hauptbefehlshaber der Armee des irischen Freistaates war und mein Vater irgendwo auf dem Land gegen ihn kämpfte, gab er meiner Mutter zwanzig Pfund.

Ich neige dazu, antienglisch zu sein, besonders wenig mag ich die Tories, aber ich könnte nicht sagen, daß ich jemals in England schlecht behandelt worden bin. Schlecht behandelt wurde ich in Liverpool, aber ironischerweise von Liverpooler Iren, die dort bei der Polizei waren. Aber ich habe nicht das Gefühl – und ein Mensch kann nur so fühlen, wie er fühlt –, daß der gewöhnliche englische Polizist mich je schlecht behandelt hat. Wenn jemand etwas daraus machen will, so soll er doch. Ich bin nicht nur zu abgekämpft, ich empfinde wirklich so; in diesem Punkt kann ich nicht lügen.

Es ist doch nur menschlich im Leben,
Wenn man dich im Park überrascht,
Und ein Bulle nachts hinter dir her ist,
Weil du gerade ein Mädchen vernaschst.
Falschen Hunden nicht zu vertrauen,
Wenn man eingesperrt wird auf Verdacht,
Wenn man reingelegt wird von den Frauen
Und sich fürchtet vorm Schrei in der Nacht.

»Um Gottes willen, Brendan, hör jetzt mit der verdammten Brüllerei auf. Du willst wohl, daß sie uns schnappen und einlochen«, sagte Dick wütend. Wir waren auf dem Weg von Leeds nach Manchester. Ich merkte wohl, wie nervös er war, darum murmelte ich leise und feierlich: »Tut mir leid«, wie ein Sinn-Fein* Redner, nachdem er »neunzehnhundertsechzehn« gesagt hat. Für den Rest der Fahrt waren wir still, wir rauchten und hörten Dick zu, der uns beiden, Eddie und mir, erzählte, warum er verurteilt worden und wie er eingelocht worden war. Ich weiß nichts mehr davon, denn ich dachte nur daran, daß es in der Kneipe am anderen Ende der Fahrt was zu saufen geben würde. Geld genug hatten wir in der Tasche.

Gott weiß, in was für einer komischen Welt wir leben: Ich habe herausgefunden, daß für praktisch jede Art von Organisation Geld gesammelt wird. Ich kenne einen Fonds in Irland für notleidende Protestanten, dabei würden viele Iren sagen, daß es überhaupt keine notleidenden Protestanten in Irland gibt. Man

* Die 1905 gegründete nationalistische Partei der Iren

sollte konvertieren, wenn man auf diese Weise aus dem Fonds bekommen könnte; dann das Geld ausgeben und wieder katholisch werden. Von einem geistlichen Gesichtspunkt aus ist das natürlich eine gefährliche Art, an ein paar Kröten zu kommen. Man könnte von einem Auto überfahren werden und als Ketzer sterben.

Diese Gedanken brachten mich dazu, als wir unser Ziel schon fast erreicht hatten, Eddi zu einer Pause zu überreden, damit ich mir einen Whisky genehmigen konnte. Die Kneipe, in der wir Rast machten, war leer bis auf zwei ältere Damen, einen pensionierten Offizier der indischen Armee und einen Vertreter für Silberbestecke, der an der Theke stand. Bevor noch eine Stunde verstrichen war, hatten wir alle das Gefühl, uns seit den Zeiten der Arche Noah zu kennen. Die berühmte britische Reserviertheit ist ebenso ein Mythos wie die Vorstellung, daß alle Iren Prachtkerle sind. Schließlich gingen wir und stiegen wieder in unseren Wagen.

Die Frau, die wir in Manchester aufsuchen sollten, war ganz reizend. Dick und Eddie blieben bei ihr, während ich einen Seemann namens William Scurrie aufsuchen mußte, einen sehr noblen Burschen, der inzwischen gestorben ist. Aber um mit William Scurrie in Kontakt zu kommen, mußte ich zu Stephen Lally in Manchester. Der war bei den Connaught Rangers gewesen, einem der irischen Regimenter, die 1921 nach der Unterzeichnung des Vertrags mit England aufgelöst worden waren. Stephen war mit dem Regiment in Indien gewesen, als dieses wegen der Grausamkeiten der »Black and Tans« gegenüber dem irischen Volk meuterte. James Daley aus der Grafschaft Westmeath führte die Meuterei an, und William Scurrie saß wegen seiner Teilnahme am Aufstand im Gefängnis, als James Daley wegen dieses sogenannten Verbrechens erschossen wurde. Es ist mir wichtig, diese Vorkommnisse festzuhalten, denn es gibt in Amerika und England und auch in Irland viele Leute, die behaupten, für die irische Sache gekämpft zu haben, aber das entspricht nicht der Wahrheit.

Über James Daley gibt es ein Lied:

Graue Wolken überzogen das Morgenrot,
Tautropfen hingen gefroren zu Eis,
Ein ir'scher Soldat war verurteilt zum Tod,
Der Ton des Signalhorns verklang leis.

Legt ihn am Berghang zur letzten Ruh,
Zu den kühnen, tapferen Iren,
Schreibt seinen Namen ins Buch des Ruhms,
Lettern aus Gold soll'n es zieren.

»Was ich tat, ihr Freunde, hab' ich niemals bereut«,
Sagte er vor seiner letzten Fahrt,
»Gott segne die Sache der Freiheit,
Für die ich verurteilt ward.«

Legt ihn am Berghang zur letzten Ruh,
Zu den kühnen, tapferen Iren,
Schreibt seinen Namen ins Buch des Ruhms,
Lettern aus Gold soll'n es zieren.

Auf den kalten Kasernenhof ward er gebracht,
Ein Tuch banden sie dem Mann um,
Der Qualm der Gewehre, eine Salve kracht,
Als die Schüsse verhallten, war er stumm.

Legt ihn am Berghang zur letzten Ruh,
Zu den kühnen, tapferen Iren,
Schreibt seinen Namen ins Buch des Ruhms,
Lettern aus Gold soll'n es zieren.

Stephen Lally war ein tapferer Soldat für England und ein sehr tapferer Soldat für Irland und für ein gutes Beispiel, wie man einen Schlag austeilt und einen einsteckt, ohne verrückt zu spielen. Ich neige dazu, die Beherrschung zu verlieren, und bei dieser Gelegenheit, als ich mit Stephen Kontakt aufnehmen mußte, um an William Scurrie heranzukommen, hat er mir eine Lektion erteilt, die ich nicht vergessen werde.

Wir mußten Rory Brugha in Irland anrufen, und unter den gegebenen Umständen war ein Privathaus in Manchester nicht gerade sehr geeignet dafür. Wenn ich auch glaube, daß Soldaten, Polizisten und Gefängniswärter im allgemeinen ziemlich dumm sind, wollte ich es John Bulls Bullen doch nicht allzu einfach machen, mich zu finden. Einer meiner Vettern, der bei den Irish Guards ist, war damals in London stationiert, und wir entschlossen uns, hinzuflitzen, von dort aus anzurufen und sofort wieder nach Manchester zurückzufahren.

Vielleicht fällt es schwer zu glauben, daß ich überhaupt Verwandte in der Armee gehabt habe, denn ich habe außer der I.R.A. keine militärische Organisation je ernst genommen. Aber es ist nun mal Tatsache, daß dieser Vetter von mir im letzten Krieg einen Orden, die Military Medal, bekam, und die wurde nicht mit den Rationen zugeteilt. Auf die Gefahr hin, mein Einreisevisum in die Vereinigten Staaten zu verlieren, muß ich folgendes sagen: Jedesmal, wenn ein Amerikaner den Atlantik überquert, scheint er dafür einen Orden zu bekommen. Wenn es danach ginge, hätte ich etwa zwanzig Orden verdient.

Aber zurück zu meiner Geschichte: an dem Punkt, an dem ich jetzt angekommen bin, hatten weder Stephen noch ich Geld für die Fahrkarte, aber: in deine Hände befehle ich meinen Geist, Herr Jesus – Stephen hatte einen Untermieter, der etwas Geld gespart hatte, um seine Schwester, die in London Krankenschwester war, zu besuchen. Der lieh uns zehn Pfund, und im Handumdrehen saßen wir im Zug. In unserem Abteil fuhr ein reizendes Mädchen mit, aber die hatte im Augenblick wohl keine Lust, mit jemandem anzubändeln, aber da ich manchmal stottere, wurde ich immer nervöser und konnte gar nicht daran denken, ein Gespräch anzufangen. Dann waren wir schon in London.

»Das kommt davon, wenn man sich wie ein registrierter Zuhälter benimmt«, sagte Stephen.

Wir gingen zu dem Vetter und fragten, ob wir irgendwo mit Irland telefonieren könnten, ohne abgehört zu werden.

»Natürlich«, sagte er, »wir gehen in die Chelsea-Kaserne.«

In der Kaserne saß ein junger Bursche gerade an dem Telefon, das ich benutzen wollte, weil es in einer abgelegenen Nische lag. Der arme Kerl hatte wahrscheinlich den ganzen Tag darauf gewartet, mit seiner Freundin in Poplar oder Balham sprechen zu können, ohne daß jemand zuhörte und sich über ihn lustig machte, und er hatte keine Lust, seinen Platz an einen unbekannten Iren abzutreten.

»Hör mal«, sagte ich, »du verdammtes Arschloch, steh von diesem verdammten Stuhl auf.« Ich hatte den Fuß schon gehoben, um ihn zu treten, tat dann aber doch so, als wollte ich gegen den Stuhl treten.

»Ich muß mich doch sehr über dich wundern, Brendan«, sagte Stephen ruhig. Das habe ich nicht vergessen.

Schließlich rief ich Rory Brugha doch noch an. Er ist, auch wenn er ein Kapitalist ist, ein sehr guter Freund von mir. Daß ein solcher Anruf von der Chelsea-Kaserne aus zustande kommen konnte, mag jedem ungewöhnlich scheinen, der das Verhältnis von Irland zu England nicht versteht. Aber ihr müßt es so betrachten:

Wer machte dich zum Gefreiten?
Wer machte dich zum Gefreiten?
Wer machte dich zum Gefreiten,
Wo es bei dir doch nicht einmal
zum Gemeinen gelangt?

Als ich jung war, da war ich hier
Der strammste Kerl weit und breit,
Und der Prince of Wales sprach zu mir,
Komm in die Army, 's wird Zeit!

Tura lura lura loo,
Sie suchen nach Affen da hinten im Zoo,
Und hätt' ich ein Gesicht wie du,
Ich ging in die Britische Army.

Sarah Curley wartete schon beglückt,
Und wegen der armen Kate Condon, ach,
Da stürzte ich mich in den Bach
Und tat so, als wär ich verrückt.

Tura lura lura lu,
Jetzt weiß ich, was ich tu,
Ich fahr heim zu dir und hab Ruh
Vor der Britischen Army.

Es war spät, als wir aus der Kaserne herauskamen, und zu spät für den Zug nach Manchester.

»Was für eine schöne Nacht«, sagte mein Vetter. Ja, dachte ich, wenn es nur noch etwas dazu gäbe. Aber die Nacht war wirklich schön und sogar warm, bis auf einen frischen Wind. Wir gingen langsam die King's Road entlang, und da erinnerte sich mein Vetter an ein Mädchen, das er einmal kennengelernt hatte und das in einem Nachtclub irgendwo an der Edgeware Road arbeitete.

»Die ist Klasse, Brendan«, sagte er, »und dazu halbirisch.«

Unter normalen Umständen hätte ich gesagt, daß ich keine Fischzitze drum gäbe, was sie ist, solange sie dazu bereit ist, aber mein Vetter ist eine anständige Haut, jedenfalls wollte er mir einen ausgeben, und ich wollte ihn nicht beleidigen, deshalb sagte ich: »Viele Leute, die ich in England getroffen habe, scheinen irischer Abstammung zu sein, besonders in den verschiedenen Gefängnissen, in denen ich gewesen bin. Und um zu beweisen, daß sie ebenso gute Briten wären wie alle anderen, haben sie mich schlimmer behandelt als alle anderen.«

Wir nahmen einen Bus zur Marble Arch und gingen die kurze Strecke bis zu dem Klub in der Edgeware Road, wo mein Vetter das Mädchen, das allein an einem Tisch saß, gleich entdeckte. Wenn kein Baum mehr Frucht trägt, sind auch Schlehen willkommen.

»Dies ist Frankie Mahoney«, sagte mein Vetter und wies mit dem Kopf auf mich, »er ist hier, um ein paar Tage Urlaub zu machen. Er kämpft fast ständig für das gute alte Irland, er und alle seine Angehörigen.«

»Ah«, sagte sie mit einem ländlichen irischen Akzent, den sie mit imitiertem Cockney zu übertünchen suchte, »mein Herz ist immer bei euch Jungs. Lang lebe die Republik, das sag' ich immer. Wo sind Sie im Gefängnis gewesen, Sir? Mein Vater war in Dartmoor. Mr. de Valera war auch da. Wirklich große Klasse, wie Sie wissen. Sehen Sie sich de Valera heute an – zweiundzwanzigtausend im Jahr und ein Palast am Phoenix Park. Und angefangen hat er in Dartmoor mit meinem armen alten Vater. Das sage ich immer: Wenn man vorwärtskommen will, muß man gesessen haben. Ich habe selber oft genug im ›Joy‹ gesessen, daß ich dreimal Präsident von Irland sein könnte.«

Ich war jetzt in der Stimmung, die Nacht war schön, und ich fing an, den großen Mann zu markieren, den Eingeweihten, der die meisten Gefängnisse von innen kennt.

»In New York«, sagte ich, »heißt das Gefängnis Sing-Sing, und in Rom heißt es Regina Coeli, das heißt Himmelskönigin, und in Paris heißt es La Santé, Gesundheit.«

Sie war sichtlich beeindruckt. »Können Sie Französisch?« sagte sie.

»Ein bißchen. Ich interessiere mich sehr für die französische Lebensart und die französische Sprache und die französische Literatur.«

»Wie kannst du es wagen! Wie kannst du solche Sachen aussprechen! Du dreckiges Schwein«, sagte sie. »Ein Hund hat mehr Manieren.«

Stephen mischte sich ein. »Mir ist es egal, ob sie dir gefällt oder nicht, aber du brauchst in ihrer Gegenwart nicht solche Bemerkungen zu machen. Sie ist gut genug, um mit uns an einem Tisch zu sitzen.«

»Oh, hör auf, um Christi willen«, sagte ich.

»Ich glaube, das ist so 'n richtiger Wüstling«, sagte mein Vetter lachend, er fing an, uns von seinen Puppen zu erzählen und darüber zu debattieren, ob ein Mann mehr als ein Pferdchen laufen haben kann. Ich vermute, das ist das Thema, worüber die meisten Kerle reden. Aber Stephen fand es langweilig. Wir verließen die Bude und gingen zu Fuß zum Bahnhof Euston, um den Frühzug nach Manchester zu nehmen.

Ich habe einen schwachen Charakter und kann deshalb nie lange böse sein, und obgleich mir die Sache leid tat, weil ich jetzt doch ein bißchen Appetit auf Obst gehabt hätte, war ich doch nicht verbittert. Wenn ich gut gelaunt bin, kann nichts mich verbittern. Im Zug fing ich an, Stephen von den Filmen zu erzählen, die ich gesehen hatte – seit ich vier bin, bin ich jede Woche zweimal umsonst im Kino gewesen, denn mein Onkel besaß ein Kino mit Varieté in Dublin und ein Kino in Ringsend. Dann fiel mir meine Großmutter ein, die im Haus neben uns lebte, wo sie mit ihrem Sohn Paddy in einem Zimmer auf der ersten Etage zum Hof hin wohnte. Der Herr sei seiner Seele gnädig, er ist inzwischen gestorben. Er war ein Stiefbruder meines Vaters, denn meine Großmutter war wie meine Mutter zweimal verheiratet.

Im Hinterzimmer im Erdgeschoß lebte eine sehr alte Frau, die Mrs. Mary Murphy. Das war wirklich ihr richtiger Name, ich habe ihn nicht aus Effekthascherei erfunden. Ich arbeite nicht für den *Irish Echo* in Amerika, der berichtet hat, daß vierzehntausend ehemalige I.R.A.-Männer mit I.R.A.-Schärpen angetan die State Street in Chicago entlangmarschiert wären. Als ehemaliges Mitglied der I.R.A. muß ich feststellen, daß ich niemals eine I.R.A.-Schärpe gesehen habe, und wenn jemals in der I.R.A. so viele Mitglieder gewesen wären, so hätten wir die Isle of Man erobert, ganz zu schweigen von den sechs Provinzen.

Mrs. Murphy hatte eine Katze namens Minnie, und ich konnte jahrelang keine Haferflocken essen, weil sie Minnie immer damit fütterte. Sie bekam eine Unterstützung von der Kirche von Irland – das ist die protestantische Kirche – und von der römisch-katholischen Kirche, denn sie behauptete abwechselnd, Mitglied der einen oder der anderen Kirche zu sein. Sie hatte auch ein Bild von Daniel O'Connell, dem katholischen Vorkämpfer der irischen Unabhängigkeit, und ein Bild von Königin Viktoria. Wenn sie den protestantischen Geistlichen kommen ließ, der Offizier der Heilsarmee war, so mußte ich auf einen Stuhl steigen, das Bild von Daniel O'Connell abnehmen und das der Königin Viktoria aufhängen.

»Ich könnte in Frieden sterben«, sagte sie zu dem armen unglücklichen Mann, »wenn Sie mir hier und da ein paar Schillinge zukommen ließen.« Und der Geistliche reichte ihr eine Gabe von zehn Schilling.

Wenn der katholische Priester kam, mußte ich Königin Viktoria herunterholen und Daniel O'Connell aufhängen.

»Ich könnte in Frieden sterben, Herr Kaplan, wenn ich nur ein paar Schillinge hätte, die ich den Nachbarn schulde«, sagte sie dann immer.

Nachher war ich dran: »Lauf zur Ecke, Jungchen, und kauf ein Dutzend Flaschen dunkles Guinness.« Aber dann wurde sie so hinfällig, daß meine Großmutter, die in solchen Fällen den Zeremonienmeister spielte, die Sache in die Hand nahm.

»Mrs. Murphy«, sagte sie, »ich fürchte, wir müssen Sie ins Hospiz für die Sterbenden bringen.«

»Hosenpisse für die Sterbenden«, sagte die alte Dame empört, »Jesus, das sind mir aber Sachen.«

Schließlich erklärte Mrs. Murphy sich damit einverstanden, ins Hospiz für Sterbende zu gehen, und ich, meine Großmutter, Mrs. MacHugh und ein paar andere brachten sie hin. Wir bestiegen um zehn Uhr morgens eine Taxe, und in dem Augenblick, wo die Kneipen aufmachten, schlug Mrs. Murphy vor, kurz in der »Message« vorbeizuschauen.

»Oh, guter Jesus. Ich möchte nicht an der alten Kneipe vorbeifahren, ohne hineinzuschauen. Wieviel schöne Stunden hab' ich da verbracht. Können wir nicht reingehen und ein letztes Glas trinken?«

Meine Großmutter hatte für solche Vorschläge immer ein offenes Ohr. »Natürlich, Mrs. M.« sagte sie und klopfte auf die

Trennscheibe zwischen uns und dem Taxifahrer. »Jarvey, halt mal eben an der Eckkneipe bei Jemmy Gills.«

Wir kletterten also aus der Taxe, und ich freute mich schon auf das, was die alten Weiber anstellen würden, aber natürlich mußte ich so tun, als wäre ich entsetzt.

»Vier halbe Liter und vier kleine Whisky«, sagte meine Großmutter, »und ich glaube, der Junge könnte ein kleines Gläschen Dunkles haben.«

Ich kriegte mein Weinglas mit dunklem Bier, die anderen ihren halben Liter und ihren Whisky. Dann kamen meine Großmutter und Mrs. Murphy auf mich zu sprechen, und meine Großmutter sagte Mrs. Murphy, sie solle sich nicht darüber aufregen, daß ich Bier tränke, denn wenn ich es jetzt bekäme, würde ich, wenn ich erwachsen wäre, keinen Geschmack mehr daran finden. Ach, da sollte sie leider nicht recht behalten.

Auch an der nächsten Kneipe konnten wir nicht vorbeifahren, und in die dritte schauten wir auch schnell mal hinein, bis wir endlich in die Südstadt und auf die andere Seite des Liffey kamen. Über diesen Fluß gab es, als ich Kind war, folgenden Spruch: »Zieh nur ab und in einem Nu, fließt's braun mit dem Liffey dem Meere zu.« Jemand hat einmal gesagt, James Joyce habe diesen Fluß zum Ganges der literarischen Welt gemacht, aber der Duft dieses Ganges der literarischen Welt ist beileibe nicht immer so literarisch.

Nachdem wir etwa sieben Kneipen auf dem nördlichen Ufer des Flusses besucht hatten, mußten wir auch auf dem Südufer noch etwas trinken. Um acht Uhr abends kamen wir endlich aus einer Kneipe, die dem Hospiz für Sterbende genau gegenüber lag. Unseren heimatlichen Nordosten hatten wir um zehn Uhr morgens verlassen, und ich war sozusagen nicht nur physisch aus dem Gleise, sondern auch in anderer Hinsicht; der Kopf hing auf der linken Schulter.

Im Nieselregen kam ein alter Herr zu meiner Großmutter. »Was für ein schöner Knabe«, sagte er. »Schade, daß er verwachsen ist.«

»Jesus soll Sie verfluchen. Das Kind ist nicht verwachsen. Er hat nur ein bißchen zu trinken gekriegt.«

Die Oberin des Hospizes kam an die Tür, und als sie sah, in welchem Zustand wir waren, wollte sie uns wegschicken.

»Wir haben eine Patientin für Sie«, sagte meine Großmutter. »Das stimmt«, fiel ihr Mrs. Murphy ins Wort. »Ich bin Ihre Patientin, und Sie tun meiner Seele das größte Unrecht an, wenn Sie mich nicht hineinlassen.« Und sie blies der frommen Nonne ihren Schnapsatem ins Gesicht, so daß diese beinahe selber betrunken wurde, aber sie war unerbittlich. »Dies ist ein Haus für die Sterbenden«, sagte sie.

»Ach«, sagte Mrs. Murphy, »ich liege doch im Sterben, und wenn ich nicht jetzt sterbe, dann morgen früh.«

Wir waren schnell wieder zu Hause. In dem Mietshaus, in dem Mrs. Murphy wohnte, lebten etwa dreißig Menschen, die hatten alle eine Lebensversicherung auf Mrs. Murphy abgeschlossen, und obwohl sie sie gern hatten, würde doch der Schmerz über ihren Tod durch die Tatsache gemildert werden, daß die »Prudential«, die »Royal Liver« und andere Versicherungen ihnen einen ansehnlichen Betrag auszahlten, wenn sie starb. Wie lange sie sich auf dieser Erde hier unten halten konnte, war für sie alle wichtig.

»Die arme Mrs. Murphy«, sagten sie zum Beispiel vergnügt, »sie hat eine sehr schlechte Nacht gehabt.« Oder sie sagten betrübt: »Mrs. Murphy scheint's besser zu gehen.«

Mrs. Murphy ging es tatsächlich ganz gut. Sie bekam einen Tropfen Whiskey von dem einen und eine Flasche Bier von einem andern, und die Katze Minnie bekam ihre Haferflocken, und alles in allem war es ein ganz glückliches Sterbelager. Bis zu dem Tag, wo Mrs. Kenny sie aufbahren wollte und den Ehering von Mrs. Murphys Finger zog.

»Kenny«, sagte Mrs. Murphy, die erwacht war, »steck mir mein bißchen Gold wieder an den Finger.« Mrs. Kenny wurde ohnmächtig, denn sie hatte geglaubt, es mit einer Leiche zu tun zu haben.

Mrs. Murphy hatte einen Neffen, der ebenso wie sie oft die Konfession wechselte. Einmal versuchte er sogar, Jude zu werden, aber man sah seiner Physiognomie schon an, daß er keiner sein konnte. Die Nachbarn wandten sich alle an diesen Neffen und sagten ihm, seine Tante scheine nicht sehr friedlich zu sterben, sie drangen in ihn und ließen ihm keine Ruhe, bis er schließlich eine weise Frau vom Land holen ließ, eine Mrs. Cloonoe.

Mrs. Cloonoe hatte sich dadurch ausgezeichnet, daß sie ihren betrunkenen Mann bei Mullingar in den Kanal stieß. Das machte sie in der Meinung ihrer Nachbarn zu einer sehr weisen

Frau. Ihr Mann war ein ehemaliger Hauptfeldwebel der britischen Armee gewesen. Er pflegte seine Frau um halb drei morgens aus dem Bett zu holen. Sie mußte dann exerzieren und mit dem Besen Gewehrgriffe kloppen.

»Rechts um«, sagte er dann, »Gewehr über! Präsentiert das Gewehr! Feuer!« Dann ging er mit dem Bajonett auf sie los, als wäre sie die deutsche Armee und er die britische Infanterie. Sie bekam das irgendwie satt und stieß ihn, wie ich schon sagte, in den Kanal.

Mrs. Cloonoe wurde jetzt geholt, um über Mrs. Murphy und ihr Sterben ihren fachmännischen Rat abzugeben.

»Um Gottes willen«, sagte sie, »wie soll die Frau denn sterben können mit einem Kissen unter dem Kopf? Um Jesu willen, zieht ihr das Kissen weg.«

Als ihr das Kissen weggezogen wurde, sah ich zum erstenmal in meinem Leben, daß Mrs. Murphy wirklich erschrocken war. Und sie hatte ganz recht damit, denn einen Augenblick später war sie vor ihren Schöpfer getreten; unter dem Schutz welcher Kirche weiß ich nicht genau.

Sie lag während der Nacht in der Leichenhalle, wir hielten Wache und sprachen ein paar Gebete, und auch Mrs. Kyle, unsere Kohlenfrau, kam vorbei, denn die Leichenhalle lag an ihrer Kohlenroute für die Nachbarschaft. Sie hatte einen Sohn, und es ist mir ein Rätsel, wie die beiden verwandt sein konnten, denn sie war extrem männlich, und ihr Sohn war extrem mädchenhaft. Ich glaube, niemand von uns hatte je das Geld zusammen, um einen ganzen Zentner Kohle zu bezahlen, aber Mrs. Kyle schleppte dennoch ihre Kohlensäcke vier Treppen hoch, während ihr Sohn unten auf der Straße bei dem Wagen und dem Pferd Neddy blieb. Ich weiß noch, daß Neddy sich auf der Gasse wälzte, warum, weiß ich nicht, aber es schien ihm Spaß zu machen.

Als der Sohn heiratete, bekamen wir abends die Saga seines ehelichen Lebens berichtet. Offenbar kamen sie nicht miteinander aus, und der Sohn erstattete seiner Mutter über jede Runde Bericht, und die Mutter sagte dann immer in ihrem rauhen Baß: »Gott möge dir vergeben, Sohn. Es war sehr töricht, sie zu heiraten«, und der Sohn erwiderte dann: »Ich wußte es nicht, Mammi. Ich war unschuldig.«

Ehrlich, ehe wir uns versahen, waren wir schon in Manchester.

Ich glaube, niemand kommt mit größerem Widerwillen

nach Manchester zurück als die intellektuellen Eingeborenen der Stadt, und Stephen stieg mit der Miene eines frühchristlichen Märtyrers aus dem Zug.

Der Morgen war kalt, aber klar, und die Sonne schien mutig auf die verräucherten Gebäude. Auch ich war munter und bemerkte die beiden Männer erst, als sie schon neben mir waren. Ich sah ihnen gleich an, daß sie nicht gekommen waren, um mich zu fragen, ob ich eine gute Reise gehabt hätte. Der junge Stiernackige packte mich beim Arm, während der andere Mann mich durchsuchte. Aus einer Innentasche holte er den Ausweis des Fliegers und dessen Soldbuch. Ich war wütend, daß ich mich so leicht von diesen verdammten Bullen hatte überrumpeln lassen, aber inzwischen hatten sie mich an beiden Armen gepackt.

»Wir haben Grund anzunehmen, daß Sie Brendan Behan sind«, sagte der Ältere, der offenbar die Leitung des Unternehmens hatte, »und wir nehmen Sie fest unter der Anklage, unrechtmäßig in dieses Land zurückgekehrt zu sein und falsche Papiere zu besitzen.«

Wenn die Kerle mir das Viktoriakreuz mit den Segenswünschen des Königs von England überreicht hätten, hätte ich nicht überraschter sein können. Ich dachte daran, daß ich mir für lange Zeit keine andere Bewegung mehr machen könnte als den abendlichen Rundgang im Kittchen – vor mir ein paar Jährchen, weil ich einem Gefangenen beim Ausbrechen geholfen hatte. Vielleicht würde diese Anklage erhoben, wenn ich auf der Wache war.

Ich wurde in den Streifenwagen gepackt und zum Revier gebracht, wo ich formell vom Wachhabenden angeklagt wurde. Von Dick Simmons war nichts zu hören oder zu sehen. Später hörte ich, daß William Scurrie Dick auf der S. S. Monalene nach Galway gebracht hatte. Er war also frei, ich aber nicht.

Für die Nacht wurde ich von so einem blöden Rindvieh in eine Zelle geschoben. Der Kerl nahm mir meine Schuhe und meine Hosenträger ab, genau wie sie es im Jahre 1939 in der Lime Street in Liverpool getan hatten.

Am nächsten Morgen hörte ich, wie oben die Türen geöffnet wurden, und wußte, daß sie zum Gericht gebracht wurden, und ich konnte hören, wie die Gefangenen sich gegenseitig etwas zuriefen und wie die grüne Minna rückwärts in den Hof setzte. Ich ging an das Guckloch, aber in diesem Augenblick öffnete der Wärter die Zellentür. Er sagte nichts, sondern winkte mir zu, ihm zu folgen. Ich hielt es für das beste, auch nichts zu sagen, sondern abzuwarten.

Vor Gericht las Kriminalinspektor Edward Pierrpoint die Anklagen gegen mich vor.

»Es wird festgestellt«, grollte er, »daß Brendan Behan auf Grund des Gesetzes zur Verhinderung von Gewaltakten (aus dem Jahre 1939) aus England ausgewiesen worden ist, daß er das Land illegal wieder betreten hat und im Besitz falscher Papiere ist. Im Hinblick auf die Anwendungsbestimmungen dieses Gesetzes muß ich mich mit dem Minister in Verbindung setzen.«

Ich wurde für eine Woche in Untersuchungshaft genommen und gefragt, ob ich etwas zu sagen hätte. Ich sagte, ich gäbe zu, daß ich ausgewiesen worden wäre, sähe aber nicht ein, warum mein Fall nicht sofort entschieden werden könnte. Er war nicht unfreundlich und lächelte, als er mir erklärte, wegen der Schwere des Falles sei dies nicht möglich. Ich sah das ein, sobald ich vom Gericht zurückkam, denn meine Leute zu Hause würden nun wissen, wo ich war und daß ich noch lebte.

Als ich wieder in der Zelle war, wurde es dämmrig. Der Himmel verdunkelte sich schon. Da hörte ich Schritte auf der Treppe. Der Wärter öffnete die Tür und führte mich den Gang entlang. »Jemand will Sie sehen.«

Vielleicht würden sie mich doch einfach nach Hause schikken, und weiß Gott, ich würde gehen und wegbleiben und dankbar sein. Ich hielt mich dicht hinter dem Wärter, der mich in das Büro des Direktors brachte. Ich nahm Haltung an, sagte meinen Namen und meine Nummer und was sonst dazu gehört; da hob er die Hand, um mich zu unterbrechen.

»Wie gut kennen Sie den Papst, Behan?« sagte er und reichte mir ein Telegramm. Darauf stand: »Ich nehme ein Flugzeug, um dich zu verteidigen. Der Papst.«

Ich schluckte und wäre beinahe in schallendes Gelächter ausgebrochen. Aber ich beherrschte mich und verzog keine Miene. »Ich kenne ihn ganz gut«, sagte ich, und das entsprach der Wahrheit, wenn es sich auch nicht um Seine Heiligkeit selbst handelte. Ich habe einen Freund, Eoin O'Mahoney, einen Rechtsanwalt aus Cork, den wir den Papst nannten und der von meiner Verhaftung in der Zeitung gelesen haben mußte.

»Ich glaube Ihnen nicht«, sagte der Direktor streng.

»Es ist mir egal, ob Sie mir glauben oder nicht«, sagte ich, »aber Sie können ja selbst lesen, daß der Papst herkommt, um mir zu helfen.«

Papst O'Mahoney verteidigte mich wirklich in der folgenden Woche vor dem Geschworenengericht in Manchester, und er verteidigte mich so gut, daß ich mit vier Monaten davonkam. Mein Richter war Wesley Orr, ein weitläufiger Verwandter des Mannes, der als erster für die Irische Republik starb.

Ich wurde in eine der Zellen im Keller des Gerichtsgebäudes gebracht. Diese Zellen waren nicht aus solidem Holz und Stahl wie die Gefängniszellen, sondern bestanden aus Stahlgittern; die Türen waren mit Ketten an den Gittern befestigt. Ich konnte die anderen Gefangenen sehen, die darauf warteten, ins Gefängnis von Manchester oder Strangeways gebracht zu werden. Ich finde Strangeways (fremde Wege) ist ein sehr guter Name für ein Gefängnis, im Gegensatz zu den übrigen Gefängnisnamen, die ich erwähnt habe.

Unter den Gefangenen war eine Gruppe von Männern zwischen siebzehn und fünfzig. Sie boten den traurigsten Anblick, den ich je gesehen habe, denn sie trugen alle ihren Sonntagsanzug und waren offenbar ganz benommen von dem Gedanken, ins Gefängnis zu kommen. Sie standen schweigend und niedergeschlagen herum.

Ich wandte mich an einen anderen Gefangenen, einen Jungen aus Yorkshire, einen ehemaligen Soldaten der Achten Armee. »Schau dir diese armen Schweine an«, sagte ich.

»Weißt du nicht, was mit denen los ist?«

»Nein«, sagte ich und blickte ihn an, so ernst ich konnte. Ich fragte mich, ob ich vielleicht auf einen Galgenvogel gestoßen war, der es gewöhnt ist, seinen Blick über die Weiten zwischen Gefängnistor und Galgenhaus schweifen zu lassen. Aber er sagte nur ganz ruhig, das seien Bergleute, die man dabei geschnappt hatte, wie sie sich im Schacht gegenseitig fickten. Ich dachte an George Orwells Geschichte über die Kohlenbergwerke, wie die Bergleute manchmal nur in kurzen Hosen dort arbeiten und manchmal sogar ganz nackt. O, liebe Mutter

Gottes, dachte ich bei mir, ich weiß wirklich nicht, wie sie es in den Kohlengruben überhaupt aushalten.

Ich habe schon von vielen deprimierenden Situationen gehört, in die ein Mensch geraten kann, aber die Vorstellung von irgendwelchen sexuellen Beziehungen in einer Kohlengrube, das scheint mir die deprimierendste Lage, in die ein Mensch geraten kann. Und diese Männer waren aller Ehren wert, sie hatten ihr Leben lang schwer gearbeitet, und nun waren sie in eine Lage geraten wie die zwischen Hölle und tiefer See, denn im Kittchen würden sie den gleichen Versuchungen ausgesetzt sein. Ich weiß nicht, wer eigentlich ins Gefängnis gehört, aber manchmal denke ich, die Leute, die die Urteile sprechen, sollten dort einmal ihr Glück versuchen.

Diese Männer taten mit leid. »Hör mal«, sagte ich zu einem von ihnen, »was du getan hast, ist, ausgenommen du machst es mit einem Kind, gar nicht so schlimm. Ich bin hier, weil ich Mitglied der Irisch-Republikanischen Armee bin, ich bin ein offener Feind des Britischen Empire, aber ich hab's schon einmal hinter mich gebracht, und ich werd's wieder überstehen.«

»Paddy«, sagte er, »du hast gut reden, du kennst eben meine Alte nicht.«

Am Nachmittag wurden wir in den Tagesraum gebracht, wo unser persönlicher Besitz abgehakt wurde, dann stellten wir uns für die grüne Minna auf. Als wir durch die Stadt fuhren, machte mich der Verkehrslärm ganz traurig, und da es unmöglich ist, aus diesen englischen Gefängnissen auf Rädern einen Blick nach draußen zu werfen, starrte ich auf den Boden. Mir war alles egal.

Mir gegenüber in der grünen Minna saß ein rothaariger Junge, der verurteilt worden war, weil er sich auf betrügerische Weise Geld erschwindelt hatte. Er hatte geglaubt, er hätte Ägypter reingelegt, aber die Leute waren aus West-Kent, und er bekam sechs Monate. Der Polizist, der uns bewachte, war freundlich und aufmerksam, er hielt den Kopf schief und nickte zu dem, was gesagt wurde, obgleich niemand mit ihm sprach. Als die grüne Minna hielt, befahl er uns, auszusteigen und uns, ohne zu sprechen, aufzustellen.

Über dem großen Haupttor des Gefängnisses war die gleiche Schlange aus Ketten angebracht, wie ich sie am Gefängnis von Walton gesehen hatte. Ein Wärter kam uns entgegen und führte uns im Gänsemarsch hinein. Das Tor schlug hinter uns zu. Die vier Monate hatten begonnen.

Die meisten meiner Mithäftlinge waren Engländer in meinem Alter, es waren nur ein paar alte Sträflinge darunter. Ich fragte einen der Alten, der eine lange Strafe verbüßte, ob es irgend etwas gäbe, um die Monotonie zu durchbrechen.

»In Strangeways«, sagte er, »da war ich während des Krieges, hatten wir das gleiche Gefühl wie du jetzt; wir wünschten uns sogar einen Luftangriff – aber nur einmal. Es kam ein Angriff, und wir waren in unseren Zellen eingeschlossen. Wir stellten uns auf die Tische und nahmen die Verdunkelung von den Fenstern. Da hatten wir einen Tribünenplatz und übersahen die ganze Stadt, die unter uns brannte. Die Wärter rannten herum und schrien durch die Spione, wir sollten von den Fenstern wegkommen, aber dann liefen sie in den Schutzraum hinunter. Wir freuten uns über das Schauspiel, bis eine Bombe in das Gerichtsgebäude gleich nebenan fiel. Der Luftdruck tötete zwanzig Häftlinge. Sie standen auf ihren Tischen, mausetot, aber ohne eine sichtbare Verletzung. Sicher, die Monotonie war durchbrochen, aber uns langte es.«

Ich war gerade vierundzwanzig geworden. Jetzt kommt mir das sehr jung vor, aber damals dachte ich nicht so. Diese Kerle sollten die harten Burschen der Achten Armee sein, die Wüstenratten. Sie waren eingesperrt, weil sie einige ihrer Offiziere erschossen hatten. Ich fand, sie sahen aus, als hätten sie auch noch ein paar mehr erschießen können.

Was mich betrifft, so kann ich nur sagen, daß ich nie im Leben anständigere Kerle getroffen habe. Es waren äußerst gute, ehrenhafte Männer, und darüber hinaus waren sie sehr gute Engländer. Einige von ihnen hatten zwei oder drei Jahre in der Wüste gegen Deutsche und Italiener gekämpft und eine schwere Zeit hinter sich. Dann waren mitten im Feldzug Bürschchen von achtzehn oder neunzehn Jahren aus Sandhurst gekommen und waren mit der Reitgerte gegen diese Veteranen vorgegangen oder hatten sie sonstwie angeschissen, da hatten diese harten Wüstenkämpfer kehrtgemacht und ein paar von ihnen abgeknallt. Da ich ein paar I.R.A.-Offiziere kenne, kann ich es ihnen nicht übelnehmen. Diese jungen englischen Offiziere waren, soviel ich gehört habe, tapfer, aber den Leuten gegenüber verhielten sie sich ahnungslos und ohne Einfühlungsvermögen.

Es gab eine Zeit, da stand ganz Irland in Waffen gegen England und hatte die Sympathie der Welt hinter sich. Im Gefängnis von Strangeways gehörte meine ganze Sympathie diesen armen Schweinen, von denen ich erzählt habe, die sogar von den Wärtern schlecht behandelt wurden. Mir ging es indessen ganz gut, und meine Gefängniserfahrung hatte mich gegen das Gebrüll der Wärter unempfindlich gemacht.

Bis zu dem Tag, wo ich mein Mittagessen nicht ganz aufessen konnte. Ich saß neben einem jungen Mann aus Yorkshire, den wir Johannes den Täufer nannten, weil er so gern Geschichten aus dem Neuen Testament erzählte. Er hatte mit der Achten Armee bei Tobruk und Benghasi gekämpft und das Pech gehabt, mit einem Offizier aneinanderzugeraten, der ihn nicht mochte. Es war das übliche Gericht aus Büchsenfleisch, zwei wäßrigen Kartoffeln und Kohl, aber ich hatte keinen Hunger und schob Johnny meinen Teller hin. Unser Wärter, ein bulliger, plattfüßiger Kerl mit einem grausamen Gesicht, den wir den Eiseren Mann nannten – wie man hörte, war er an der Front gar nicht so eisern gewesen –, riß mir den Teller aus der Hand und kippte das Essen in den Abfalleimer.

Ich holte tief Luft und sagte, ohne zu stottern: »Ich weiß nicht, ob eine solche Behandlung in den Bestimmungen vorgesehen ist, aber ich hätte doch gedacht, daß Sie mehr Respekt vor jemandem haben, der England und Ihresgleichen in der Stunde größter Gefahr im Kampf gegen die Deutschen und Italiener verteidigt hat.«

Da. Es war geschehen. Als ich ihm, meine Angst unterdrükkend, ruhig ins Gesicht sah, bemerkte ich zu meiner Erleichterung, daß er getroffen war. Alle Männer, die hinter ihm standen, grinsten halb zustimmend, halb ängstlich.

»Das muß ich richtigstellen, du Guy Fawkes!« knurrte er, »soviel ich weiß, tut keiner von euch verdammten I.R.A.-Männern etwas anderes, als neue Schlachtschiffe in die Luft sprengen und unschuldige Menschen umbringen, die euch kein Haar gekrümmt haben.«

Ich wehrte mich nicht gegen diese Art zu reden, denn bis zu einem gewissen Grad hatte ich sie verdient. Sie gefiel mir zwar nicht, aber ich mußte zugeben, ich war Ire und Mitglied der I.R.A. Es ging mir wie Reginald Dunne, einem ehemaligen britischen Soldaten des Ersten Weltkrieges, der, als er wegen der Ermordung von Feldmarschall Sir Henry Wilson, dem

Generalstabschef des Empire, im Gefängnis saß, bemerkte: »Wir haben nicht erwartet, daß sie uns in Brixton mit einer Tasse Tee empfangen würden.«

Ich hatte indessen nicht erwartet, daß dies der Dank Englands für seine tapfersten Soldaten, die Wüstenratten, sein würde. Ich hielt es damals für eine Schande, daß man diese Männer schlecht behandelte und beleidigte, und ich finde das immer noch. Allerdings erwarte ich selber auch nicht viel Dank von Irland, aber das ist eine andere Sache. So ist nun mal der Dank, der einen Soldaten erwartet, und ich fürchte, es ist der Dank, den ein Soldat verdient.

Ich konnte mich über meine Behandlung nicht beklagen. Die Wärter in Strangeways gewöhnten sich an mich, und die Häftlinge, die nie an einem Krieg teilgenommen hatten, waren davon überzeugt, daß ich sie, wenn sie mir zu dumm kamen, zur Sau machen würde. Sie hatten Angst vor mir – und so soll es ruhig bleiben, dachte ich.

Einige der Jungens, die nach Strangeways verlegt worden waren, saßen lebenslänglich wegen Vergewaltigung – vielleicht sitzen einige von ihnen immer noch. Sie waren angeklagt, sich gegen die Deutschen vergangen zu haben. Ich bin gewiß nicht für Vergewaltigung oder Nötigung junger Menschen gleich welcher Nationalität, aber ich bin auch nicht dafür, daß man junge Männer aus ihren Familien herausreißt, sie in eine fremde Umgebung bringt und ihnen bis zum Jahre 1945 jede Art von Gewalttat gegen die Deutschen erlaubt, sie vor allem dazu ermutigt, diese zu töten, und dann plötzlich 1946 von den gleichen Männern erwartet, daß sie sich wie Engelchen benehmen. Diese unglücklichen jungen Männer hatten nicht darum gebeten, an die Front geschickt zu werden, und ich finde, die britische Regierung hätte ihnen einen angemessenen Denkzettel verpassen sollen. Sie hätte sie zu ein paar Monaten oder auch zu einem Jahr Haft verurteilen sollen, aber das wäre unter den Umständen aber auch das äußerste gewesen. Aber in der Nachkriegszeit verfuhr das Kriegsministerium mit seinen eigenen Soldaten äußerst hart.

Nun ist mir die Ehre der britischen Armee sowohl während des Krieges wie auch hinterher völlig gleichgültig, aber mir wurde klar, daß die meisten der Jungens, die ich im Gefängnis kennenlernte und die wegen Vergewaltigung in Deutschland oder anderen besetzten Gebieten verurteilt waren, sich einzig und allein wegen der Politik der britischen Regierung dort befanden. Diese Männer waren keine Wüstlinge, denn sie waren keine Wüstlinge von Natur aus. Ich habe sie gekannt und mit ihnen gesprochen, und ich würde auch sagen, ich habe mit ihnen getrunken, nur hatten wir nichts zu trinken! Meiner Meinung nach waren das keine Vergewaltiger oder Sexbestien, sie waren einfach mit Mädchen zusammen gewesen, die sie, mit wenigen Ausnahmen, bei den Behörden angezeigt hatten, um sie zu erpressen. Zur ewigen Schande des britischen Kriegsministeriums schaffte sich dieses die Sache vom Hals, indem es die Jungens einsperrte. Ich würde sagen, es war mitleiderregend, aber da sie tapfere Soldaten waren, ist das Wort nicht angebracht. Aber sie wurden als schlimmere Verbrecher betrachtet als Mörder, und ich konnte nichts tun, als mich still zu verhalten und zu schweigen.

Einen dieser Nachkriegshelden traf ich eines Tages im Waschraum. Er war in Untersuchungshaft, wartete auf seine Gerichtsverhandlung und zitterte buchstäblich vor Angst. Ich stellte mich in meiner Badezelle hin, um mir die Beine einzuseifen, blickte über die Trennwand und sah ihn. Er lächelte mich an, schien dankbar für ein paar Worte. Ich sagte ihm, er solle nicht so rumstehen und zittern, denn ich dachte zuerst, er zittere wegen der Kälte.

»Ich bin wegen Vergewaltigung eines Mädchens in Deutschland angeklagt«, sagte er mit ernstem Gesicht.

»Wie alt war sie denn?«

»Ich dachte, sie wäre achtzehn, aber dann stellte sich heraus, daß sie sechzehn war.« Während er sprach, zog er sich Unterhose und Unterhemd über. Ich lächelte in seine ernsten Augen, und da ich selber ein notorischer Lügner bin, fragte ich ihn, ob er sie denn wirklich vergewaltigt hätte.

»Nein«, flüsterte er und schüttelte den Kopf.

»Ehrlich?«

»Ehrlich.«

»Hör mal«, sagte ich, »laß dich vor Gericht nicht fertigmachen. Halt den Kopf hoch, und bleib bei deiner Geschichte, und sag den Schweinen, das Mädchen hätte sich einfach in dich verliebt.« Ganz offenbar war es so gewesen. Es gibt nur wenige Leute, die überhaupt glauben, daß es so etwas wie Vergewaltigung gibt, außer wenn eine Reihe von Männern oder Jugendlichen gemeinsam ein Mädchen überfallen.

Dieser unglückliche Mensch hatte überhaupt niemanden vergewaltigt. Er wurde einfach von der britischen Regierung benutzt, die ein Exempel statuieren wollte, um das deutsche Regime zufriedenzustellen. Das war doch die Höhe.

Ich kannte nur einen einzigen Menschen in Strangeways, dem ich dieses Vergehen zutraute. Er hatte ein kleines Mädchen mißbraucht, und niemand von uns sprach mit ihm. Wir gingen nicht mit ihm spazieren und sprachen kein Wort mit ihm.

Einer der schlimmsten und erschreckendsten Vorfälle in England während der Kriegsjahre war die Festnahme von Ivor Novello. Dieser hatte im Ersten Weltkrieg eine große Rolle gespielt und Millionen von Menschen mit seinen Liedern ermutigt.

Laßt brennen daheim die Kerzen,
Voll Sehnsucht sind unsere Herzen,
Jagt die dunklen Wolken fort,
Bis unsre Jungs kehr'n zurück.

Er wurde auf Grund einer sehr törichten Anklage verhaftet; töricht nicht von seinem Standpunkt aus, sondern vom Standpunkt der Regierung. Er war angeklagt, Benzin auf dem schwarzen Markt gekauft zu haben. Hätte die Regierung für diese Tat Orden verteilt, so hätte kaum ein Mensch in England diesen Orden nicht bekommen.

Er wurde zu einem Monat verurteilt und kam ins Gefängnis von Brixton, und das bedeutete buchstäblich Ivor Novellos Tod. Die meisten Kerle, die mit ihm eingesperrt waren, ärgerten sich über seine seidenen Schlafanzüge und seine manikürten Fingernägel, und statt nun Mitleid mit ihnen zu haben, nahm sich Ivor Novello dies sehr zu Herzen. Die ganze verdammte Bande wäre mir scheißegal gewesen. Jedenfalls war er statt einer der größten Helden plötzlich einer der größten Feinde Englands, das arme anständige alte Schwein.

Die Wärter im Jugendgefängnis Borstal waren ein ganz anderer Schlag als die im Gefängnis, aber wie das Leben nun mal so ist, hatten wir uns oft sehr unfair gegen sie benommen, sie zum Beispiel oft verhöhnt, weil sie nicht an der Front gekämpft hatten, höchstens gegen die Inder in Fakir von Ipi oder ähnlichen Orten. Der einzige Grund dafür bestand natürlich darin, daß die meisten erst 1919 nach dem Ersten Weltkrieg in die Armee eingetreten waren und ihre zwanzigjährige Dienstzeit um war, bevor 1939 der Zweite Weltkrieg ausbrach.

Einer dieser Wärter im Jugendgefängnis brachte mir gewisse Kenntnisse im Ringen bei. Er hatte die Aufsicht im Garten. Er hieß Sullivan, hatte rotes Haar, schmale Augen, die ein wenig schielten, und ein Boxergesicht. Er war sehr stolz darauf, daß er im East Lancashire Regiment gedient hatte, und war viele Jahre lang in der Fulwood-Kaserne in Preston, dem Hauptquartier dieses Regiments, stationiert gewesen. Einer der Jungen in der Gruppe war in demselben Regiment gewesen, hatte dasselbe Ekel von Feldwebel oder doch einen sehr ähnlichen gekannt, und wenn sie zu erzählen anfingen, hörten wir andern aufmerksam zu, in der Hoffnung, daß sich auf diese Weise unsere Pause über die erlaubten zehn Minuten hinaus verlängern würde.

Sullivan hatte den schwarzen Gürtel eines Judoka, was bedeutet, daß er auch eine Menge vom Ringen verstand, und wenn er für eine Weile genug von seinem Ekel von Feldwebel hatte, sprach er in seinem schweren Lancashire-Akzent übers Ringen.

Wenn wir auf dem Feld arbeiteten, überredeten wir ihn manchmal, uns bestimmte Griffe zu zeigen. Er konnte nicht widerstehen, denn er war ein geborener Lehrer.

»Sir, ich habe gehört«, sagte ich, »daß es einen Griff gibt, den man gegen einen Gegner anwenden kann, der ein Messer in der Hand hält.«

»Oder eine Pistole, Paddy«, sagte er grimmig. »Aber es ist gegen die Regeln, daß ein Wärter einem Gefangenen seine Tricks zeigt – das würde sie ja ebenbürtig machen.« Und er lächelte mit seinen Schlitzaugen, während er uns den Griff dennoch zeigte.

O mein Gott, was war er für eine ehrliche alte Haut. Ein einziges Mal hat er mich getadelt, weil ich schmutzige Worte gebraucht hatte, denn sein Vater kam aus Mayo und seine Mutter aus Sligo, und beide waren treue Katholiken, und ich sollte mich nicht erniedrigen, indem ich schmutzige Worte in den Mund nahm, und dabei liebe ich schmutzige Worte doch so.

In meiner frühen Kindheit habe ich unanständige Worte nie gebraucht, weil ich sie zu Hause nicht zu hören bekam, außer wenn mein Vater einen sitzen hatte, und das war nur am Wochenende. In der ersten Wochenhälfte las er uns Dickens und Shaw und Charles Lever vor, der *Charles O'Malley* geschrieben hat und Shaws erstes Vorbild war. Das waren wunderbare Abende; wir saßen um ein großes Feuer, ich zu seinen Füßen, und nahmen alles in uns auf. Das Vorwort zu *John Bulls other Island* kannte ich fast auswendig, aber glücklicherweise habe ich alles vergessen, was er uns aus Mark Aurel vorlas. Es war mir zu langweilig.

Der große offene Kamin in unserer Küche stammte noch aus den Zeiten des Adels, wie man ihn nannte, der 1800, als man das irische Parlament abschaffte und Irland mit England vereinigt wurde, das Land verließ. Die Abschaffung des irischen Parlaments war ein großer Verlust für uns, denn aus dem Kolonialparlament hätte sich im Lauf der Zeit ein nationales Parlament entwickeln können, ohne Krieg und ohne die schrecklichen Opfer an Menschenleben. Wir hätten keine Hungersnot gehabt, wir hätten eine eigene Regierung gehabt, soweit wir sie gewollt hätten, mit einer tatsächlichen und nicht nur auf dem Papier bestehenden Zollunion mit den übrigen Britischen Inseln, von denen wir (ich mache dies Bekenntnis im Alter von vierzig Jahren) ein wichtiger Bestandteil sind.

Vom Polizeifeldwebel Sullivan im Jugendgefängnis lernte ich eine Menge über die Kunst des Ringens; in Strangeways erfuhr ich von Angehörigen der Londoner Regimenter, daß ihre Tapferkeit im Krieg nicht gebührend gewürdigt worden war. Offenbar erwartete man vom echten Londoner, dem Cockney, daß er ein guter Kämpfer war, und ob er wollte oder nicht, er wurde immer in die vorderste Linie geschickt. Dagegen schien die britische Regierung anzunehmen, daß man nicht nur den Iren, den Wallisern und Schotten, sondern auch den Nordengländern gut zureden mußte. Ich kann nur die berühmte Bemerkung wiederholen, die ein deutscher General im Ersten Weltkrieg gegenüber einem Kollegen machte:

»Die britischen Soldaten kämpfen wie Löwen«, sagte er.

»Ja«, sagte der andere, »aber sie werden von Eseln geführt.«

Manchmal rede ich gern über Politik und schimpfe über die führende Klasse und ihre ländlichen Gefolgsleute, aber einem von diesen Eseln muß ich doch Gerechtigkeit widerfahren lassen. Er gründete die Britische Legion, die mir einmal ein Bett gegönnt hat. Mein Bruder, der während des Krieges in der britischen Luftwaffe gedient hatte, ging zu ihnen und fragte, ob er dort übernachten könnte.

»Ja«, sagten sie, »aber wir wissen, für wen Sie das Bett brauchen. Sie brauchen es für Ihren Bruder, der gerade aus dem Gefängnis entlassen worden ist. Er ist bei der I.R.A. Aber wir geben ihm ein Bett.«

Und ich schlief dort, und kein Wort wurde mehr darüber verloren.

Das Volk, das auf der Seite der Alliierten die Hauptlast des Krieges getragen hatte, waren die Engländer. Ich möchte das als Außenstehender sagen. Wir waren Außenstehende, wie es die Amerikaner vor Pearl Harbour waren, die Norweger vor der Besetzung und die Holländer vor der Bombardierung von Rotterdam.

Schändlich, so finde ich, haben sich die Bewohner der Kanalinseln verhalten. Ihr Beitrag zu den Kriegsleistungen bestand darin, das Vaterunser auf deutsch, französisch und englisch auf der Titelseite ihrer Zeitung abzudrucken. Wie mir ein Freund erzählte, brachte ein Kollaborateur nach Kriegsschluß ein Gesetz durch, daß niemand wegen Kollaboration mit den Deutschen vor Gericht gestellt werden durfte. Dieses Gesetz wurde am 8. Mai 1945 erlassen – man sieht, sie hatten es sehr eilig damit.

Soviel ich weiß, waren die einzigen, die auf den Kanalinseln gegen die Deutschen kämpften, die irischen Saisonarbeiter, die dort vom Krieg überrascht worden waren. Und sie kämpften auch nur, weil sie die Gewohnheit hatten, am Samstagabend gegen die Polizei zu kämpfen, ganz gleich, ob diese nun britisch, irisch, französisch oder deutsch war.

Einer meiner Freunde kam mitten im Krieg auf den Kanalinseln ins Gefängnis. Er hatte dort allerhand geklaut, wahrscheinlich weil er der irrigen Auffassung war, daß die Gefängnisse in kleinen Ländern netter sind als in großen. Er mußte bald erfahren, wie töricht er gehandelt hatte. Nach der Besetzung durch die Deutschen kam der Wärter des Gefängnisses, brachte eine Milchkanne voll Wasser in die Zelle und etwa hundert Brote und sagte, an diesem Tag käme er nicht mehr auf den Hof und auch am nächsten nicht.

»Du mußt hier drin bleiben«, sagte er, »denn ich muß jetzt weg und bei der Tomatenernte helfen.«

Man sagt, daß die Menschen sich an schwere Arbeit genauso

schnell gewöhnen wie ans Saufen, aber das kann ich nicht bestätigen. Ich neige dazu, Arbeit jeder Art zu verachten, aber ich litt unter der Behandlung, die einige Männer in Strangeways zu ertragen hatten, und ich wäre dankbar gewesen für eine Beschäftigung, die mich abgelenkt hätte. Und der Satan findet Arbeit für müßige Hände. John Howard, der Quäker, muß schrecklich wenig zu tun gehabt haben, als er die Einzelhaft erfand. Ich glaube, in diesem Gefängnis gab es mehr von dem, was wir auf Gälisch *Unaigneas gan ciuneas* nennen: Einsamkeit ohne Frieden, als ich sonstwo je angetroffen habe.

Dann kam der 22. Juli 1947. An einem solchen Tag glaubt man, daß Christus für einen gestorben ist – und zum Teufel mit dem Teufel! Alle Einsamkeit war vergessen, wir waren voller Wohlwollen füreinander, wir waren so brav und so dankbar für den Sonnenschein.

Der kleine Diensthabende, ein Mann aus Yorkshire – er war erst so kurz da, daß ich nicht mal seinen Namen kannte –, sagte es mir: »Du wirst heute nachmittag entlassen, Paddy. Strafermäßigung wegen guter Führung und so.«

Und so kam es, daß man mich an diesem schönen Sommerabend über die East Lancashire Road nach Liverpool und an Bord eines Schiffes brachte, das Großbritannien verlassen sollte. Ich wurde nicht zum erstenmal deportiert, und leider auch nicht zum letztenmal.

»Wenn Sie wünschen, gegen Ihre Ausweisung beim Innenministerium Widerspruch einzulegen, so tun Sie es. Sonst verhalten Sie sich in Zukunft ruhig.«

Ich verhielt mich ruhig. Ich fand, dies war das wenigste, was ich tun konnte.

Ich habe mich nie gern lange versteckt gehalten, also ging ich durch die Paßkontrolle, die Gangway hinunter und geradenwegs zu einer Kneipe in der Grafton Street. Ich beschloß, zu Fuß dorthin zu gehen; ein bißchen Luft würde mir guttun, denn wenn ich die Möglichkeit dazu hatte, bin ich immer gern spazierengegangen. An diesem Tag war ich ganz benommen von der Sonne, und als ich in die Grafton Street kam, war das Pflaster glühend wie eine Ofenplatte, und ich war froh, auf den hohen Hocker an der Theke zu kommen, sonst hätte ich mir noch die Schuhsohlen verbrannt.

Es gibt Kneipen, da trifft man nur Witwen. Junge Witwen, alte Witwen, dünne Witwen, dicke Witwen, reiche Witwen und arme Witwen. Sie sitzen da und reden den ganzen Abend über ihre verewigten Gatten, bis ihnen die Tränen kommen. Es macht einen ganz fertig. Diese Kneipe hier war hauptsächlich von irgenwelchen Intellektuellen besucht und von Leuten, die während des Krieges in der I.R.A. gewesen waren, und von ehemaligen britischen und amerikanischen Soldaten, die jetzt in Dublin am Trinity College studierten – die Amerikaner mit Stipendium nach dem G.I.-Gesetz.

Als ich mich hingesetzt und mir eine Zigarette angesteckt hatte, kam ein Mann zu mir und stellte sich vor. Er war ein Amerikaner aus Michigan und hieß Lester Jeus, ein ehemaliger Matrose der U.S. Navy, aber jetzt studierte er nach dem G. I.-Gesetz am Trinity College. Er sprach überhaupt nicht wie ein Amerikaner, sondern das schönste Englisch, wobei er Flüche aus der Cromwell-Zeit benutzte, zum Beispiel »bei den Eingeweiden Christi«.

Nicht daß ich die Erinnerung an Cromwell besonders schätze, der, wie allgemein bekannt ist, nicht zu unseren Nationalheiligen gehört. Ich habe nichts dagegen, daß er den König einen Kopf kürzer gemacht hat, denn damit zeigte er nur, daß der Kopf eines Königs genauso leicht herunterkommt wie der jedes anderen Sterblichen. Aber sein Vorgehen in Drogheda und Wexford war wie das von Heydrich und Himmler zusammengenommen. In der Stadt Wexford ließ er 200 Frauen niedermetzeln, die sich um das Kreuz des Erlösers geschart hatten, seine Soldaten zogen das Vergnügen in die Länge, indem sie eine nach der andern einzeln erstachen. Wenn sie mit ihren Lanzen kleine Kinder durchbohrten, so sangen sie Psalmen und riefen zwischendurch: »Tötet die Nissen, dann gibt es keine Läuse.«

Die echten Revolutionäre in Cromwells Armee wurden in entlegenen Teilen Irlands zurückgelassen, um den Aufstand gegen die Grundherren in England zu entflammen. Ironischerweise sprechen ihre Nachkommen die gälische Sprache, und die Araninseln vor der Westküste Irlands, die sie bewohnen, bilden eines der letzten Bollwerke des Gälischen. Liam O'Flaherty, der international anerkannte Schriftsteller und von der Araninsel stammend, behauptet, daß sie bis zum heutigen Tag Gälisch mit einem Cockney-Akzent sprechen. Sie tragen Namen wir Perkins und Piggott, die zu O'Peircín und O'Piggoid gälisiert worden sind, und Besucher der Inseln sind überrascht, daß so wenige der Bewohner dunkelhaarig sind. Ich muß zugeben, daß die meisten blond sind, und unter den Mädchen gibt es mehr englische Rosen als irische *cailíns.**

Dies alles ändert aber nichts an der Tatsache, daß die Cromwellschen Ausdrücke im nordamerikanischen Mund von Lester Jeus auf eine exotische Weise elegant klangen. Er sagte, er wäre siebenundzwanzig, war aber nicht viel größer und auf jeden Fall viel leichter als ich. Dies überraschte mich, denn ich hatte mir immer vorgestellt, Matrosen der United States Navy wären von athletischem Wuchs. Sein Name schien ihm Verlegenheit zu bereiten.

»Ich habe oft Briefe bekommen, die an Lester Jesus adressiert waren«, sagte er. »Das Dubliner Hauptpostamt hat sich sogar einmal geweigert, ein Telegramm an mich durchzugeben mit der Begründung, es sei blasphemisch.«

Wir wurden von einem hungrig aussehenden Mann mit Quellaugen unterbrochen; es war Edwin Lang, ehemals bei den Royal Canadian Seaforth Highlanders und Schwager von Lester Jeus.

»Sie wollen sagen, daß Ihre Schwester mit Jesus verheiratet ist?« sagte ich. Dies schien mir ein erlaubtes Stückchen Blasphemie, und wir lachten alle zusammen.

Dieses Talent zur Blasphemie habe ich von meinem Vater geerbt. Zu Hause war er ein freundlicher und friedlicher Mann, der die gelegentlichen leidenschaftlichen Ausbrüche meiner Mutter ruhig über sich ergehen ließ. Sie stammte aus einer Familie, die seit Generationen beim Theater war, und sie war schnell bereit, eine Szene zu schmeißen. An einem Samstag kam er ziemlich betrunken nach Hause, und sie fiel über ihn her, schrie dieses und jenes und verglich ihn mit Fleming, einem Verkäufer, der seine Frau mit einem Hammer getötet und dann versucht hatte, die Schuld auf einen Versicherungsvertreter zu schieben. Er hatte sie umgebracht, weil er ein junges Mädchen geschwängert hatte, das er nicht heiraten konnte, solange seine gesetzliche Ehefrau lebte. Er ging täglich

* Mädchen

zur Messe und kommunizierte täglich und war darüber hinaus Mitglied, nein sogar Präsident der antikommunistischen Sankt-Patricks-Liga.

»Heiligstes Herz Jesu«, kreischte meine Mutter, »du bist schlimmer als Fleming. Er hat seine Frau auf anständige Weise umgebracht, hat sie auf humane Weise mit einem einzigen Hammerschlag ermordet, aber du bringst mich langsam in mein frühes Grab.«

Mein Vater zog erschöpft eine Zeitung aus der Tasche und tat so, als läse er. Er hielt sich die Zeitung als eine Art Lärmschutz vors Gesicht. Meine Mutter verlor die Geduld, sofern sie noch welche hatte, und schrie weiter.

»Hast du nichts dazu zu sagen? Kannst du mir nicht antworten?« Und während sie sprach, stieß sie einen Kochtopf durch die Zeitung.

Mein Vater mußte jetzt etwas sagen, damit nicht noch Schlimmeres passierte. Er sagte ganz harmlos: »Kathleen, wenn Jesus Christus mit dir verheiratet wäre, dann hinge er in zwei Wochen wieder an seinem verdammt gemütlichen Kreuz.«

Lester hatte seine Frau Jessica während des Krieges kennengelernt. Sie war bei der A.T.S., und beide waren in Europa stationiert. Und sie hatten eine wichtige Sache gemeinsam. Sie beherrschten beide den Morsecode, und eine Zeitlang schickten sie einander höchst geheime Regierungsnachrichten über die Telegraphenleitungen Großbritanniens. In einem müßigen Augenblick klopfte Lester eines Tages an seinen Korrespondenten im britischen Hauptquartier irgendwo in England: »Sind Sie ein Junge oder ein Mädchen?«

Und Jessica klopfte zurück: »Ich bin ein Mädchen.«

»Würden Sie mal einen mit mir trinken gehen?«

Es klopfte in rasendem Tempo zurück: »Ja, gern. Ich habe das Gefühl, daß wir uns seit Jahren kennen.«

Jessica war damals siebzehn, und Lester neunzehn; sie trafen sich und heirateten. Die erste Nacht ihrer Ehe verbrachten sie auf der Polizeistation von Northampton, man hatte sie so betrunken festgenommen, wie man es in England in den Kriegsjahren nur werden konnte. Aber die Polizei war sehr freundlich und verständnisvoll und erlaubte ihnen, ihre Hochzeitsnacht in derselben Zelle zu verbringen.

Seltsamerweise war die Rente, die Jessica von der britischen Regierung bekam, höher als die Studienhilfe, die ihr Mann von der amerikanischen Regierung erhielt, was offensichtlich zu ständigen Zänkereien zwischen den beiden führte.

Sie kam jetzt zu uns. »Wie war denn Ihre Hochzeitsnacht in der Polizeistation?« fragte ich sie.

»Ganz gut, aber der Hintern tat mir weh, weil wir auf einer Holzpritsche schliefen.« Ihre Antwort klang ganz freundlich, aber ich merkte, daß sie wütend war. Sie klopfte eine Nachricht für Lester auf die Theke, und er klopfte zurück. Sie hatten offenbar mit dem Ausscheiden aus der amerikanischen beziehungsweise britischen Armee den Morsecode nicht vergessen. Ich merkte, daß sie Streit miteinander hatten, denn viele Ehepaare in Irland sprechen Gälisch nur, wenn sie sich zanken, in der Hoffnung, daß die anderen nicht verstehen, was sie sagen. Dies ist unglücklicherweise nicht immer so. In unserem Fall stand am anderen Ende der Theke ein zerlumptes Individuum, das den Morsecode zu verstehen schien und alles mitbekam, was sie sich zuklopften. Er fuhr sichtlich zusammen. (Ich sollte sagen, er erbleichte, aber er erbleichte nicht, er fuhr zusammen.) Ich schob mich vorsichtig zu ihm hinüber, denn wenn man nicht aufsteht und fragt, erfährt man nichts, und ich wollte doch wissen, was los war.

»Was sind denn das für Freunde, die Sie da haben?« fragte er.

»Der Teufel sorgt schon für die Seinen. Sie sind Mann und Frau.«

»Jedenfalls können sie sich im Morsecode schmutzigere Sachen sagen, als ich je gehört habe«, sagte er und wurde rot bis an die Haarwurzeln.

»Na, hören Sie mal, was können die denn schon gesagt haben, daß Sie so entsetzt und verärgert sind und so verlegen?« Ich bin schlau wie ein Fuchs, wenn es darum geht, etwas herauszubekommen.

»Das Mädchen hat geklopft, daß heute ihre Tante aus Belfast kommt, und ihr Mann sollte doch nach Hause kommen, und darauf hat er geantwortet: ›Fick doch deine Tante, und du kannst noch mehr zu hören kriegen, wenn du willst.‹ Das Mädchen sagte: ›Wie kannst du nur sagen, fick deine Tante, du amerikanisches Schwein.‹ Und der Mann antwortete: ›Du kanadische Hündin, wo wärt ihr ohne uns?‹«

Ich machte ein schockiertes Gesicht, zuckte aber mit den Schultern.

»Sie wissen ja, wie das so geht, mein Herr«, sagte ich, »wenn feine Leute zusammenkommen, werden Komplimente gewechselt.«

Aber die nächste Bemerkung, die von den beiden per Morse ausgetauscht wurde, muß so ekelhaft gewesen sein, daß mein Dolmetscher sein Glas hinstellte und zur Tür hinausging.

Ich ging mal nach hinten, um zu pissen und über diese unsere Zeit nachzudenken, über die Streitereien in Krieg und Frieden. Streitereien zwischen Männern und Männern, zwischen Männern und Frauen, zwischen Frauen und Frauen. Als ich in den Schankraum zurückkam, hatte sich noch jemand zu unserer Gruppe gesellt. Es war ein Engländer, ehemaliger Matrose der Royal Navy, namens John Fraser. Er hatte flammend rotes Haar, das, wie ich feststellte, in einen glatten Nacken fiel. Er hatte Lester Jeus während des Krieges in einer Londoner Kneipe kennengelernt, und sie hatten sich auf ziemlich komische Weise angefreundet. Sie waren beide in Uniform, und als sie im Laufe der Unterhaltung die britische und amerikanische Marine miteinander verglichen, erzählte Jeus Fraser, daß die Marine der Vereinigten Staaten Schwule, offiziell Homosexuelle genannt, im Augenblick wo man sie ertappte, entließe.

»Auch wenn ich schon verheiratet bin«, sagte er, »hätte ich keine Skrupel, auf diese Weise selber loszukommen, aber ich hebe mir diese Möglichkeit für den Notfall auf, also falls sie mich auf den Kontinent schicken. Ich habe nicht die Absicht, meinen gegenwärtigen Job als Telegraphist im Londoner Büro der amerikanischen Marine aufzugeben, soviel ist sicher.«

John Fraser nickte zustimmend mit dem besten britischen »viel-Glück«-Lächeln auf dem Gesicht und fing dann an, selber nachzudenken. Er war damals auf einem Zerstörer, und die sind ganz schlimm und dazu noch unbequem: zum Beispiel, wenn man gerade beim Essen sitzt und das Schiff sich plötzlich nach der einen oder der anderen Seite neigt. Er bestellte noch zwei große Helle, ein Getränk, das ich ganz besonders verabscheue, aber immerhin ist es kein Wasser.

»Ich frage mich, ob Unsere darauf hereinfallen«, murmelte er.

»Jedenfalls lohnt sich ein Versuch«, antwortete Jeus. »Es ist schon schlimm genug, daß man in diesem verdammten Krieg ist, auch ohne auf einem Zerstörer zu sein.«

»Versuchen werd' ich's auf jeden Fall«, sagte John Fraser. »Ich muß um elf an Bord sein, also ich geh' jetzt.«

Jeus rief ihm nach, er solle ihn wissen lassen, wie die Sache ausgegangen sei.

»Gut, Kamerad. Wir treffen uns morgen gegen acht wieder hier«, antwortete Fraser.

Die Aussprache mit dem Kapitän fand früh am nächsten Morgen statt.

»Ich muß Ihnen ein Geständnis machen, Sir«, sagte John Fraser.

»Wirklich, mein Junge«, sagte der Kapitän und zupfte sich am Bart. »Wie interessant.« Und nach einer Pause: »Also raus damit. Was ist es?«

»Nun, Sir, ich fühle mich von meinem Gegenüber sexuell angezogen.« (Gegenüber heißt der Kerl, der in der gegenüberliegenden Koje schläft und einem in der Messe gegenübersitzt.)

»Tatsächlich?« sagte der Kapitän streng. »Und wer ist das?«

»Es ist Nr. 350166, Smith, Vollmatrose, Sir.«

»Es gibt so viele Smiths, Fraser. Würden Sie ihn mir beschreiben und mir sagen, welche Funktion er auf dem Schiff hat.«

Fraser gab also eine liebevolle Beschreibung von Nr. 350166, dem Vollmatrosen Smith, der ihm zutiefst verhaßt war, besonders weil dieser Hund die ganze Nacht wie ein Schwein schnarchte und ihn nicht zum Schlafen kommen ließ.

»Ach ja, ich weiß jetzt, wen Sie meinen«, sagte der Kapitän, »wirklich ein gutaussehender Junge. Ich kann verstehen, daß er Ihnen gefällt, aber Sie wissen ja, wie es ist. Wer lieben will, muß leiden. Versuchen Sie, sich etwas mehr auf Ihre Arbeit zu konzentrieren.«

Er stand auf, und indem er Fraser mit einem Wink entließ, sagte er: »Viel Glück, mein Junge.«

»Ein gemeines, dreckiges Schwein«, nannte ihn Fraser, als er mir die Geschichte erzählte. Wir wären vor Lachen fast geplatzt, aber wir beherrschten uns, denn ihm war es ernst.

»Du bist ein komischer Dreckskerl«, sagte ich zu Fraser.

Edwin Lang sagte: »Er ist ein Engländer *und* ein Ausländer.«

Ich nickte, aber bevor Edwin Lang weitersprechen konnte, sagte ich: »Fern der Heimat ist jeder ein Ausländer.« Da er Kanadier war, war ihm damit das Maul gestopft.

John Fraser war gerade von der Isle of Man zurückgekommen; dorthin hatten er und seine Schwester ihren sterbenden Vater gebracht, um sich die Erbschaftssteuer zu sparen. Der alte Mann war Eigentümer einer sehr großen Wollspinnerei in Yorkshire, und als sein Zustand bedenklich wurde, brachten sie ihn in einem Flugzeug auf die Isle of Man.

»Als wir hinkamen«, sagte John, »war der alte Schurke steif wie ein Brett. Er ist uns unterwegs abgekratzt, obwohl wir ihm Champagner und Blackers gaben.« – Blackers ist eine Mischung aus Champagner und dunklem Bier, die auch als »Schwarzer Samt« bekannt ist.

»Gott, was für eine Verschwendung«, sagte Jeus und zog an seiner Zigarette. Ich lächelte Jessica an, und Jessica lächelte zurück, aber Edwin Lang nickte nur, als sei er immer noch über meine letzte Bemerkung verärgert.

»Aber«, sagte Fraser, »es war noch nicht alles verloren. Als wir merkten, daß der alte Kerl schon ganz steif war, taten wir so, als wäre er betrunken und schleppten ihn aus dem Flugzeug in ein Taxi. Der Taxifahrer war ein anständiger Kerl und half uns, den Vater auf dem Rücksitz zu verstauen. ›Ein bißchen mußt du noch durchhalten, Vater‹, sagte ich, ›gleich kannst du dann ins Bett. Komm jetzt‹, sagte ich zu ihm, und dabei war der Mann die ganze Zeit schon mausetot. Wir hatten auf der Insel ein Haus gemietet und trugen ihn, das heißt das, was von ihm übrig war, in sein Zimmer hinauf, und ein Doktor von der Insel bescheinigte uns, daß er fünfzehn Minuten nach Ankunft auf der Insel gestorben war.«

Ich fragte ihn: »Woher wußten Sie, daß der Doktor von der Insel stammte?«

»Weil er sagte«, antwortete er pfiffig, »er würde nicht darüber reden.« Und mit seiner für ihn typischen angelsächsischen Ritterlichkeit erklärte er, sein Vater sei für eine gute Sache gestorben. Er hätte ihnen dreißigtausend Pfund erspart.

Auf diese Mitteilung hin schlug Gabriel McCarthy, einer meiner I.R.A.-Freunde, der sich zu der heiteren Runde gesellt hatte, vor, er solle uns etwas von den ersparten dreißigtausend Pfund sehen lassen. »Laß mal einen springen, John«, sagte er.

»Also gut«, sagte Fraser, aber seine Hand, die haltsuchend nach einem Glas auf der Theke griff, zitterte bei der Vorstellung.

»Also los, bevor du es wieder vergißt«, sagte Gabriel.

Eine Runde wurde bestellt, und ein junger Dichter, der am anderen Ende des Tresens saß, rief herüber, er würde auch gern einen Schluck mithaben. Als die Gläser mit Whisky auf der Theke erschienen, war keins für ihn dabei.

»Das Schlimme an diesem Kerl ist«, sagte der Dichter und sah den Barkeeper an, »daß er mich haßt, weil ich ein Ire bin.«

Wir hatten am Morgen mit der völlig falschen Behauptung, nur Guinness trinken zu wollen, angefangen, waren aber nach kurzer Zeit alle zu Whisky übergegangen.

John Gough kam in die Kneipe. Er war Engländer und in der Fleet Air Army gewesen, aber erst nach dem Krieg. Sogar für die Irish Republican Army galt das nicht als vollwertiger Dienst, und er hatte keinen Anspruch auf eine staatliche Studienbeihilfe. Aus diesem Grunde war er in unserer Gesellschaft nicht so recht anerkannt, aber es war nicht die Schuld des armen Kerls, er war einfach zu jung gewesen, um noch am Krieg teilzunehmen. Der Militärdienst, den er abgeleistet hatte, war eher nach dem Krieg gewesen, und das war nicht das gleiche. Er war nicht wie wir anderen auf diesem »Farewell to arms«-Trip, denn er hatte keine Waffen, denen er Lebewohl sagen konnte. Er kam zu spät für den Zweiten Weltkrieg und zu früh für Korea.

Ich und McCarthy hatten beide Geld vom »Clan na Gael«, der Irish Republikanischen Organisation in Amerika bekommen, als wir aus der Haft entlassen worden waren. Die anderen Jungens, die an diesem Tag in der Kneipe waren, lebten von der britischen Armee oder der amerikanischen Armee oder sonst einer Armee. Wir verachteten Gough, weil wir meinten, jeder Mann mit Selbstachtung und unserer Gesellschaft würdig, müßte für irgend etwas eine Rente bekommen oder das Recht auf irgendeine Studienbeihilfe oder irgendein Stipendium haben. Irgendeine Masche müßte er doch finden. Er lebte nicht nur von seinem eigenen Geld, unterhielt nicht nur sich und seine Frau, sondern trug auch noch einen riesigen Schnurrbart, der einfach lächerlich aussah. Das einzig Gute an ihm war, daß er mit einem saftigen Yorkshire-Akzent sprach, den er nie zu verbergen suchte. Ich glaube, seit er in Irland lebte, betonte er ihn sogar noch.

Gough ertrug mich hauptsächlich, weil mein Bruder in der Royal Air Force gewesen war, aus der er wegen einer Verwundung mit einer Rente entlassen worden war, und er ertrug

Gabriel McCarthy aus dem einfachen Grund, weil er mein Freund war.

Aber Gabriel war, besonders wenn er einen intus hatte, rasend antienglisch. Er verabscheute Gough und machte aus seinem Abscheu keinen Hehl.

»Hallo, Gough«, sagte er.

John Gough antwortete: »Hallo, McCarthy«, und imitierte dabei den herablassend-vertraulichen Ton des englischen Offiziers alter Schule. Seine hübsche kleine Frau Gloria war mit ihm, und Gough zog ihr höflich einen Schemel heran, damit sie sich neben ihn setzen konnte.

»Du wirst hier neben mir sitzen«, kläffte Gabriel sie an.

Gloria nahm es gelassen auf und tat nur so, als wollte sie ihm eine kleben. »Red nicht so mit mir«, sagte sie, »ich werde zwischen euch beiden sitzen.«

»In diesem Fall«, sagte ich mit der witzigen Höflichkeit, die mir immer zu Gebote steht, »in diesem Fall wirst du wie Christus zwischen den beiden Schächern sein.«

Ich befürchtete, Gabriel würde verrückt spielen, aber ich hatte mich geirrt, seine Laune besserte sich.

»Um Christi willen, sing uns ein Rebellenlied«, sagte er zu mir.

Ich warf einen Blick auf das große Schild, auf dem stand: »Singen verboten!« und begann mit gefühlvollem Schluchzen das »Septemberlied«.

Denn es ist lang, lang ist's
Von Juni bis September . . .

»Nicht dies beschissene Lied«, unterbrach mich Gabriel, darum stimmte ich »Daheim am Herd« an.

»Weiter, Brendan«, sagte Gloria, »das Lied gefällt mir.«

»Das macht ihr ja prima«, sagte der Wirt. »Es gefällt euch wohl hier. Im nächsten Jahr mache ich hinten im Hof einen Bärenzwinger auf.«

Gough sagte mürrisch: »Ich habe den Eindruck, hier drin ist schon ein Bärenzwinger.«

»Das sind amerikanische Lieder, davon will ich nichts hören«, sagte Gabriel. Ich hatte vergessen, daß er im Augenblick die Amerikaner haßte, weil er sie für zu pro-britisch hielt. »Gleich wirst du noch *God save the King* singen«, sagte er giftig.

»Ich weiß nicht«, sagte ich. »Irgendwie bewundere ich die alte Haut, den König! Er redet neuerdings wie ein doktrinärer Republikaner. Er hat einen Job übernommen, den er nicht wollte, und hat sich sehr tapfer gehalten.«

»Bravo, Brendan«, sagte Gough, und Edwin Lang lächelte zustimmend.

Gabriel wurde rot vor Wut. »Verdammt, wenn du kein Rebellenlied singen willst, dann werd' ich es tun.« Er fing an:

In Dublin Town fand mancher sein Grab,
Verflucht sei Englands Gier,
Wie Hunde schoß man die Iren ab,
Gott straf dich, London, dafür.
Verflucht sei jeder ir'sche Mann,
Heut und zu aller Zeit,
Der je die Toten vergessen kann,
Der je dir, England, verzeiht.

Als das Lied zu Ende war, schrie er John Gough direkt ins Gesicht: »Es lebe die Republik! Wir fordern euch heraus! Zur Hölle mit dem britischen Empire!« Vor Wut und vom Alkohol war sein Gesicht so rot wie das eines schreienden Säuglings.

Der soll mit Hilfe der heiligen Mutter Gottes seinen Schlachtplan allein ausführen. Bei aller Ehre, mich soll er lieber rauslassen, dachte ich. Ich hatte mich hier amüsiert, aber würde es, wenn ich die Miene des Wirts richtig deutete, nicht mehr lange tun. Ich überlegte gerade, was zu tun sei, als Gough anfing.

»Dieses Lied hat mir gar nicht gefallen, und auch die Bemerkungen hinterher nicht.«

»Mir ist es scheißegal, was dir gefällt oder nicht«, sagte Gabriel. »Und damit Schluß!«

»Bei den Eingeweiden Christi«, sagte Jeus und nahm wieder zu seinen Ausdrücken aus der Cromwell-Zeit Zuflucht, »ich verstehe nicht, warum ihr euch alle so aufregt. Es ist ein Lied wie jedes andere.«

Ich dachte über Jeus nach, wie schwer es war, es ihm recht zu machen. Er war hundertprozentig gegen die I.R.A., aber er war auch gegen die britische Oberklasse und die königliche Familie. In diesem Augenblick hörte ich, wie John Gough Gabriel fragte, warum es ihm solchen Spaß mache, den Engländern eins auszuwischen.

Ehrlich gesagt, ich habe die Beziehung dieser beiden zueinander nie verstehen können, und ich fragte mich, ob Gough mit dieser Frage nicht ein wenig zu weit ging, denn wenn Gabriel auch ein kleiner, untersetzter Bursche war, so konnte er doch mit Fäusten umgehen. Ich sah ihm an, daß er ein richtiger kleiner irischer Raufbold war. Er war ähnlich gebaut wie ich. Wenn ihr euch eine Streichholzschachtel vorstellt, die quergestellt auf zwei menschlichen Beinen geht, dann wißt ihr, was ich meine. Aber Gough ließ sich wie viele Engländer und Amerikaner von Gabriels kleiner Statur täuschen; er hatte die Vorstellung, daß rauflustige Iren groß sind. Das kommt daher, daß die meisten irischen Emigranten aus dem Westen kommen, und die Leute aus dem Westen sind riesig, aber sie können sich nicht mal aus einem Papiersack freikämpfen. In meiner besten Zeit konnte ich es mit zwei von ihnen aufnehmen, denn sie warnen einen immer, bevor sie losschlagen. »Hast du das getan, bei Jesus?« oder »Hast du das gesagt, bei Jesus?« Und wenn ich auch barmherzig war, solange sie ihr Kriegsgeschrei ausstießen, so landete ich doch sofort hinterher einen Konterschlag. Manchmal, das muß ich leider zugeben, verpaßte ich ihnen auch, was man in meiner Schule, dem Jugendgefängnis, den »Bowery-Gürtel« nannte.

Jedenfalls schienen Gabriel McCarthy und John Gough wieder einmal auf dem anglo-irischen Konflikt herumzureiten, und da ich unterwegs war, um mich ein bißchen zu amüsieren, langweilte mich die ganze Sache.

Dann war da noch etwas anderes. Ich für meine eigene werte Person konnte in diesem Stadium des Spiels einfach nicht einsehen, warum zwei kleine Inseln vor der Küste Europas, von den Europäern nicht eigentlich als Teil Europas, von den Amerikanern nicht als Teil Amerikas anerkannt, vier Hauptstädte haben müssen. Eine ist genug, und wir sollten von der besseren leben, und die liegt in England. Allerdings sind sehr viele Leute der Ansicht – ich bin nicht dieser Ansicht –, daß England im Augenblick nicht seine besten Tage erlebt.

Ich sehe nicht ein, warum wir die EWG oder das Patronat von Amerika oder Rußland nötig haben – auch nicht das von China.

Je älter ich werde, desto mehr sehe ich den Sinn dessen ein, was meine Großmutter gesagt hat: »Weißt du, was der

Unterschied ist, ob wir eine irische Republik haben oder ein Teil des britischen Empire sind?«

»Nein«, sagte ich, »was ist denn der Unterschied?«

»Man kriegt seinen Räumungsbefehl auf gälisch und mit einer Harfe darauf, statt auf englisch mit Löwen und Einhorn.«

Meine Großmutter hatte vier Söhne, die 1916 für die Sache Irlands auf den Barrikaden der Osterwoche kämpften.

An jenem späten Nachmittag schob ich die Gedanken von mir und bat den Wirt, uns noch eine Runde einzuschenken, wir tranken, bis McCarthy und Gough ihre schlechte Laune überwunden hatten und alle fröhlich waren.

Ich glaube, Jeus war auf die Idee gekommen, eine Party für mich zu geben, aber auch alle anderen waren dafür. Ich war zu Hause herzlich willkommen geheißen worden, und zu diesem Zeitpunkt war keiner von uns mehr sehr an Politik interessiert, wir hatten alle mehr oder weniger die Kriegsziele der verschiedenen Organisationen, denen wir angehört hatten, vergessen.

Außerdem war mir bis dahin die Dubliner Intelligentsia noch sehr wohlgesonnen, denn ich hatte sehr wenig veröffentlicht, und wenn ich auch sehr redselig bin, so rede ich doch wenig über das, was ich schreibe. Ich hatte angefangen, für irisch republikanische und irische linksgerichtete Zeitungen zu schreiben. Das erste, was von mir gedruckt wurde, erschien in der Zeitschrift *Fianna*, dem Organ der »Fianna Eireann«, der republikanischen Pfadfinder-Organisation, die von der Gräfin Markievicz gegründet worden war, und der ich von meinem siebten bis zu meinem vierzehnten Jahr angehörte. Danach wurde ich als Kurier oder Laufjunge zur I.R.A. versetzt.

Ich verfolgte mit großer Anteilnahme den spanischen Bürgerkrieg, an dem viele meiner Freunde auf republikanischer Seite teilnahmen. Die Iren, die auf seiten Francos kämpften, haben eine bemerkenswerte, militärische Tat vollbracht: Es gelang ihnen, mit mehr Leuten aus dem Krieg zurückzukommen, als sie ausgezogen waren. Die Iren auf republikanischer Seite bildeten einen Teil der Internationalen Brigade, sie kämpften tapfer und verloren achtzig Mann, es gab viele Verwundete und Gefangene. Wir, die wir damals vierzehn waren, blieben mit den Frauen und Kindern zurück, und das fanden wir sehr demütigend. Es blieb uns nichts weiter übrig, als Büchsenmilch und Kakaopäckchen und Tüten mit Mehl für das Lebensmittelschiff zu sammeln, und wir mußten uns mit Straßenschlachten und Steinewerfen trösten.

Mit dem Geld von der Firma Vickers
Kaufen wir uns Blauhemden und Knickers
Und zwingen die rote Brut in die Knie.

Auch wenn er nur noch auf Schwielen geht,
Weiß er noch, woher Spaniens Wind weht,
Und wir zieh'n nach Salamanca morgen früh.

Die Briten legten sich den Namen »Oliver Cromwell Battalion« zu, aber die Iren, die alles für Spanien zu tun bereit waren, fanden, daß ihnen eins unmöglich war: unter dem Namen Oliver Cromwells zu kämpfen, und so bildeten sie eine eigene Truppe. Ich hätte verstehen können, wenn sie sich geweigert hätten, überhaupt Seite an Seite mit den Briten zu kämpfen. Die Greueltaten der Engländer gegen die Iren wurden lange nach Cromwell verübt. Wir alle in der »Fianna Eireann« hatten den einen oder anderen Angehörigen während des Aufstandes verloren, und meine Mutter war nur zwei Jahre mit Jack Furlong verheiratet gewesen, einem der Gefallenen des Jahres 1916. Mein eigener Vater war dabeigewesen, als das Zollamt angezündet wurde, wenn er auch später behauptete, das einzig Sinnvolle, das er während des Unabhängigkeitskrieges in Irland getan hätte, wäre das Verbrennen seiner eigenen Geburtsurkunde gewesen. In England oder Irland darf niemand, der älter ist als fünfundsechzig, arbeiten, und mein Vater hat, als er schon weit über fünfundsechzig war, noch in beiden Ländern gearbeitet.

Die Iren der Internationalen Brigade kämpften immer gern an der Seite der Basken, weil diese katholische Priester bei sich hatten, die den Verwundeten die Beichte abnahmen. Aber zu jener Zeit gab es auch Leute, die Mitglieder der Christlichen Front erschossen, und man hat mir den Vorwurf gemacht, ich leide an Gedächtnisschwund, weil ich davon nichts wußte. (Vielleicht leide ich immer noch an Gedächtnisschwund.)

1936 fing ich an, für den *Irish Democrat* Artikel über

Spanien zu schreiben, das waren die einzigen Artikel, für die ich nicht bezahlt wurde, die zu schreiben mir aber Freude machte. Alles was ich seither geschrieben habe, habe ich lediglich für Geld geschrieben.

Der erste Artikel, für den ich Geld bekam, erschien im Juniheft 1942 der Zeitschrift *The Bell*, die damals von Sean O'Faolain herausgegeben wurde. Der Artikel trug den Titel »Vor das Schwurgericht«, erschien aber unter dem Titel »Wie ich ins Jugendgefängnis kam«, und ich bekam ein paar Guineen dafür.

Sean O'Faolain und der spätere Verteidigungsminister im irisch republikanischen Kabinett, Mr. Cathal Brugha, schenkten mir darüber hinaus ein blaues Sportjackett und eine graue Flanellhose, aber zu der Zeit saß ich schon im Mountjoy-Gefängnis und hatte eine Haftstrafe von vierzehn Jahren vor mir.

Als ich vier Jahre später herauskam, schrieb ich heimlich, denn meine Mutter hatte etwas gegen meine literarischen Bemühungen.

»Gott bewahre mich vor Genies«, sagte sie immer.

Ich schickte eine Kurzgeschichte an Cyril Connolly, den Herausgeber von *Horizon*, und erhielt eine, wie ich fand, höfliche Antwort. »Die Sache ist leider nicht brauchbar, nicht einmal für *Horizon.*« Aber er schickte mir trotzdem einen Scheck.

An diesem Julitag im Jahr 1947 gab es also für niemanden einen Grund, eifersüchtig auf mich zu sein, und es wurde der Vorschlag gemacht, mir zu Ehren eine Party zu veranstalten.

Als wir auf die Straßen hinaustraten, schienen Jahre seit dem Morgen vergangen zu sein, als ich bei hellem Sonnenschein das Schiff verlassen und die Landspitze von Howth vor einem rosigen Himmel hatte liegen sehen. Es war ein schöner, milder Abend. Ich sah Dunst über der Stadt aufsteigen und wußte, daß auch morgen ein schöner Tag sein würde.

Die Party fand in der »Katakombe« statt, einer Wohnung im Kellergeschoß eines großen Hauses aus dem achtzehnten Jahrhundert, das an einem Platz aus dem achtzehnten Jahrhundert liegt. Der Mieter war ein großer, schlanker Engländer namens Cecil, ein auf seine Weise sehr liebenswürdiger Mensch, den meine Eltern sehr schätzten. Die Dame, der die »Katakombe« gehörte, hatte sie Cecil mietfrei überlassen, offenbar weil er ihr Modell stand. Jahre später bekam ich einige dieser Bilder zu sehen.

Der Literaturredakteur der *Irish Press*, M. J. MacManus, ein alter Kamerad aus der I.R.A., bat mich, für seine Zeitung eine Kolumne zu schreiben, was ich ein paar Jahre lang tat. Manchmal durfte die Kolumne nicht erscheinen, weil ich zuviel gegen die Geistlichkeit und die Politiker zu sagen hatte, denn der Besitzer der Zeitung war der Präsident von Irland, Eamon de Valera. Ich hörte, daß er die Kolumne wegen seiner schlechten Augen nicht selbst lesen konnte, sie sich aber vorlesen ließ.

M. J. MacManus indessen war ein sehr gütiger Mensch und ein guter Freund. Als er starb, kamen viele Menschen zu seinem Begräbnis, denn er war Eamon de Valeras Biograph (sein Buch erschien zum erstenmal 1944 und ist seitdem viele Male nachgedruckt worden) und der Literaturredakteur des Regierungsorgans.

An der Kirchentür traf ich Benedict Kiely, den damaligen zweiten Literaturredakteur der *Irish Press*, der außerdem ein guter Romanschriftsteller ist.

»Sie werden dich in der Kirche beobachten, Brendan«, sagte er, »denn du giltst als antiklerikal. Versuche um Christi willen, dich anständig zu benehmen. Gib ihnen keine Gelegenheit, dein Benehmen zu kritisieren.«

Ich nickte zustimmend und dankte ihm für die Warnung. Aber als ich mich in der Kirche umsah, entdeckte ich, daß der Kreuzweg von der Dame gemalt worden war, der die »Katakombe« gehörte, und daß ihr Modell für Jesus Christus Cecil gewesen war. Er war in den verschiedensten Stellungen zu sehen: Cecil von den römischen Soldaten gefangengenommen; Cecil an der Geißelsäule; Cecil, wie er den frommen Frauen begegnet; Cecil mit seiner betrübten Mutter; und schließlich: Cecil wird ans Kreuz geschlagen.

Cecil lag auf dem Kreuz wie ein hübscher junger Italiener, der ein Sonnenbad nimmt. Er ruhte sozusagen auf dem Kreuz. Ich platzte fast vor Lachen, und Kiely stieß mich in die Rippen. Schnell senkte ich den Kopf, aber meine Schultern zuckten, und ich mußte so tun, als schluchzte ich.

Cecil hatte einen Untermieter in der »Katakombe«, den sogenannten Baron. Er war ein Holländer, der den Krieg in Irland verbracht hatte, obwohl seine Familie, sehr reiche Brauer, in Holland lebte. Ich glaube, sie waren gar nicht scharf darauf, den Baron wieder bei sich zu haben.

Einmal bemerkte Cecil, daß ein elektrischer Wasserkessel aus der »Katakombe« verschwunden war, und er verdächtigte den Baron, ihn gestohlen zu haben. Er sagte ihm, wenn der Kessel nicht wiederauftauche, würde das ernste Konsequenzen haben. Der Baron hatte den Kessel aber tatsächlich nicht nur gestohlen, er hatte ihn auch versetzt und mußte warten, bis sein Monatswechsel von der Familie in Holland eintraf, bevor er ihn auslösen konnte.

»Cecil«, sagte er mit einem breiten Grinsen, »nach tage- und nächtelangem Suchen habe ich endlich deinen Kessel gefunden.«

»Du hast den Kessel gefunden«, antwortete Cecil streng, »weil du ihn zuerst gestohlen und dann versetzt hast. Ich verurteile dich zu zwei Jahren Geschirrspülen, sonst lasse ich dich abschieben.« Das war eine leere Drohung, Cecil konnte froh sein, wenn er selber nicht abgeschoben wurde. Aber der arme Baron erklärte sich mit der Strafe einverstanden, weil er nicht in sein Geburtsland zurück wollte.

In der »Katakombe« gab es fast jeden Abend irgendeine Party. Es kam ein ganzer Schwarm von Leuten, jeder brachte eine Flasche Gin, eine Flasche Whisky oder ein Dutzend Flaschen Bier mit. Es kamen Männer mit ihren Frauen, Männer mit ihren Männern und Frauen mit ihren Frauen; ein offenes Feld, und keiner wurde bevorzugt. Es war alles sehr unterhaltsam.

Auf meiner Party amüsierten sich alle. Ich heimste den Lohn für meine Abenteuer von einem Mädchen ein, das in dem alten Haus in der Etage über der »Katakombe« wohnte. Sie war mit einem berühmten englischen Künstler verheiratet gewesen und hatte sich bei Kriegsausbruch in der Tschechoslowakei aufgehalten, dort wäre sie beinahe zuerst von den Deutschen und dann von der Roten Armee besetzt worden.

John Fraser griff Lester Jeus wegen der Negerfrage an, und Edwin Lang griff Gabriel McCarthy wegen der Macht der katholischen Kirche in Irland an, und Gabriel wiederum griff John Gough wegen der Verbrechen an, die die Engländer in Irland, Indien und dem Rest der Welt begangen haben. Alle anderen hörten mit erstaunten großen Augen zu, und der unbekannte Soldat unter dem Triumphbogen an den Champs-Élysées hatte den unbesungenen Helden dieses Abends in der »Katakombe« nichts voraus.

Da ich von Natur aus ein Feigling bin und mich mit keinem anlegen wollte, außer mit dem Mädchen, das überhaupt nicht trank, schloß ich mich drei anderen Jungens und einem Mädchen an, die die betrunkenen politischen Streitereien nicht beachteten. Ich konnte hören, wie Gabriel auf Gough einschrie und wie er Fraser sagte, die gemeinsten Raufbolde in Irland seien die Protestanten.

»Ich habe noch nie von einem protestantischen Raufbold gehört«, mit diesen Worten führte ich mich ein, »alle Protestanten, die ich kenne, sind reiche Leute in Dublin.« Das Mädchen lächelte. Sie hieß Ruth, war Jüdin, und ihr Mann, der ihr gegenübersaß, war Seamus McCafferty, ein Bildhauer. Der andere Bursche hieß Mickey Brennan und sah aus wie einer, der überall gern seine Nase reinsteckt. Ich redete, was das Zeug hielt, und wir saßen bis zwei Uhr morgens beisammen. Dann war nichts mehr zu trinken da, und wir zogen uns in Macks Atelier zurück, das etwas außerhalb der Stadt lag, dort hätte er noch, sagte Mack, jede Menge zu trinken. Ich verließ meine anfangs erwähnten Freunde, die sich immer noch stritten, aber jetzt in friedlicherem Ton, und gelegentlich ein Liedchen anstimmten.

Macks Atelier befand sich im Speicher einer ehemaligen Remise aus dem achtzehnten Jahrhundert, in der Remise selbst bewahrte er Säcke mit Gips, Modelle und anderes Material auf, das er für seine Bildhauerei brauchte. Wir stiegen in den Speicher hinauf, wo wir noch einen Mann, den jüdischen Maler Ben Isaac, antrafen.

Wir bekamen Riesengläser mit Whisky in die Hand, um die Nacht gebührend zu verabschieden, und redeten, bis sich der erste Lichtstreifen am Horizont zeigte. Als Mack, seine Frau und Ben Isaac gingen, begann ich mit Mickey zu diskutieren, und da er ein Nordire aus Belfast war, sprachen wir natürlich über die beklagenswerte Tatsache, daß allen Völkern erlaubt wird, einen Unterschied zwischen Nord und Süd zu machen, nur den armen Iren nicht.

»Verdammt noch mal«, sagte ich, »wir dürfen nicht mal den Mund aufmachen, ohne daß jeder Ausländer darauf eine These über Rassendiskriminierung aufbaut.«

In Frankreich nennen die Bergleute des Pas de Calais und die normannischen Bauern ihre Landsleute im Süden sogar »les nègres«, und alle gemeinsam überhäufen Paris und seine

Bewohner mit den schlimmsten Beschimpfungen. In Italien sprechen die Mailänder und die Calabrier zwei verschiedene Sprachen, die kaum etwas miteinander zu tun haben, und sogar in England spricht der Mann von der schottischen Grenze einen Dialekt, den der Cockney nicht versteht; und dieser verachtet ihn und nennt ihn »Rübenstampfer«.

Aber niemand hat eine Grenzkommission eingesetzt, um Cannes von Caen zu trennen; es ist auch nie der Vorschlag gemacht worden, daß man zwischen Severn und Wash Grenzpfähle aufstellen und eine Grenze ziehen sollte, die in Birmingham mitten durchs Stadion liefe, auf einer Seite die Mitra, auf der anderen Krone und Rose.

Wir hörten unten in der Remise Stimmen, Ruths Stimme, die zuerst leise sprach, dann lauter wurde, und die von Zeit zu Zeit von Bens rauher Stimme unterbrochen wurde. Dann hörten wir sie weinen. Mickey sah mich an, und ich sah ihn an. Zuerst wollte er etwas sagen, dann überlegte er sich's und lauschte weiter.

»Laß nur«, sagte Isaac, »man hat in deinem Sack Benjamins Becher versteckt.«

Mickey Brennan war wie der Blitz an der Tür. »Bei Gott, das ist bestimmt ein besonders jüdisches Getränk, Benjamins Becher, das haben sie unten in einem der Gipssäcke versteckt.«

Ja, dachte ich bei mir, und du wirst bestimmt deine Nase da reinstecken. Und so war es auch. Sobald Ruth und Ben nach oben gekommen waren, schlüpfte er nach unten und fing an, alle Gipssäcke auszukippen, um Benjamins Becher zu suchen. Er wußte nicht, daß es nur eine jüdische Redensart ist, die bedeutet, daß jemand einen anderen reingelegt hat, und ich dachte nicht daran, es ihm zu sagen.

Am Abend darauf fragten mich Mack und Ruth, ob ich Lust hätte, mit ihnen das französische Ballett anzusehen. Nun habe ich meine eigenen feststehenden Ansichten über Ballett. Ich betrachte es nicht als eine Kunstform. Ich finde es nett, die Mädchen rumhüpfen zu sehen und so, aber den tieferen Sinn kann ich nicht einsehen. An diesem Abend gab es auch nur noch Karten für die Galerie, und vor der Galerie habe ich eine Höllenangst, weil mir leicht schwindlig wird.

In einem Ballett habe ich einmal einen Schwarm französischer Jungens gesehen, die als Matrosen verkleidet waren, mit kleinen Pompons auf den Mützen. Und ihre Hosen waren so eng, daß ich mir wegen ihres physischen Wohlbefindens Sorgen machte. Als sie anfingen zu tanzen, war das zuviel für einen zarten Jüngling meines Alters.

»Es lebe die Sodomie!« rief ich, und zu Ehren dieser armen Kerle, die sich da abklemmten, zog ich mich an die Bar zurück und genehmigte mir einen.

Am nächsten Morgen fühlte ich mich nicht wohl, aber im Sommer vergeht alles schnell, und bevor der Abend um war, war ich wieder in der »Katakombe«. Nun hatte diese Gegend von Dublin keinen sehr guten Ruf, und einige Alte verdächtigten uns sogar, dort Drogen zu nehmen. Aber das war nicht der Fall. Vielleicht hat ein- oder zweimal ein amerikanischer Student etwas aus einem Hospital mitgehen lassen, aber was immer es auch war, gewöhnlich wurde es in Whisky oder Gin ertränkt. Der arme alte Drogensüchtige hatte kaum eine Chance.

Die »Katakomben« konnten manchmal ziemlich gefährlich sein, aber aus einem anderen Grund. Cecil wußte nicht immer genau, wen er mitbrachte, und ein paar junge Kriminelle – ich weiß nicht, ob ich sie heute für krimineller halten würde als den Rest von uns, aber sie waren Kriminelle im Sinne des Gesetzes – wurden rabiat, wenn sie ein paar Glas intus hatten. Aber da waren sie an die Falschen geraten, wir waren durchaus in der Lage, mit ihnen fertig zu werden.

Cecil gab schließlich die Wohnung auf und ging nach England, wo er in Welwyn Garden City eine Kneipe hatte; er lud meinen Vater und meine Mutter oft dorthin ein und bewirtete sie großzügig. Er war ein guter Kerl, aber wir haben inzwischen die Verbindung zu ihm verloren.

Es gab zwei Arten von offiziellen Bordellen in Dublin, und ich pflegte beide zu besuchen, aber nicht zu dem offiziellen Zweck. Es waren für mich einfach Lokale, die bis drei oder vier Uhr morgens auf waren und wo man noch so spät etwas zu trinken kriegen konnte. Das eine Etablissement hieß »Smoky Jack's«, das andere war als »Zur Hure Mary« bekannt. In der »Hure Mary« traf ich Sheila wieder. Immer noch schlank und leicht wie eine Feder kam sie aus einer Ecke auf mich zugeschossen.

»Hast du so was schon mal gesehen?« sagte sie. Ich glaubte, sie höbe den Rock, und wollte gerade ja sagen, da zog sie eine Hundertpfundnote aus dem Höschen. Ich hatte tatsächlich nie zuvor eine gesehen, aber je länger ich sie betrachtete, desto sicherer war ich, daß es wirklich eine Hundertpfundnote war. Es stand nicht nur darauf, auf der Rückseite war auch das Zollamt abgebildet.

Irische Banknoten haben auf der Rückseite Abbildungen von den Skulpturen, die das Zollamt auf allen Seiten schmücken. Soviel ich weiß, stellen sie die Flüsse Irlands dar. Diese Flüsse sind als verehrungswürdige Häupter von Greisen dargestellt.

Der alte Mann, der auf der Zehnschillingnote den Fluß Blackwater vertritt, macht ein gleichgültiges Gesicht. Auf der Pfundnote ist der Fluß Lee in Cork, und der lächelt ganz leise, während der Fluß Lagan in Belfast auf der Fünfpfundnote schon richtig lächelt. Dann kommt die Zehnpfundnote mit dem Fluß Shannon; da lacht der Alte. Die Zwanzigpfundnote ist der Fluß Liffey, der lacht sich krank, während der Fluß Corrib in Galway auf der Fünfzigpfundnote vor Lachen beinahe platzt. Auf der Hundertpfundnote ist das Zollamt ganz allein auf der Rückseite abgebildet.

»Ja, bestimmt«, sagte ich überzeugt, »das ist eine Hundertpfundnote.«

»Ist sie echt?« sagte sie ernst.

»Natürlich ist sie echt. Warum denn nicht?«

»Jemand hat auf die Rückseite ›Nicht im Zahlungsverkehr verwendbar‹ gedruckt.« Tatsächlich stand es dort.

»Oh«, sagte ich, »wahrscheinlich hat da irgendein Schlaumeier mit einem Kinderdruckkasten rumgespielt.«

Sie sagte mir, ich sei wirklich intelligent und so, und fragte mich, ob ich ihr den Schein wechseln wolle. Schlauerweise erklärte sie sich damit einverstanden, daß ich so viel in kleineren Scheinen dafür nehmen sollte, wie ich kriegen konnte und für meine Mühe einen Zehner behielt. Wir verabredeten uns für den folgenden Abend, und als wäre der Teufel hinter mir her, war ich draußen und auf dem Weg zu einem Freund, von dem ich wußte, daß er ein Bankkonto besaß. Ich hatte solche Angst, in dieser Sache reingelegt zu werden, daß ich die ganze Nacht bei ihm blieb. Das Warten machte mich fast verrückt.

Kurz und gut, wir waren am Morgen die ersten in der Bank, denn ich hatte dem Mann gesagt, es bringe Unglück, wegen Geld in einer Schlange anzustehen. Die Hundertpfundnote wurde mit ein paar anderen Scheinen durch den Schalter geschoben, um auf das Konto gutgeschrieben zu werden, und dann wurde ein Scheck über hundert Pfund abgehoben. Das Geld sollte in Zehnern und Fünfern ausgezahlt werden.

Draußen schien die Sonne hoch vom Himmel. »Ich geb' dir siebzig Pfund«, sagte er.

»Das denkst du, du Arschloch«, sagte ich, denn meine Nerven hatten wirklich gelitten. »Gib mir neunzig Pfund«, sagte ich, »so schnell wirst du nie wieder zehn Pfund verdienen.«

Als ich Sheila traf, gab ich ihr siebzig Pfund, und um meinen Zehner hätte ich mir keine Sorgen zu machen brauchen. Den gab sie mir obendrein. Ich möchte hier festhalten, daß dies das einzige Mal war, daß ich in finanziellen Dingen Scharfsinn gezeigt habe. Aber aus einem Puff Geld herauszuschlagen, das habe ich schon in frühen Jahren begonnen, und zwar auf folgende Weise.

Wir waren zu Hause sehr arm. Nicht so arm allerdings wie manche amerikanischen und englischen Familien, daß unser Vater uns an vier Abenden der Woche vorgelesen hätte, weil er kein Geld für Bier hatte, oder daß unsere Mutter uns vorgesungen hätte. Aber doch so arm, daß ich die ersten acht Jahre meines Lebens in einem Hinterzimmer verbrachte.

Im Vorderzimmer, das von uns durch eine Falttür getrennt war, war ein Puff. Es war Gott weiß, kein toller Puff, aber die Einwohner amüsierten sich oder taten wenigstens so. Ich glaube, es wurde mehr getrunken als sonst was; es war eher eine *shebeen* als ein *kip*. *Kip* ist das Dubliner Wort für Puff, *shebeen* ist das gälische Wort für einen Ort, wo man nach der Polizeistunde noch etwas zu trinken bekommt.

Eines der Mädchen, Winnie Flanagan aus Sligo, stand meistens morgens, wenn wir zur Schule gingen, an der Haustür; wir hatten bald raus, daß dies so ihre Gewohnheit war. Sie stand da mit ihrem Freier, meist einem Dubliner Kleinbürger, der es eilig hatte, aus unserem Viertel wegzukommen. Unser Stadtteil ist nicht das angesehenste Viertel von Dublin, aber es ist in der Literatur das bekannteste, es ist Joyces »Night Town«. Winnie bat ihren Freier immer, mich auf der anderen Straßenseite ein Päckchen Zigaretten holen zu lassen.

Dann fummelte der Freier in seiner Tasche rum und zog vielleicht eine halbe Krone heraus, die er mir reichte. Wenn ich mit den Stäbchen zurückkam und dem Kerl das Wechselgeld hinhielt, sagte sie immer: »Laß dem Jungen das Geld fürs Holen.«

Die einzige Schläue, die ich in dieser Sache bewies: Ich hatte dafür zu sorgen, daß ich immer rechtzeitig an der Tür war.

Am nächsten Tag deutete meine Mutter vorsichtig an, daß ich mir doch eine Arbeit suchen könnte, und um weiteren Ermahnungen zu entgehen, ging ich und murmelte dabei etwas vom Gewerkschaftshaus.

Ohne mir etwas Böses zu denken, schaute ich bei Davy Byrnes Kneipe vorbei, wo es hoch herging. Lester Jeus war da und verkündete allen Anwesenden, daß er mit Frau und Kind nach Paris führe und daß Edwin Lang mitkäme.

Während ich nach Hause eilte, um meinen Paß zu holen, überlegte ich mir, daß ein Ausflug nach Paris meiner Gesundheit guttun würde. Ich hatte aber keineswegs vor, diese Tatsache meiner Alten zu eröffnen.

Als ich drei Stunden später am North Wall an Bord der Fähre stolperte, stand Gabriel an der Gangway, um mir zu sagen, daß die anderen sich schon an der Bar versammelt hätten, und wir feierten von Holyhead nach London und zurück nach Newhaven, wo wir das Kanalschiff nehmen wollten. Wir waren so in Stimmung, daß ich dem Offizier der Einwanderungsbehörde meinen Paß – obwohl er auf den Namen Francis Behan ausgestellt war – mit der Bemerkung reichte, da ich ja England verließe, müßte er eigentlich Auswanderungsoffizier heißen. Der Ausweisungsbescheid, der gegen mich vorlag, machte mir überhaupt keine Sorgen. Ich ging mit meinen Freunden durch den Zoll, und während wir über den Kanal geschaukelt wurden, sah ich die weißen Klippen der englischen Küste immer kleiner werden.

In Dieppe kroch ich an der Gâre Maritime unter dem Schiffszug hindurch, der dort frei auf der Straße steht, und schlüpfte zu einem Weinhaus hinüber, wo ich etwas Käse und einen Schluck *vin rouge* zu mir nahm. Der Laden gehörte einem Mann aus Limerick und hieß die BBC-Weinstube. Eh die andern sich versehen hatten, war ich wieder im Zug. Ein paar Stunden später erreichte der Schnellzug Dieppe–Paris, nachdem er unterwegs ein paar dutzend Mal angehalten hatte, den Bahnhof Saint-Lazare.

Man sagte uns, daß Busse knapp seien, weil die Deutschen bei ihrem Rückzug im Jahre 1944 viele mitgenommen hätten. Nach der Länge der Zeit zu urteilen, die wir brauchten, um mit dem Bus nach Saint-Germain des Prés zu kommen, hatten sie noch keinen zurückgegeben. Aber als ich den Fahrplan am Laternenpfahl betrachtete, hatte ich das Gefühl, daß man einem Gefährt, das regelmäßig zu solchen Orten wie St.-Germain des Prés, Louvre und Pont du Carrousel fährt, viel verzeihen kann.

Wir kamen alle in einem kleinen Hotel in St.-Germain des Prés am linken oder Südufer der Seine unter. Dieses Viertel ist für die Nachkriegsintellektuellen, echt oder unecht, was Montmartre für den Künstler in Picassos Jugend vor dem Ersten Weltkrieg war, und als ein Refugium der Sünder hat es Mont-Parnasse abgelöst, das Jagdrevier von Hemingway und Scott Fitzgerald in den zwanziger Jahren.

Kurz nach der Befreiung wurde es als Stammquartier von Jean-Paul Sartre berüchtigt. Er bewohnte eine Etage an der Ecke der Rue Napoléon, und die benachbarten Lokale, die »Deux Magots« und das »Café de Flore« wurden die Zwillingskathedrale des Existentialismus, dessen Hohepriester er ist.

Was den Existentialismus betrifft, so hat Cecil ffrench Salkeld, der Vater meiner ersten Frau, ihn als die Lehre definiert, die den Menschen als die »Schildwache des Nichts« bezeichnet.

Und er dient als eine ebenso gute Entschuldigung wie jede andere auch, alles zu klauen, was nicht niet- und nagelfest ist. Das hat Monsieur Jean Genet zu seinem eigenen großen Vorteil bewiesen. Der Mann war viele Jahre lang Einbrecher und gleichzeitig Dichter. Er wurde viele Male wegen Einbruchs festgenommen und weigerte sich immer, das Gericht anzuerkennen. Wie Marlowe, der alle Einwände dagegen, daß er zu Hause englische Münzen herstellte, mit dem Argument abwies, er sei ebenso berechtigt, Geld zu prägen wie die Königin von England, sagte Monsieur Genet vor Gericht, er habe als Existentialist gestohlen, und es sei gegen sein Gewissen, die Finger bei sich zu behalten.

In einem weniger zivilisierten Land hätte man ihn mit der Produktion von Postsäcken beschäftigt, vier Stiche auf einen

Zoll. Aber Sartre und andere Schriftsteller setzten sich dafür ein, daß man den Jungen in Ruhe ließ. Er ist heute ein berühmter französischer Schriftsteller, der seinem Land Ehre macht, und er besitzt ein Gut auf dem Land. Er hat es nicht mehr nötig zu stehlen und lebt von den Erträgen seiner Bücher.

Ich ließ mir Stücke aus seiner Autobiographie vorlesen, bei einigen stand mir das Haar zu Berge. Und – wie meine Mutter einmal bemerkte: das, was Brendan Behan einen Schock versetzt, würde Tausende graue Haare kriegen lassen.

Oscar Wilde starb in einem Hotel in unserer Straße, in der Rue d'Alsace, und man sagt, daß ein Priester der Kirche St.-Germain des Prés ihm auf seinem Totenbett beistand. Ich habe ihm später ein Gedicht gewidmet.

Dann gab es da noch einen Bonapartisten, der in seinem langen Rock und Zweispitz jeden Tag den Boulevard entlangmarschierte, die Hand am Degen, um auch die kleinste Beleidigung seines Kaisers zu rächen. Wir hörten später, daß er ein Kollaborateur gewesen war und ins Gefängnis kam.

Die Atmosphäre um Quartier Latin war damals einmalig. Niemand kümmerte sich einen Dreck darum, welche Beziehungen man hatte, für wen man kämpfte oder warum man kämpfte. Alles, was sie interessierte, war etwas zu trinken, etwas zu rauchen und *das*, Armeen oder Waffen waren völlig uninteressant.

Eines Abends war ich mit Samuel Beckett und seiner Cousine zusammen, einem jüdischen Mädchen aus Dublin. Samuel Beckett war in der Resistance gewesen, und er stellte seine Cousine vielen seiner Freunde vor, Franzosen und anderen, die in der Resistance gewesen waren. Wir fingen in einer Bar am Montparnasse an und landeten fast einen Tag später irgendwo am Pont Royal, und trotz so vieler Vorstellungen hatte ich die ganze Zeit das kleine jüdische Mädchen für mich. Und das aus folgendem Grund. Jedesmal, wenn Sam sie einem seiner Landsleute vorstellte, schlug ich die Hacken zusammen, sie hörte das Klicken und nahm an, der unschuldige Kerl wäre ein ehemaliger SS-Mann, und weigerte sich, mit ihm zu sprechen. Und dabei hatte das arme Schwein wahrscheinlich ein paar Jahre in Ravensbrück oder Belsen oder so einem gottverlassenen Loch zugebracht.

In der Nähe unseres Hotels, in der Rue Dauphine, befand sich die Stelle, wo Jeus die C.A.R.E.-Pakete für seinen kleinen

Sohn abholte. C.A.R.E. ist eine Organisation, durch welche die Amerikaner andere Amerikaner in Europa mit Lebensmitteln versorgen. Das Paket für Jeus enthielt Olivenöl und verschiedene Kindernahrungsmittel, die der Vater von Jeus irrtümlicherweise für seinen kleinen Enkel schickte. Jeus aber verkaufte die Pakete und bekam meist zweitausend Franc dafür.

In der Rue Dauphine wohnte auch der alte Raymond Duncan, der eine Akademie für griechische Kunst leitete. Ich beobachtete ihn oft in der Mitte seiner Jünger, älterer Damen und Herren, die in Leintücher und Sandalen gekleidet waren – ein Kostüm, das der Kleidung der alten Griechen ebensowenig glich wie die Uniform des Fintan Lalor-Spielmannszugs den Kleidern von Brian Boru. Sie marschierten in feierlichem Zug heran, um die Morgenröte am Ende unserer Straße zu begrüßen.

Ein wenig weiter oben bei der Métro-Station Odéon lag das Restaurant »Pergola«, in dem sich oft ein alter Chinese oder so ähnlich aufhielt, der sich auf ein bestimmtes Gebiet der englischen Literatur spezialisiert hatte, und das war eine zweisprachige Warenliste der Firma Messrs. Whiteley aus London. Er las uns stundenlang daraus vor, damit wir lernten, was »dreiteilige Polstergarnitur – zwanzig Pfund zehn« oder »Doppelbett in Eiche – elf Pfund zehn« – »Matratze, beste Kapokfüllung extra« auf chinesisch hieß.

Jeus taufte ihn Gott Vater, und dem war er wirklich ähnlich. Wir wagten uns nicht von der Stelle zu rühren, bis nicht das letzte Gerstenkornhandtuch abgehandelt war, denn er war ein sehr kultivierter Mann, und neben seinen literarischen Kenntnissen war er ein Experte in Jiu-Jitsu.

Wir waren noch nicht lange in Paris, als es Sommer wurde und man sich nach einem Hauch Seeluft sehnte. Jeus und ich saßen in der Studio-Bar und versuchten mit sehr wenig Geld unseren Kater zu kurieren. Der Wirt, Pierre Kharlamoff, war ein anständiger Kerl, aber er konnte uns nicht helfen, denn der Besitzer der Kneipe stand hinter der Theke und prüfte die Kasse. Das äußerste, was unser freundlicher Wirt tun konnte, war, uns zweihundert Francs zuzuschieben, damit wir die Straße weiter rauf in der »Pergola« einen kleinen Pastis trinken konnten.

Aber die Kur war schlimmer als die Krankheit. Ich erwartete Mitglieder einer »National-irischen Bußwallfahrt nach Lourdes«, und Jeus wartete auf das C.A.R.E.-Paket für seinen kleinen Sohn. Beide waren um diese Zeit fällig. Die Pilger waren die Ursache für unseren Kater, am Abend zuvor waren wir mit ihnen auf einer tollen Sauftour gewesen. Einer der büßenden Pilger hatte es so ausgedrückt: sobald sie in Lourdes ankämen, würde die Buße richtig anfangen, aber vorher müßten sie noch für einen Grund zum Büßen sorgen.

Nachdem Jeus eine halbe Stunde gewartet hatte, war seine Hoffnung auf das Paket stark gesunken, und ich betete inniger und verzweifelter darum, daß die Schritte der Pilger zur Studio-Bar gelenkt werden möchten, bevor wir unserer Depression erlagen, das Angebot des Wirts annahmen und mit seinem Geld eine Flasche Calvados kauften.

Mitten in unserer Not kam ein großer Mann herein und begann, neben unserem Tisch auf und ab zu gehen. Ein paarmal blickte er zu uns hin und lächelte schüchtern.

»Bei den Zähnen Gottes«, murmelte Jeus gereizt, »warum geht der Kerl nicht weg?«

Natürlich hatte er das gleiche Recht wie wir, da zu sein, aber ich wurde auch langsam nervös. Als er wieder zu uns herüberschaute, sagte ich: »He, du da, pore tront frank donnery mooah une image.« Das war meine einfache Übersetzung der Bemerkung, mit der man in Lancashire einen abweist, der einen anstarrt: »He, Schätzchen, für 'nen Zehner kannst du 'n Photo von mir haben.«

Ein erstickter Laut kam aus seiner Kehle, und er machte traurige Augen wie King Kong. »Urm . . . sorry, aber ik tu nit späk Franzsch.«

Nun, das haben wir wenigstens gemeinsam, dachte ich, aber Jeus rief den Kellner und verlangte, er solle den Mann wegschicken, weil er ihm den Nerv tötete, und seine Nerven wären schon durch die Gastfreundschaft der Bußwallfahrer arg strapaziert.

»Ah, der arme Mann. M'sieu Jeus, er spricht nicht Französisch.«

»Nun, unten in der Straße gibt es eine Berlitz-Schule, warum geht er da nicht hin?«

»Vielleicht tut er das noch. Er hat gerade in der Loterie Nationale gewonnen und hat keinen, der mit ihm feiert.« Pierre seufzte: »Der Arme.«

»Er hat in der Loterie Nationale gewonnen? Und Sie lassen

zu, daß er einsam umherwandert, ohne Freund oder Bruder, der seine Freude teilen kann? Schämen Sie sich, Pierre«, sagte Jeus mit der edlen Entrüstung eines Brutus. »Setz dich sofort hin, mein guter Mann. Du bist jetzt unter Freunden«, rief er dem großen Kerl zu. Der kam sofort und setzte sich mit einem breiten, eifrigen Lächeln zwischen uns.

»Isch Schweed«, sagte der große Bursche.

»Ganz egal«, sagte ich, »das geht nur dich was an, solange du dich nicht in anderer Leute Sachen einmischst.«

»Wir lassen dich nicht im Stich«, sagte Jeus, »keine Sorge.«

»Hab keine Angst«, stimmte ich bei.

»Drei Flaschen Champagner«, sagte Jeus. »Pierre!« brüllte er wie ein Feldwebel der übelsten Sorte.

Pierre, froh, schon um zehn Uhr morgens ein so gutes Geschäft zu machen, kam strahlend herbei, unser Freund zog eine Zehntausend-Francs-Note heraus, und los ging's. Um zwölf Uhr waren Jeus und ich kuriert, der große Kerl war bester Laune, und wir beschlossen, in die Brasserie Lipp zu gehen und dort etwas zu essen.

Auf dem Boulevard St.-Germain traf ich ein paar von den büßenden Pilgern, die mir zuriefen: »Ah, da bist du ja, Brendan, Junge!«

»Hinweg von mir, ihr Heuchler«, sagte ich würdevoll und ging meines Weges. Aber dann kam mir ein Gedanke. Diese Pilger würden es unterwegs gar nicht so schlecht haben, ich wußte aus Erfahrung vom gestrigen Abend, daß niemand so vögelt wie ein Pilger auf dem Weg nach Lourdes. Wahrscheinlich glaubt er, daß er nie mehr zurückkehren wird. Und die letzte Leidenschaft ist die stärkste.

Ich sprach mit Jeus darüber, und ehe wir uns versehen hatten, waren wir Teilnehmer der Bußwallfahrt nach Lourdes und trugen ein großes hölzernes Kreuz, an dem man leicht zwei Menschen normaler Größe hätte kreuzigen können, vom Café des Deux Magots auf dem Boulevard St.-Germain nach Chartres. An einem schönen Sommermorgen machten wir uns, Jeus und ich, mit Hunderten von anderen Künstlern und angeblichen Künstlern aller Schattierungen auf den Weg. Jeus trug das Kreuz fünf Meter weit und reichte es dann einem Holländer.

»Ich bin nicht würdig«, sagte er. »Du solltest dieses Kreuz tragen und von dem Kerl zweitausend Francs für deine Mühe verlangen.«

Wir stiegen unterwegs in Rambouillet, das, wie ich gehört habe, die Sommerresidenz des französischen Präsidenten ist, aus dem Zug. Ein junger Angestellter des Reisebüros führte uns zu dem Café, wo das Mittagessen für die Pilger bereitstand.

Unsere bescheidene Erklärung, daß wir die Vorhut der Pilger seien, brachte den Wirt persönlich und seine gesamte *entourage* herbei, und das Beste zu essen und zu trinken wurde aufgetischt. Daraufhin entschlossen wir uns, den Rest der Reise per Autostop zurückzulegen. Hier und da wollten wir Pause machen, essen und trinken, was für die Pilger bestimmt war.

Britische Touristen halten manchmal an, amerikanische selten, Frauen und Geistliche nie. Meist hatten wir Glück mit einem Lastwagen. Der Fahrer stieg aus und sah sich uns an, und wenn er hörte, daß wir zur Schar der fröhlichen Pilger gehörten, nahm er uns gern mit. Schließlich erreichten wir die Kathedrale von Chartres, die unter anderem wegen ihrer Fenster bekannt ist, aber die bunten Glasbilder sind so hoch oben, daß ich nicht viel darüber sagen kann. Die Kathedrale von Chartres ragt seit den ersten Zeiten des Glaubens machtvoll empor, sie wurde von einer Schar von Bildhauern ausgeschmückt, die keinen Lohn für ihre Arbeit erhielten, die sich selbst, ihren Geist und ihre körperliche Kraft, in den Dienst Gottes stellten.

Jeus und ich gingen auf dem Friedhof umher und bemerkten nicht, wie die Pilger mit ihrem riesigen Kreuz eintrafen. Wir mußten uns schnell hinter dem Grab eines Erzbischofs verstekken. Aber noch war nicht alles verloren. Als sie das Friedhofstor durchschritten, entriß ich dem stolzen Kreuzträger das Kreuz und trug es zum Altar. Und für meine frommen Bemühungen traktierte die »Nationale Bußwallfahrt« mich und Jeus an diesem Abend mit vielen Litern *vin rouge* eines guten Jahrgangs.

Am nächsten Morgen nahm uns der Korrespondent einer Londoner Zeitung, der in Chartres war, um über die Vorgänge des Vortags zu berichten, mit nach Paris zurück. Er erzählte uns, daß er im Hotel Trianon wohne, und lud uns ein, einen mit ihm zu trinken. Ich glaube, er wohnte dort nur, weil er ein großes Spesenkonto besaß und die Rechnung dort in einer Kolumne erwähnen konnte.

Er machte uns mit einem Engländer bekannt – später stellte

sich heraus, daß dieser ein Betrüger war –, der über einen Fundus phantastischer Geschichten verfügte. An eine davon erinnere ich mich noch genau.

Ich verstehe nicht viel von Finanzen, aber damals hielt man es offenbar für günstig, Gold nach Frankreich einzuführen. Ein Mann kam in Paris mit einem goldenen Stiefel an. Als er aus dem Flugzeug stieg, bemerkte unglücklicherweise einer der Zollbeamten, daß er etwas hinkte und bot ihm einen Stuhl an, damit er sich setzen konnte, bis er an der Reihe war. Dieser Mann wurde so nervös, daß er schließlich in Ohnmacht fiel. Sie lockerten ihm Schlips und Schnürriemen und stellten dabei überrascht fest, daß der eine Schuh aus Gold war.

Als wir an diesem Abend ins Hotel zurückkamen, fing Jessica, Jeus Frau, wütend an, Morsebotschaften auf den Tisch zu klopfen. Ich dachte, es ist besser, beschimpft als ignoriert zu werden, und ging zu Bett.

Wir blieben vier Monate in Paris. An unserem letzten Tag schickten wir Jeus los, um fürs Frühstück einzukaufen. Es bestand immer aus einem Liter *vin rouge,* einem langen französischen knusprigen Brot und einer Schachtel Camembert, der an der Straßenecke für fünfundzwanzig Francs verkauft wurde, weil er überreif war. Die Franzosen essen, entgegen allgemeinen Vorstellungen, nicht gern überreifen Käse.

Erst nach einer Stunde kam Jeus zurück, sauber und angenehm duftend, aber ohne Wein, ohne Brot und Käse, statt dessen hatte er George, einen Ungarn, mitgebracht.

»Verdammt noch mal, wo ist unser Frühstück?« fragte ich gereizt.

»Ich hatte das Gefühl, daß ich dringend ein Bad brauchte«, sagte Jeus, »und danach hat es fürs Frühstück nicht mehr gereicht.«

»So nötig hattest du das Bad auch nicht, du Schwein«, sagte Gabriel, aber Jessica zuckte nur die Schultern.

»Badet ihr denn nie?« knurrte Jeus und fletschte die Zähne wie ein Hund auf der Hundeausstellung.

»Nein«, sagte ich, »nur schmutzige Leute müssen sich waschen. Es ist wie mit dem Sakrament der Buße. Wenn ich in Irland gefragt werde, ob ich kürzlich zur Beichte gewesen bin, gebe ich immer zur Antwort: nein, das ist nur etwas für Sünder.«

Ein- oder zweimal war ich in der Hitze des Pariser Sommers

für zwei Schilling in die Piscine gegangen, das ist eine Art schwimmende Badeanstalt auf der Seine. Aber nur für eine Stunde. Sie kontrollieren die Zeit mittels farbiger Eintrittskarten, und wenn sie ausrufen, die Zeit für die gelben Eintrittskarten oder für die blauen, sei abgelaufen, so hat es keinen Zweck, wenn man so tut, als wisse man nicht, was »jaune« oder »bleu« bedeutet. Man kann auch nicht dableiben und am Ende nachzahlen – wie wenn man mit einem Dritter-Klasse-Metro-Fahrschein in der ersten Klasse fährt. Wenn der Aufseher einen schnappt, macht er sich nicht erst die Mühe, die Unehrlichkeit eines Vertreters der menschlichen Rasse zu beklagen. Er hält die Hand auf, und man zahlt zehn Francs Strafe.

Gabriel und ich fanden diese amerikanische Sucht, sich zu waschen, übertrieben. Aber dann überraschte uns George: Er lud uns alle in die Studio-Bar zum Frühstück ein, aber vorher machte er mir einen Vorschlag. »Würdest du wohl in einem Bordell arbeiten?«

Damals hatte ich noch alle Zähne und wog 140 Pfund.

»Sicher«, sagte ich, »wenn's leichtverdientes Geld ist.«

»Während der Woche hast du alte Frauen zu befriedigen, und am Wochenende wirst du von alten Männern befriedigt.«

»Vielen Dank«, sagte ich höflich, denn ich wollte seine Gefühle nicht beleidigen. Jeder Krüppel hat seine Art zu gehen. »Aber dieser Vorschlag sagt mir nicht zu.«

»Und wie wär's mit mir?« warf Edwin Lang ein.

»O nein«, sagte George, »du bist zu häßlich.« Ich glaubte, Edwin würde sich was antun, denn er schien sehr stolz auf seine äußere Erscheinung zu sein. Er drehte den Kopf zur Wand und schmollte.

»Hängt unser Frühstück davon ab, ob ich in diesem deinem Puff mit Koedukation arbeite?« fragte ich, denn meine Prinzipien halten selten stand, wenn ich hungrig bin.

»Aber nein«, sagte George.

Aber Edwin war sehr beleidigt und sagte, wir sollten nur frühstücken gehen, er führe allein zurück nach Irland. Ich dachte, er würde sich's noch überlegen, aber er kam uns nicht nach. So sagte ich mir, wer nicht will, der hat schon; wir gingen also ohne ihn.

Während des Frühstücks erklärte uns George, daß eine seiner Nebenbeschäftigungen Schreiben von Pornographie sei, und wenn ich es nötig hätte, könnte er mir gelegentlich den einen oder anderen Artikel verschaffen. Ich bedankte mich sehr, denn ich wußte, daß ich nach Frankreich zurückkommen würde, es war mir sehr ans Herz gewachsen, und ich hatte das Gefühl, daß auch hier meine Heimat war.

Schließlich wird das Quartier Latin auf der einen Seite von der Rue de Bac begrenzt, im Nordwesten vom Fluß und im Südosten von der Rue des Irlandais mit dem Irischen College, das hinter dem Pantheon liegt. Dort hat Wolfe Tone* mit hundert Guineen und einem harten Schädel die Befreiung eines Volkes und den Sturz eines Imperiums geplant, dort haben die Studenten ihre schwarzen Schirmmützen geschwenkt und John Mitchel** zugejubelt, und der alte Republikaner aus Ulster, Sohn eines unitarischen Geistlichen, hat sich bei dieser herzlichen papistischen Begrüßung die Tränen aus den Augen gewischt.

»Ihr denkt immer nur an Irland«, sagte Jeus. »Ihr bezieht alles immer nur auf euch.«

Sogar die Französische Revolution – und wer hätte ein größeres Recht darauf? Denn ein Ire führte die Leute zum Sturm auf die Bastille. Er war ein Schuster aus Wexford und hieß Kavanagh.

Weihnachten war ich zu Hause und ging mit meiner Mutter die ältesten Mitglieder der Familie besuchen. Wir tranken selbstgebrannten Schnaps, und alles war gut und schön, aber ich machte mir Gedanken darüber, was ich im Namen unserer heiligen und geliebten Gläubiger tun sollte, um an Geld zu kommen. Ich hatte mich in Frankreich herumgetrieben, hatte mich hier und dort amüsiert, und dabei war alles draufgegangen.

Am nächsten Morgen fühlte ich mich wie eine Leiche, der man ein christliches Begräbnis verweigert hat. Aber dann hatte ich Glück beim Hunderennen, wo ich auf Rat eines Fachmannes auf zwei Sieger gesetzt hatte, und konnte mich wieder auf den Truthahnbraten zu Hause freuen. In meiner Kindheit haben wir immer herrliche Weihnachten gefeiert. Es gab zwar keinen Truthahn, aber wir waren jung, und fröhlicher als bei uns konnte es gar nicht zugehen. Aber wenn man in die Jahre kommt, ist ein Stückchen Puter eine leichte und sehr

* (1763–1798) irischer Republikaner

** (1815–1875) irischer Nationalist und protestantisches Mitglied der ›Young Ireland Party‹

nahrhafte Speise und zu Weihnachten eine recht erfreuliche und angenehme Sache. Als ich nach dem Truthahnessen wieder auf die Straße kam und da nur Leute traf, die stöhnten und ächzten und sich fragten, wie sie den Januar überstehen sollten, nachdem sie sich schon gegenseitig gefragt hatten, wie man Weihnachten überstanden hätte, da fühlte ich mich großartig.

Damals schrieb ich mein erstes Stück für das Barnes-und-McCormack-Gedächtniskonzert, das im folgenden Monat im Queens Theatre stattfinden sollte. Das Stück hatte den ironischen Titel »Gretna Green« und basierte auf der Hinrichtung von zwei unschuldigen I.R.A.-Leuten, Barnes und McCormack, die an dem Bombenanschlag in Coventry im Jahre 1939 beteiligt gewesen sein sollten. Bei diesem Anschlag waren fünf Menschen getötet worden.

Als ich eines Abends einen sitzen hatte, hatte ich mich bereit erklärt, selbst mitzuspielen, aber die Proben machten mich ganz fertig, und ich sagte Sean Mooney, dem Regisseur, der das später auch beim Abbey-Theater war und viel Ehre und Anerkennung erntete, daß ich Schriftsteller sei und nicht Schauspieler. Ich wohnte der Aufführung hinter der Bühne bei, und – Jesus, Maria und Joseph – man vergißt das Ganze am besten.

Am neunten Februar wurde ich fünfundzwanzig, und nachdem ich ebenso viele Wochen gebraucht hatte, um mich von den Festivitäten zu erholen, die zwischen Neujahr und meinem Geburtstag liegen, machte meine Mutter wieder den sanften Vorschlag, ich sollte doch zur Gewerkschaft gehen und mich nach Arbeit umsehen.

Jetzt wird das Laub schon fahler,
Das Licht wird trüb und matt,
Der Maler kratzt den Farbtopf aus –
Und streicht den Pinsel glatt.

Ein altes Sprichwort sagt: »Deck mich zu bis zum ersten März«, aber ich konnte machen, was ich wollte, es war Zeit, aus der Deckung herauszukommen.

Ich ging zur Gewerkschaft der Anstreicher, nahm mir aber die Zeit, unterwegs im »Irish House« vorbeizuschauen, um ein paar Worte mit Cathal zu wechseln, die meine Nerven beruhigten und mich geneigter machten, eine regelmäßige Arbeit anzunehmen. Der Sekretär oder Delegierte gab mir eine Karte und schickte mich zu einer Anstreicherfirma in Stephen's Green. Als ich dort eintraf, sah der Meister mich an. »O Heiland«, sagte er, »du bist das.«

Nun muß ich zugeben, daß meine wahren Talente, obgleich ich einen gewissen Ehrgeiz entwickelt habe, was künstliche Maserung, Schrift und Marmorierung betrifft, doch nicht im Anstreichen liegen. Mein Vater und meine Großväter waren Anstreicher, und bei einer Ausstellung bei Patrick Swift's stellte Victor Waddington fest, daß von allen Anwesenden mein Vater der einzige Anstreicher mit einer Gewerkschaftskarte sei. Meine Großmutter war Vorarbeiterin der Vergolderinnen bei der Firma Bridley in Eustace Street, und meine Verwandten mütterlicherseits, die Kearneys, gingen und gehen ähnlichen Beschäftigungen nach. Trotz alledem, vielleicht eben deswegen, bin ich allergisch gegen Anstreichen. Nicht gegen Farbe. Aber gegen das Auftragen von diesem Zeug.

Ich sehe sogar gern, wenn eine Arbeit gut gemacht ist. Einmal habe ich sogar, mitten in einer Aufführung von Debussys *Pelleas und Melisande*, die Aufmerksamkeit von John Ryan und Frederick May, die das Glück hatten, rechts und links von mir zu sitzen (anderenfalls wäre es ihnen entgangen) auf eine Stelle in der Decke des Gaiety-Theaters in Dublin gelenkt, die wirklich geschickt ausgebessert war. Und in Gesellschaft eines anderen literarischen Flüchtlings aus meinem Handwerk, Joseph Tomelty, äußerte ich mich abschätzig über die Tapezierung eines Nachtclubs in der Villiers Street in London. Joe und ich waren uns darin einig, daß die Ränder übereinandergeklebt waren, wo sie hätten stoßgeklebt sein müssen. Dies veranlaßte den zynischen Con O'Leary – der Herr sei ihm gnädig – zu der Bemerkung, daß das erste, wonach der Kesselflicker in einer neuen Stadt schaut, sein Pferd ist.

Seltsamerweise gibt es wenige Maler, die einmal Anstreicher gewesen sind. Ich meine, wenige Anstreicher werden Kunstmaler. Es gibt Feuerwehrleute, die Maler geworden sind, hektarweise Bauern wie Grandma Moses, die Maler geworden sind, malende Priester, Polizisten und Kinder, und es gibt Leute, die behaupten, daß der berühmte englische Maler, Sir Winston Churchill, ein Schriftsteller ist. Es gibt sogar Leute, die sagen, daß sein Kollege, Sir Alfred Munnings, ein Pferd ist. Aber von einem Anstreicher, der Maler geworden ist, hört man selten.

Ich erinnere mich, daß es einmal einen malenden Fischer gab. Sein Werk wurde in sehr illustrer Umgebung ausgestellt, es gab großes Gequatsche in den Zeitungen, was für ein einfacher, ungeschulter Mann er sei und so, und bei der Ausstellungseröffnung standen die alten Hasen aller kulturellen Gebiete um diesen Burschen herum, der sich zur Feier des Tages die Fischschuppen abgewischt hatte. Er stand da, viel schicker angezogen als die gewöhnlichen Maler und gab seine Ansichten über Kunst und Leben zum besten.

Dann wurde die Tür aufgestoßen, und ein sehr bekannter irischer Maler stand da, seine massige Gestalt steckte in der Ausrüstung eines Hochseefischers. Er trug riesige Seestiefel, einen blauen Sweater, Südwester und Gummihandschuhe, und von seiner Schulter hing ein zwanzig Meter langes Schleppnetz. Der erste, der sich faßte, war der Angesehenste unter den Künstlern, ein alter Mann von Adel, der sich streng und entrüstet an die Erscheinung im Türrahmen wandte.

»Sir, was soll das heißen, daß Sie in diesem lächerlichen Kostüm unter Ihren Freunden und Brüdern erscheinen?«

Von der Tür her kam in schleppendem Ton die Antwort: »Oh, ich dachte, Sie wüßten es. Ich bin« – und er machte mit der netzbeschwerten Schulter eine lässige Bewegung zu dem Fischer-Künstler im dunklen Anzug hin –, »ich bin ein Künstler, der Fischer geworden ist.«

Wie auch immer – dieser Meister der Anstreicherfirma in Stephen's Green mußte mich einstellen, weil ich meine Gewerkschaftskarte vorwies. Hätte er mich nicht eingestellt, wären ihm keine Leute mehr vermittelt worden. Er gab mir mein Werkzeug, eine Garnitur Pinsel, und sagte mir, ich solle zum Gaiety-Theater gehen. Dort war ich schon oft gewesen seit ich vier oder fünf war, wenigstens als Zuschauer. *Piece de resistence* war damals das Solo eines kleinen Mädchens, das, wenn das Orchester einmal Pause machte, vor den Vorhang kam und ganz allein tanzte. Bei allem Respekt vor kleinen Mädchen und ihren Vätern und Müttern und Lehrern und der ganzen Kleinmädchenwelt, ich hatte dafür genausowenig übrig wie für das Anstreichen der Bude.

Aber, guter Gott, was erwartete mich, als ich dort ankam? Die Decke mußte gestrichen werden. Um heranzukommen, hatte man eine einzelne 15 cm breite Planke von der Galerie aus gelegt (zwei Abende zuvor hatte ich schon Angst gehabt, als ich dort nur mit meinen Freunden Mack und Ruth saß). Die Planke führte zu einer Reihe anderer Planken. Dort mußte man auf ein Brett steigen, mit dem man ungefähr einen Meter weit durch den leeren Raum zur Decke hochgezogen wurde. Von dort aus blickte man in einen mehr als zwanzig Meter tiefen Abgrund, und unten war die *terra firma.* Ich starb beinahe sieben Tode, aber da ich von Natur aus ein Feigling bin, hatte ich mehr Angst, nach Hause zu gehen und meiner Mutter zu sagen, ich hätte die Arbeit hingeschmissen, als auf die Planke zu steigen. So kletterte ich also in kalten Schweiß gebadet hinauf.

Im Laufe einer Woche hatte ich mich einigermaßen daran gewöhnt, aber ich konnte es nicht lassen, immer wieder in den zwanzig Meter tiefen Abgrund hinunterzuschauen. Wenn jemand behauptet, man könne sich an Höhen gewöhnen, so ist das völliger Unsinn. Ich hatte die ganze Zeit schreckliche Angst, aber manche Anstreicher hüpften über das Brett, als gingen sie auf ebener Erde.

Als ich im Laufe des ersten Morgens von der Planke herunterkletterte, um frische Farbe zu holen – was ich des öfteren tat –, traf ich einen älteren Herrn mit Schnurrbart. Er hieß Jack Guilfoyle. Er trug den altmodischen Celluloidkragen, den manche Anstreicher bevorzugen, weil man die Farbe mit einem Terpentinlappen abwischen kann, bevor man ihn mit Wasser und Seife wäscht. Jack Guilfoyle war Protestant. Er war Mitglied der Church of Irland und einer der wenigen Protestanten im Dubliner Anstreicher- oder Baugewerbe, der es nie zum Vorarbeiter gebracht hatte, weil er Trinker war.

Irgend jemand hat mir erzählt, daß sich während der Wirtschaftskrise in der Merrion Hall in Dublin das Hauptquartier einer extremen protestantischen Sekte befand, die offenbar keine Geistlichen kannte. Die Gottesdienste wurden von Bauunternehmern oder Maurermeistern geleitet. Weil man dort leichter an Arbeit kommen konnte, ging Guilfoyle, der sonst kein besonders gottesfürchtiger Mann war, zu einem Gottesdienst in der Merrion Hall. Ein Bauunternehmer namens Jones leitete den Gottesdienst, und er betete das Vaterunser vor. Als er zu dem Satz kam: »Unser täglich Brot gib uns heute«, riefen alle Arbeitslosen, die anwesend waren: »Amen! Amen! Amen!« Aber Guilfoyle vergaß sich noch mehr. Er rief: »Amen! Ah, 's 'is beschissen, Mann!«

Ein verwandtes Gefühl machte uns einander seltsam zugetan, und als Guilfoyle mir vorschlug, in der Mittagspause mit ihm an die Ecke zu gehen, wo wir uns ein paar genehmigen wollten, blieb er auch dabei, als ich ihm sagte, daß ich kein Geld hätte, und ich nahm die Einladung nur zu gern an.

»Geht in Ordnung«, sagte er, »wenn du mir nur diese Kiste trägst.« Er reichte mir eine Kiste, die aussah wie ein Kindersarg, nur doppelt so schwer war.

»Mein Gott, Jack«, sagte ich. »Was ist da drin?«

»Oh, das ist nur meine Werkzeugkiste«, war die Antwort.

Nun war alles, was Guilfoyle an Werkzeug besaß, vielleicht ein Kratzeisen und ein Kittmesser von Woolworth, so wie es Hausfrauen für kleine Reparaturen brauchen, aber ich hatte keine Lust, weiter zu fragen, und ließ es dabei.

In der Kneipe fragte er den Kellner, ob er die Kiste bei ihm stehenlassen könnte. »Ich arbeite hier im Gaiety«, erklärte er, »da brauche ich nur Pinsel, und das nötige Werkzeug habe ich mir schon aus der Kiste rausgenommen. Ich würde die Kiste gern hierlassen, ich hab' Angst, es könnte mir jemand (damit meinte er die Anstreicher) was klauen. Es ist sehr wertvolles Werkzeug.«

Ich dachte so bei mir, das muß, bei Gott, eine Mechanikerausrüstung sein.

Der Kellner nahm die Kiste und stellte sie hinter die Theke. Wir bestellten zwei Whiskys und zwei halbe Liter Starkbier. Guilfoyle kippte den Whisky hinunter, und ich machte es ebenso und goß gleich einen tüchtigen Schluck Bier hinterher. Dann bestellten wir noch eine Runde, und der Kellner, ein unschuldiger Junge vom Land, bat uns, zu zahlen.

»Das geht in Ordnung«, sagte Guilfoyle. »Ich komme am Freitag rein, da ist Zahltag.«

»Oh, wir geben hier keinen Kredit«, sagte der Junge. »Tut mir leid, aber Sie müssen jetzt zahlen.«

»Hören Sie, Sie haben doch meine wertvolle Werkzeugkiste als Sicherheit. Ich muß am Freitag auf jeden Fall reinkommen, um sie zu holen.«

Schließlich gab sich der Kellner, wenn auch zögernd, zufrieden, und wir gingen gestärkt an die Arbeit.

Ich erinnere mich, daß damals am Gaiety ein Stück in Vorbereitung war, das *The Winslow Boy* hieß, und die Proben fanden nachmittags statt. Guilfoyle wurde, ich vermute wegen seines Alters, nicht zur Decke hinaufgehievt, sondern strich den Flur, der zur Bühne führte. Seine Leiter hatte er genau vor den Eingang gestellt. Der Winslow Boy, das heißt der Junge, der die Rolle spielte, war ein etwa vierzehnjähriger Blondschopf; er bat Guilfoyle, die Leiter ein wenig wegzurücken, damit er vorbei konnte.

»Wenn du mir nicht aus dem Weg gehst«, erwiderte Guilfoyle, »dann kriegst du 'nen Tritt in den Arsch und einen in die Fresse, daß du's sobald nicht vergißt.«

Der Winslow Boy mußte sich, so gut er konnte, an der Leiter vorbeiquetschen.

Obgleich wir fast jede Mittagspause in der Kneipe an der Ecke verbrachten, gingen wir abends woanders hin. Eines Abends kamen wir in eine Kneipe, die einem alten Mann aus Galway gehörte, der jedoch den größten Teil seines Lebens in Manchester verbracht hatte, wo er auch eine Kneipe besaß. Wie sich herausstellte, konnte er großartig gälische Lieder singen, und wir beide gingen in die Gaststube, warfen den Kopf in den Nacken und sangen unsere gälischen Lieder über die zersorgten Gesichter der Männer und Frauen, die uns zuhörten, zur dämmrigen Decke empor. Es gibt übrigens kaum einen düstereren Ort als eine Dubliner Kneipe, denn in der Regel ist Singen nicht erlaubt, und man unterhält sich meist nur flüsternd. Es ist komisch, aber man trifft selten einen Dubliner, der eine Kneipe besitzt. Die Eigentümer kommen meist aus den Bergen, und man erkennt sie, lange bevor sie den Mund auftun, an ihrem merkwürdigen Gang.

Ich habe gehört, daß die Sänftenträger im London des achtzehnten Jahrhunderts Iren waren. Man glaubte, daß ihr besonderer Gang, der von ihrer Gewohnheit, durchs Moor zu gehen, herrührte, sie zu besonders geschickten und angenehmen Trägern für die zarten und eleganten *grandes dames* machte, die sie zu Bällen und den Abendgesellschaften brachten.

Schon kurz nachdem wir angefangen hatten zu singen, kam tatsächlich der Sohn des Alten, der in Manchester groß geworden ist, herein und fragte, ob wir nicht mit diesem Getue aufhören und englisch sprechen wollten, wie alle anderen auch.

Wir sollten aufhören, zu singen und uns lächerlich zu machen. Ich antwortete ihm in der honigtriefenden Sprache Shakespeares, Miltons und Johnsons, bevor ich mich mit Guilfoyle davonmachte.

Am nächsten Abend suchten wir uns eine andere Kneipe. Unterwegs fanden wir in der Gosse das Abzeichen eines Antialkoholikervereins, und John Guilfoyle steckte es an. Dieses Abzeichen repräsentiert eine Organisation, die in Irland eine halbe Million Mitglieder hat, die für totale Abstinenz sind.

Hinter der Theke stand ein Lehrjunge von vielleicht sechzehn; wahrscheinlich war er erst vor ein paar Wochen aus seinem Moordorf gekommen, der schaute entsetzt auf das Abzeichen, als Jack Guilfoyle zwei Halbe bestellte. Er kam hinter der Theke hervor und ging zu einem Mann, der in der Ecke mit ein paar Leuten sprach. Dann kehrte er zurück, denn der Eigentümer hatte ihm gesagt, er solle sich einen Dreck um das Abzeichen kümmern, solange der Kunde sein Bier bezahlte. Der Junge klatschte uns die Biergläser vor die Nase, als wollte er sagen: hoffentlich erstickt ihr daran.

Jahre später traf ich diesen Jungen wieder, er war jetzt ein erfahrener Kellner. Ich fing absichtlich ein Gespräch über die Abstinenzlerbewegung an.

»Ich glaube nicht daran«, sagte er. »Ich war erst zwei Wochen in Dublin und noch Lehrling, da kam ein alter Kerl mit einem jungen Mann – komisch, Brendan, der jüngere Mann sah dir irgendwie ähnlich. Er hätte dein Bruder sein können – der Alte trug das Abzeichen der Abstinenzler, aber das hinderte ihn nicht, zwei halbe Guinness zu trinken.«

Als wir an jenem Freitag unseren Lohn bekamen, schlug ich Guilfoyle vor, auf dem Heimweg in der Kneipe an der Ecke vorbeizuschauen und unsere Schulden zu bezahlen.

»Wir machen halbe-halbe«, sagte ich. »Was glaubst du, wieviel wird das machen?«

»Oh«, sagte Guilfoyle, »etwa ein Pfund.«

Ich gab ihm das Geld und wollte ihn begleiten, um seine Werkzeugkiste zu tragen, die er als Pfand in der Kneipe gelassen hatte.

»Um Gottes willen, mach, daß du wegkommst«, sagte Guilfoyle, »ich hab' die Kiste hier im Theater gefunden und mit Ziegelsteinen und leeren Bierflaschen gefüllt. Der Wirt kann sie meinetwegen gern behalten.«

Und ich war mein Pfund los.

Nachdem ich mit der Arbeit im Gaiety fertig war, arbeitete ich am Wiederaufbau der Kirche am Ende der York Street, die in ein Asyl für die Heilsarmee umgebaut wurde, und danach fragte mich ein Gewerkschaftssekretär, ob ich für die »Irish Lights« arbeiten wolle. »Irish Lights« ist die Gesellschaft, die die Leuchttürme an der irischen Küste betreibt, sowohl in Nord- wie in Südirland, und die Hauptgeschäftsstelle ist in Dublin. Es ist ganz klar, daß es trotz Politik, Teilung und Grenze keinen Sinn hätte, an der Grenze einen Leuchtturm aufzustellen, der nach der einen Seite hin weiß, nach der anderen hin schwarz ist, und daß es für alle Beteiligten am praktischsten ist, wenn alle Leuchttürme von einer Stelle aus kontrolliert werden. Gewöhnlich werden die Linsen und die Lampen in Birmingham hergestellt, gebaut werden die Türme von Leuten aus Belfast und angestrichen von Dublinern.

Die englischen und walisischen Leuchttürme werden von Trinity House kontrolliert, einer Organisation, die auch die Lotsenlizenz vergibt, und das bedeutet, daß ich und Winston Churchill zu einer bestimmten Zeit Mitglieder derselben Organisation waren, er als »Elder Brother« von Trinity House, ich als Anstreicher für »Irish Lights« – wobei seine Position mehr dekorativ, meine mehr funktional war.

Ich erklärte mich bereit, die Arbeit anzunehmen, und bekam eine Karte. Mit mir zusammen war auch ein Freund, der ein notorischer Trinker war. Er war während des Ersten Weltkriegs in der britischen Armee gewesen, sonst war wenig an ihm, was ihn von den anderen versoffenen Dubliner Anstreichern unterschied, außer daß er, wenn er überhaupt zur Kirche ging, in eine andere ging als die meisten von uns. Er gehörte der »Church of Ireland« an, auch wenn er O'Leary hieß.

Sein Sohn war dem Slum, in dem die Familie lebte, entkommen, indem er Geistlicher der Anglikanischen Kirche geworden war, und als sein Vater zur Ordination nach England kam, war er so stockbesoffen, daß er beinahe die ganze Feier über den Haufen geworfen hätte.

O'Leary war, soviel ich weiß, der einzige Mensch, der jemals von einer Ordinationsfeier ausgeschlossen worden ist.

An diesem Morgen jedoch trafen wir beide nüchtern und ordentlich im Büro der »Irish Lights« in Dublin ein. Wir wurden nach Donaghadee in der Grafschaft Down in Nordirland geschickt, um dort den Leuchtturm anzustreichen. (Seit jenem Tag habe ich gestreifte Leuchttürme, solche mit nur einem Streifen und gefleckte Leuchttürme angestrichen.) Wir bekamen unsere Ausrüstung, die aus Anstreicherpinseln, Drahtbürsten, einer Lötlampe, Messern und Kratzern bestand. Die Sachen wurden in zwei Holzkisten gepackt und mußten mit dem offiziellen Siegel des Zollbeauftragten für die »Irish Lights« versiegelt werden, damit sie an der nordirischen Grenze nicht geöffnet wurden. Wenn der nordirische Zollbeamte doch darauf bestand, so konnten wir zurückfahren, denn die Kisten waren ebensogut Eigentum der Regierung Südirlands wie der Nordirlands. Oder auch Westirlands oder Ostirlands, woher ich stamme.

Um beim Thema zu bleiben: Ich frage mich, wieso Irland einer der wichtigsten Punkte des Kompasses verlorengegangen ist. Wir haben jede Menge Lieder über »Die Westmänner«, den »Tapferen Süden«, »Im Norden begann es«, »Der Norden hielt stand«, »Gott segne den Norden« und so weiter, aber was ist mit dem Osten? Der wird in keinem Lied erwähnt, es gibt keine Zeile über die Männer des Ostens. Wenn jemand mich einen »Südstaatler« nennt, komme ich mir vor wie Old Black Joe.

»Aus welchem Teil des Südens kommst du, Rastus?«

»Oh, weiß nich, Masaah. 's war dunkel, als ich wegging.«

Manche Leute sind ganz verwirrt, wenn ich sage, daß ich weder aus Nordirland noch aus Südirland komme. Ich bin ein schlauer Mann aus dem Osten, sage ich ihnen immer, und an meinen beiden Schlitzäugelchen, wie Fu Manchu sie auch hat, kann man leicht erkennen, daß ich aus dem Osten komme.

Aber weiter im Text: Ich und O'Leary bekamen einen Vorschuß von fünf Pfund und die beiden Kisten, und als der Mann die Siegel anbrachte, wandte er sich an uns:

»Wir vertrauen unseren Leuten«, sagte er, »wir vertrauen darauf, daß sie diese Siegel nicht mißbrauchen, um irgend etwas nach Nordirland hineinzuschmuggeln.«

»Gewiß nicht«, sagte ich, und O'Leary, der die Gewohnheit hatte, »ganz zweifelsohne« zu sagen, wiederholte: »Ganz zweifelsohne nicht.«

Sobald wir mit unserer Ausrüstung draußen waren, sagte O'Leary:

»Bevor wir unser Kapital verschwenden, müssen wir als

erstes vier Flaschen Whisky auf dieser Seite der Grenze kaufen.« Denn zu der Zeit waren die Preise für Alkohol in Nordirland bedeutend höher als im Süden.

Wir gingen in die nächste Kneipe, die keinen Katzensprung vom Büro der »Irish Lights« entfernt war, und bestellten zwei halbe Liter Guinness. Dann bestellte O'Leary den Whisky, entfernte die Siegel und schob die Whiskyflaschen in die Kisten. Auf meine sarkastische Frage, was er jetzt mit den Siegeln machen wolle, steckte er die Hand in die Tasche und zog eine ganze Handvoll davon heraus; offenbar hatte er sie im Büro geklaut, als der Kerl gerade nicht hinsah. Sorgfältig entfernten wir mit einer Rasierklinge die alten Siegel und ersetzten sie durch neue. Man hätte sagen können: neuer Wein in alten Kisten. Mir wurde ganz schwach.

Am Ende hatten wir so viel getrunken, daß wir zum Gewerkschaftshaus gehen mußten, um uns das Reisegeld zu pumpen. Wir nahmen den Zug am Bahnhof Amiens Street, und ich muß gestehen, wir waren immer noch ziemlich betrunken, als wir an der Grenze ankamen.

Nachdem der Zollbeamte unsere ziemlich ramponierten Koffer mit den paar schmutzigen Hemden, die unsere persönlichen Werte enthielten, kontrolliert hatte, fiel sein Blick auf die Kisten.

»Machen Sie die mal auf«, sagte er.

»Das kann ich nicht«, sagte ich. »Diese Kisten sind vom Zollbeauftragten für ›Irish Lights‹ persönlich versiegelt worden. Schauen Sie selbst.«

Der Zollbeamte begann langsam zu buchstabieren: »Der Kommissar . . .«

»Das sind die Leuchttürme«, unterbrach ich ihn, denn ich hatte keine Lust, mich mit diesem pockennarbigen Rindvieh von Hurensohn herumzuzanken. »Und außerdem«, sagte ich, »kriegen Sie's unter anderem mit Winston Churchill zu tun, wenn Sie diese Kisten aufmachen. Sie wissen doch, daß ›Irish Lights‹ die Leuchttürme Irlands kontrolliert.«

Dieser Kerl hatte noch nie davon gehört, aber nachdem er sich mit einem Kollegen beraten hatte, durften wir durchgehen.

Wir kamen gegen Mittag in Belfast an, und nachdem wir etwas gegessen und getrunken hatten, schlenderten wir zum Arbeitsamt in der Corporation Street, um unsere Sozialversicherungskarten und Essensmarken zu holen, und bei Jesus, tatsächlich trafen wir im Arbeitsamt doch wieder auf einen ausgemachten Idioten.

»Ach so«, sagte er, »ihr seid die Zugvögel aus Eire«, aber er sprach es wie Ayr aus.

»Ayr«, sagte ich, »liegt in Schottland, aber ich würde mich nicht schämen, von dort zu kommen, denn einer der größten Dichter, die gelebt haben, Robert Burns, ist in Ayrshire geboren, aber Sie sind ein so ungebildeter Bastard, daß Sie das wahrscheinlich nicht wissen.«

Er wurde ganz rot im Gesicht: »Wie können Sie es wagen, so mit mir zu sprechen.«

»Wie zu sprechen?« sagte ich ganz unschuldig.

»Mich hier zu beschimpfen.«

»Ich habe Sie nicht beschimpft«, sagte ich. »Es ist doch klar, trotz der Tatsache, daß Sie Engländer sind (ich habe nichts gegen Engländer, man trifft üble Menschen in allen Klassen, Religionen und Nationalitäten, ich hab' auch schon welche daheim getroffen), kennen Sie Ihre eigene Sprache nicht, denn das Wort, das ich gebraucht habe, gehört zum normannisch-französischen Wortschatz und ist ein juristischer Ausdruck, der sich meist auf Mitglieder des königlichen Hauses bezieht. Aber«, fuhr ich fort, »ich bin nicht hergekommen, um über Literatur oder Geographie zu diskutieren. Ich bin hergekommen, um Sozialversicherungskarten und Essensmarken für uns beide zu holen, damit wir unserer rechtmäßigen Arbeit in Nordirland nachgehen können.«

Ich ließ diesen kleinen Hitler stehen und ging zu einem königlich irischen Polizisten, der in der Nähe stand.

»Was ist los?« sagte er.

»Ich und mein Kollege hier«, erklärte ich, »sind heute aus Dublin angekommen, um eine rechtmäßige Arbeit für ›Irish Lights‹ auszuführen; das ist eine Organisation beider irischer Staaten. Sie ist indirekt sogar eine Abteilung von Trinity House in London.« Nicht erwähnte ich natürlich die Tatsache, daß ich schon früher zu unrechtmäßigen Arbeiten in Belfast gewesen war – denn mit dem Hute in der Hand kommt man durch das ganze Land. »Und«, sagte ich, »wenn dieser Mann uns die Versicherungskarten verweigert, werde ich seinen Namen feststellen lassen, zurückfahren und ›Irish Lights‹ über den Vorfall Bericht erstatten, und ich werde persönlich dafür sorgen, daß er schleunigst in den Londoner Slum zurückkehrt, aus dem er gekommen ist.«

»Nun mal mit der Ruhe«, sagte der Polizist, »da kommt der Vorsteher.« Ein großer, dunkelhaariger Mann kam mit freundlichem Lächeln auf uns zu. Ich bemerkte, daß er einen Freimaurerring trug, aber da er aus Belfast war, trug ich ihm unser Anliegen noch einmal vor.

Mit einem lammfrommen »Yes Sir, no Sir« von diesem dürftigen englischen Idioten wurden unsere Karten tipptopp nach bester Belfaster Art ausgefüllt. Gegen Behan als Zuname schien er nichts Besonderes zu haben, vielleicht klang es ihm nicht irisch genug, aber mein protestantischer Freund O'Leary, der ehemalige britische Soldat, bekam seine Karten hingeknallt »ganz zweifelsohne«.

»Hören Sie mal«, sagte ich zu dem Engländer, »warum sollten wir uns eigentlich zanken? Bitte beantworten Sie mir eine höfliche Frage. Haben Ihnen die acht Jahre in Belfast gefallen?«

»Woher wissen Sie, daß ich seit acht Jahren hier bin?«

»Nun«, sagte ich. »Jetzt haben wir 1948. 1940 wurde der Krieg in England unangenehm, ich vermute, daß Sie sich daher damals entschlossen haben, nach hierher auszuweichen.« Bei dieser Bemerkung sprang er auf wie von der Tarantel gestochen; wir entschlossen uns, es nicht darauf ankommen zu lassen, und verschwanden. Wenn er also Orden und Ehrenzeichen bekommen hat, so hat er sie dafür bekommen, daß er die Leute am Belfaster Arbeitsamt beleidigte und nicht die Deutschen und Italiener.

»Auf Wiedersehen, du Drückeberger!«

Wir stiegen in den Bus zur Laganbank Road, wo wir in einen anderen nach Donaghadee umsteigen mußten. Auf dem Weg von Laganband Road nach Donaghadee saß neben mir im Bus ein Schuljunge, der mir den Stormont zeigte, das Regierungsgebäude von Nordirland, und, wenn auch ungern, muß ich zugeben, daß es eins der am schönsten gelegenen Parlamentsgebäude ist, die ich gesehen habe. Es steht ganz frei auf dem Gipfel eines Hügels, und davor ist die große Statue von Lord

Carson, die, und ich bin froh, das zu sagen – ach, du meine Fresse –, dem alten Mann noch gezeigt werden konnte, bevor er starb.

Lord Carson ging mit Oscar Wilde zur Schule, er führte aber auch den Vorsitz bei dem berühmten Prozeß gegen Wilde. Und wie Oscar selber feststellte, verfolgte er ihn »mit der verstärkten Bitterkeit eines alten Freundes«. Aber der richtige Name dieses engstirnigen alten Metzgers war Carsoni; er war der Sohn eines in Dublin ansässigen Italieners und stammte überhaupt nicht aus Nordirland, ebensowenig wie Galopin Smith, der erste Lord Birkenhead, der sich auch in unsere Angelegenheiten einmischte.

Ich sagte dem Schuljungen natürlich nicht, daß ich den Stormont schon früher gesehen hatte – und eine mir teure Erinnerung ist auch damit verbunden, aber die gehört in eine viel spätere Zeit.

Es gibt eine Organisation von Dichtern, Verlegern, Stückeschreibern, Essayisten und Romanciers, den P.E.N. Das ist eine Organisation von Schriftstellern, wenigstens zumindest in der übrigen Welt, nur nicht in Dublin. Ich fürchte, in meiner Heimatstadt ist der P.E.N. mit wenigen Ausnahmen eine Organisation von Angebern. Jedenfalls hielt der Internationale P.E.N. im Jahre 1953 eine Kongreß in Dublin ab, und damals war ich schon ein ziemlich bekannter Schriftsteller.

Es war eine großartige Sache, und der Präsident von Irland – Süd, West und Ost – gab in seiner Residenz eine Gartenparty. Die Regierung der Sechs Provinzen (Nordirland) wollte nicht zurückstehen und stellte einen Sonderzug zur Verfügung, der die Delegierten in den Norden brachte, wo sie nicht nur ein Lunch im Belfaster Rathaus, sondern auch ein Diner im Stormont erwartete.

Und ich sah all diese Dubliner Pseudo-Schriftsteller unserer demokratischen Republik zur Gartenparty des Präsidenten in den Phoenixpark eilen, die Männer in Gehrock und gestreifter Hose, die Frauen mit großen Sommerhüten. Einige ließen sich sogar herab, mich zu grüßen, als sie am Stephen's Green an mir vorbeikamen.

Als die Belfaster P.E.N.-Mitglieder in Straßenanzügen und normalen Hüten ankamen, sagte der Dichter Roy McFadden zu mir: »Komisch, ihr im Süden sollt die Demokraten und wir im Norden sollen die Monarchisten sein, und dabei tragt ihr

Gesellschaftskleidung, während wir in unseren Straßenanzügen kommen. Ich habe mehrere hundert zum Park gehen sehen. Sind das alles Schriftsteller?«

»O ja«, sagte ich, »im Freistaat oder in den Sechsundzwanzig Provinzen oder wie immer du es nennen willst, gehört man nicht nur dazu, wenn man in Wirklichkeit ein Schriftsteller ist. Die sind alle nach ihrer Vorstellung Dichter und Schriftsteller – zuerst kommen die Schriftsteller aus Kerry – die Romanschreiber vorneweg –, dann die Dramatiker aus Kerry, die Essayisten aus Kerry, und wenn man dann alle Grafschaften durch hat, ist eine ganze Menge zusammengekommen.«

»Du gehst doch sicher auch zum Phoenixpark, Brendan?«

»Nein, natürlich nicht.«

»Aber Brendan? Bist du denn nicht eingeladen?«

»Nein, ich bin eingeladen worden, wegzubleiben. Zunächst einmal besitze ich keinen Cut. Obwohl meine Tante ein paar tausend besitzt. Sie hat einen Kostümverleih, und mein Vetter, Seamus de Burca, der das Geschäft leitet, hätte mich nicht im Stich gelassen. Er hätte mich ordentlich ausstaffieren können.«

»Ich finde«, sagte McFadden, »das ist eine Schande. Aber ich werde dir sagen, was wir machen. Du kommst morgen mit mir und John Hewitt (das ist ein anderer alter Freund von mir; soviel ich weiß, ist er jetzt Curator des Museums in Coventry) in den Norden und gehst mit zu dem Lunch, das von der Belfaster Stadtverwaltung gegeben wird, und abends zum Diner in den Stormont.«

»Das ist sehr nett von dir, Roy«, sagte ich, »und einem geschenkten Gaul schaut man nicht ins Maul, aber ich muß dich etwas fragen. Wenn diese Festivitäten von der nordirischen Regierung veranstaltet werden, wird doch wohl auch ein Toast auf die Königin von England ausgebracht?«

»Ja«, sagte er.

»Nun habe ich nichts gegen die Königin von England«, sagte ich, »sie ist Ehefrau und Mutter und, soviel ich weiß, eine harmlose Person. Aber ich will nicht auf sie als Königin von England und auch nicht auf den Herzog von Edinburgh auf irischem Boden anstoßen. Ich will gern auf sie als Privatperson anstoßen – ich wünsche ihnen alles Gute –, aber die Königin von England ist nicht die Königin von Irland. Gleichzeitig möchte ich sie nicht beleidigen und auch meine Freunde nicht in Verlegenheit bringen, ich nehme also den guten Willen für die Tat und werde dir nie vergessen, daß du mich eingeladen hast.«

Der Schuljunge neben mir bemerkte als mein Fremdenführer, daß die Irrenanstalt von Purdysburne ein Stück weiter unten an der Straße zum Stormont läge. Ich fände es sehr passend, wenn gegenüber jedem Parlamentsgebäude ein Irrenhaus läge, ob nun in Dublin, Belfast, London oder in Wladiwostock, Moskau, Peking, West-Berlin, Ost-Berlin, Süd-Berlin, Nord-Berlin, in New York, Washington oder sonstwo.

»Der Bus fährt jetzt zwischen Elend und Wahnsinn«, sagte ich zu O'Leary, der auf der anderen Seite von mir und meinem neuen Freund saß.

»Ganz zweifelsohne«, erwiderte O'Leary.

Ich lachte auf meine saftige, südliche Weise, tief, aber melodisch, und eine säuerlich aussehende Dame auf der Bank vor uns rief den Schuljungen zur Ordnung. Als der Sitz neben ihr frei wurde, rief sie den Jungen zu sich, und mit einem bösen Blick in meine Richtung zischte sie ihm etwas ins Ohr, und er antwortete: »ja, Tantchen« und »nein, Tantchen« und hielt für den Rest der Fahrt die Augen starr nach vorn gerichtet.

Offenbar mochte sie keine »Südländer«. Mir war ein solches Benehmen bisher noch nicht vorgekommen, und ich fühlte mich zugleich wichtig und traurig, als sähe ich den Schutzumschlag eines Romans von Peadar O'Donnell vor mir mit den großen Blockbuchstaben im Stil der dreißiger Jahre. Als ich sie am Ende der Fahrt mit dem Jungen sprechen hörte, stellte ich überrascht fest, daß sie einen amerikanischen Akzent hatte.

Trotzdem war es ein schöner Sommerabend, und ich schob den Vorfall beiseite, als ich mit O'Leary zum Café am Leuchtturm ging, wo wir ein Zimmer bekamen und Bert, dem Wirt, unsere Essensmarken aushändigten. Er zeigte sich sehr erfreut, da wir offenbar Extrarationen bekommen hatten, Seemannsrationen – warum, ist mir schleierhaft, denn wir segelten ja nirgendwohin. Gott sei Dank lag der Leuchtturm, den wir anstreichen sollten, an Land, am Ende des Piers.

In der Kneipe erzählte ich an diesem Abend einem Fischer von meiner Begegnung mit der sauren Alten.

»Och die«, sagte einer, »das war bestimmt Miß Mackenzie. Sie ist aus Toronto und ist in irgendeinem Verein in Ulster, der uns vor euch erretten soll. Sie kann den Anblick eines Mannes aus dem Süden nicht ertragen, und das ist doch sehr anständig von ihr, wenn man bedenkt, daß sie früher nie in ihrem Leben hier gewesen ist.« Und um mich zu trösten, sagte er: »Ihr habt natürlich auch eure Leute in Amerika, die rumziehen und uns schlecht machen.«

Die Fischer dort hießen alle Foster oder Nelson. Es waren stille, redliche Leute, deren Namen für die Kinder von Belfast einen magischen Klang hatten – für Generationen von Kindern –, die wissen, daß die See blau ist und in einen weichen Dunst übergeht, dort, wo am Horizont wie ein undeutlicher Streifen Schottland zu sehen ist, daß der See Lough bis nach Bangor hinauf von einem schläfrigen Blau ist; daß in Donaghadee immer Sommer ist.

Der nächste Tag war sehr schön, und O'Leary und ich suchten den Hafenmeister auf, der den guten alten nördlichen Namen William trug. Er führte uns zuerst zum Leuchtturm und ging dann mit uns zu unserem Zimmer im Café zurück, um einen Schluck Whisky zu trinken.

»Dies ist zwar Dubliner Whisky«, sagte ich, »aber es ist immerhin protestantischer Whisky, es ist ›Jameson's‹.«

»Von mir aus kann es mohammedanischer Whisky sein«, sagte er. Also machten wir noch zwei von den Flaschen auf, die wir über die Grenze gebracht hatten, dann aßen wir etwas, und danach machten wir auch die anderen zwei Flaschen auf. An diesem Tag kriegten wir keinen Schlag getan.

Am Abend ließ ich meinen Freund O'Leary bei William, denn ich war immer noch jung genug, um mich für weibliche Gesellschaft zu interessieren, und damals war ich noch nicht so ein Alkoholiker, daß es etwas ausgemacht hätte. Ich zog mich um, band einen Schlips um, rasierte mich und war bereit.

In Nordirland sind die sogenannten Strandgottesdienste sehr beliebt. Ich ging also zu einem dieser Strandgottesdienste und sah dort ein Mädchen, das ein C. E.-Abzeichen trug – C. E. bedeutet Christian Endeavour – Christliches Bemühen. Ja, dachte ich mir, um dich werde ich mich mal ein bißchen christlich bemühen.

Ich blickte zu dem Prediger auf und wandte mich dann an das Mädchen. »Wissen Sie«, sagte ich, »dieser Mann hat viele zwingende und logische Argumente.« In Wirklichkeit zog der blöde Kerl bloß über den Papst her. Aber wenn es um Weiber geht, hören alle Prinzipien auf.

»Sie sind r. k., nicht?« sagte sie.

Ich murmelte etwas Unverständliches.

»Wie bitte?«

»Ja, natürlich. Ich bin römisch-katholisch, aber dieser Mann erschüttert ernsthaft meine religiösen Ansichten.« Er schrie gerade: »Der Vatikan streckt seine Fangarme über die ganze Welt aus!« Und in der Art von Besessenheit, wie es sie nur in Nordirland gibt, fuhr er fort: »Es gibt eine Verschwörung zwischen dem Vatikan und Stalin im Kreml in Moskau!«

»Vergessen Sie Maurice Chevalier auf der Place de Vendôme nicht«, schrie ich.

»Ganz recht, mein Herr«, sagte er, denn er hatte mich gar nicht verstanden.

Nach dem Gottesdienst war das Mädchen zu der Ansicht gekommen, daß ich noch vor der Hölle errettet werden könnte, und sie erklärte sich bereit, einen Spaziergang mit mir zu machen. Wenn ich behaupten wollte, ich hätte sie verführt, so wäre das eine glatte Lüge, aber getan hätt' ich's gern. Ich hätte damit ja nur einen Streich gegen diese Ketzerei geführt. Unglücklicherweise hatte ich nichts gegen diese kleine Ketzerin, aber ich hätte gern etwas mit ihr gehabt.

»Einen Fenier erkenn' ich immer sofort«, sagte sie. (Fenier ist die nordische Bezeichnung für einen Katholiken. Der Name stammt von der irisch republikanischen Organisation von vor hundert Jahren, aber da oben haben sie ein langes Gedächtnis.)

»Woran erkennen Sie sie dann?« fragte ich.

»An ihren kleinen Stupsnasen.«

Nun sind religiöse Vorurteile im allgemeinen schon nicht logisch, aber wenn ihr meine Nase sehen könntet, würdet ihr verstehen, wie außergewöhnlich unlogisch diese Bemerkung war. Wenn es nach der Nase gegangen wäre, hätte ich fast Mitglied des Ku-Klux-Klans oder der katholischen Liga für gute Sitten sein können.

Trotz allem verabredete ich mich mit ihr für den nächsten Nachmittag. Wir wollten zusammen schwimmen gehen. Ich hatte wenig Hoffnung, daß ich viel von ihrer ketzerischen kleinen Person zu sehen bekäme, aber ich wollte doch gern sehen, was für Badezeug sie trug. Wahrscheinlich einen doppelten Schottenrock.

Am Morgen begannen O'Leary und ich unsere Arbeit am Leuchtturm. Ich mußte auf einem Schild die Inschrift erneuern: »Erlaubnis zur Besichtigung des Leuchtturms muß bei dem Sekretär der Behörde der ›Irish Lights‹ in Dublin, Westmoreland Street, eingeholt werden.«

Ich hatte zwar schon manchmal Schrift gemalt, aber ich muß einer der schlechtesten Schildermaler der Welt sein. Ich glaube, die Schildermaler in Irland sind nicht gut, aber die Anstreicher dort sind mit die besten der Welt.

Nur ein Teil der alten Buchstaben schimmerte durch den neuen Anstrich hindurch, aber es genügte, um Miß Mackenzie, die elende alte Vettel aus dem Bus, davon zu überzeugen, daß der Leuchtturm von Ulster irgendwelche Verbindung mit den Rebellen hatte. Sie war in der Menge der morgendlichen Spaziergänger, und sie spuckte vor Wut, als sie sah, wie ich auf eine Fläche, die ich vorher mit Leinöl gestrichen hatte, schrieb: »Erlaubnis zur Besichtigung des Leuchtturms muß bei Eamon de Valera, Leinster House, Dublin, beantragt werden.«

Ich dachte, Miß Mackenzie würde explodieren. Sie wütete in der Menge herum, aber die Leute, die im Sommer nach Donaghadee herauskommen, haben alle Hände voll zu tun, den kleinen Tommy aus dem Hafen zu fischen und die kleine Bella vom Tode durch maßloses Essen zu erretten. Sie starrten mit mäßigem Interesse hinter ihr her, als sie zum Hafenamt stürzte. Bis sie zurück war, hatte ich das Schild natürlich längst abgewischt und die amtliche Schrift erneuert. Sie faßte sich an den Kopf und suchte verzweifelt nach den beleidigenden Worten und kriegte fast einen Herzanfall. Mich ließ das kalt. Wenn jemand über fünfundzwanzig wegen politischer Dinge dieser Art einen Herzanfall kriegt, so hat er ihn meiner Meinung nach auch verdient.

William sah sie an und dann mich und murmelte etwas von der Hitze und daß alte Leute dabei nicht ohne Kopfbedeckung herumlaufen sollten. Mit unschuldigem Eifer fuhr ich in meiner Arbeit fort.

Ein Rentner aus Belfast und seine Frau machten dort von ihren Ersparnissen, die bestimmt nicht groß gewesen sein können, Ferien. Als er die Bekanntmachung gelesen hatte, sagte er, bis er die Erlaubnis zur Besichtigung aus Dublin eingeholt hätte, sei ihr Urlaub vorbei.

»Schade«, sagte der alte Mann, »ich bin noch nie in einem Leuchtturm gewesen und würde ihn gern besichtigen.«

Bestärkt durch die Abenteuer des Morgens entschloß ich

mich, es darauf ankommen zu lassen. »Kommen Sie nur rein«, sagte ich. »Seien Sie mein Gast. Der Turm steht Ihnen offen.«

Ich führte die beiden herum und erzählte ihnen einen Haufen Lügen, wie alles funktionierte, denn ich war selber noch nie zuvor in einem Leuchtturm gewesen. Am Ende des Rundgangs gab ich beiden einen Schluck Whisky. Sie waren hocherfreut; der Mann sagte, es sei lange her, daß sie ein Tröpfchen auch nur gesehen hätten.

»Es ist irisch republikanischer Whisky«, sagte ich.

Der Mann sah sich ängstlich um. »Ich bin ein Orange-Mann*«, sagte er. »Aber es braucht ja keiner zu wissen.«

Am elften Juli wurde ich taktvoll ersucht, mich am folgenden Tag knechtlicher Arbeit zu enthalten. Das war der Jahrestag des Sieges des protestantischen William III. über die katholische irisch-französische Armee von James II. in der Schlacht am Boyne im Jahre 1690.

Ich muß mich damit zufrieden geben, daß man meinem Fleiß auf diese Weise Einhalt gebot, aber zuvor hatte ich William, den Hafenmeister, davon überzeugt, daß ein Arbeitsentgelt für elfeinhalb Stunden – das bekamen O'Leary und ich nämlich jeden Tag – angemessen sei für Bewohner des Freistaates, die den 12. Juli nicht als Feiertag anerkennen.

Mit der erzwungenen Muße wurde ich so gut fertig, daß ich mich am Abend als Sänger in einer Kneipe voll von Orangeleuten wiederfand. Als ich aufgerufen wurde, ein Lied zu singen, nahm ich mich zusammen, und schlau wie ein Christ, der weiß, daß Vorsicht der bessere Teil der Tapferkeit ist, wählte ich *Die liebe kleine Stadt in der alten Grafschaft Down.* Obgleich die Gesellschaft aus redlichen protestantischen Fischern bestand, weiß man doch nie, ob nicht im Hintergrund ein Halbidiot darauf wartet, sich einen Namen zu machen, indem er einem Fremden eins mit der Bierflasche über den Schädel haut – diese Leute gibt's überall. Indessen, das Lied fand, obwohl ich selbst so was ja eigentlich nicht sagen sollte, großen Beifall.

Später am Abend war ich in der Bar eines Hotels. Ich und der französische Koch standen da und plauderten mit Anna, der Bardame. Ich und der Koch waren nicht sehr entzückt voneinander, und zwar aus dem einfachen Grund, weil Anna neunzehn war und ich fünfundzwanzig. Der Koch wurde fast

* Extrem irisch-protestantisch eingestellt.

verrückt, als ich sagte, er sei im selben Jahr geboren wie ich. Er sagte, ich sei Anfang 1923 geboren und er Ende 23. Es fehlten nur drei Tage, dann wäre er 1924 geboren worden. Nun konnte ich doch wirklich nichts dafür, daß der Koch am neunundzwanzigsten Dezember geboren war. Ich hatte das nicht veranlaßt.

Der Steuermann des Rettungsbootes kam dazu und sagte uns, wir sollten doch Ruhe geben und uns nicht vor Anna so aufführen. Er war ein großartiger kleiner Kerl und für seine Verdienste bei der Rettung der Schiffbrüchigen von der *Princess Victoria* mit dem Georgskreuz ausgezeichnet worden. Das Schiff war ein paar Meilen vor der irischen Küste zwischen Irland und England gesunken: ein großartiges Beispiel britischer und irischer seemännischer Leistung. Wir rümpfen dauernd über die Italiener und die Griechen die Nase, aber dieses Schiff ging auf einer Reise von zwölf Meilen unter. Von den Passagieren wurden weder Mann noch Frau, noch Kind gerettet, aber von der Besatzung alle Mann.

Ich glaube, der Steuermann hatte mich ganz gern, aber er hatte etwas gegen O'Leary, der genau wie ich mit Dubliner Akzent sprach, aber dauernd allen Leuten erzählte, er gehöre der anglikanischen Kirche an. Ich glaube, er kam dem Steuermann etwas verdächtig vor, und er mochte ihn nicht. Mit mir verstand er sich, weil ich keinen Hehl daraus machte, daß ich ein fanatischer Katholik war, jeden Tag zur Kommunion und jede Woche zur Beichte ging – natürlich alles nur in der Einbildung.

»Wirst du morgen den ganzen Tag hier in Donaghadee sein, Brendan?« fragte er mich.

»Ja, natürlich. Vielleicht gehe ich schwimmen oder so.«

»Aber es wird kein Mensch hier sein. Wir marschieren nach Millisle, um den Zwölften zu feiern. Willst du nicht mitkommen?«

»Für O'Leary ginge das ganz in Ordnung«, sagte ich. »Aber mir wäre es doch etwas peinlich, und wer weiß, ob nicht einige der Jungens sich einen ansaufen und sich dann nach einem umsehen, den sie lynchen könnten.«

»Das ist lächerlich«, sagte der Steuermann. »Jeder weiß, daß du in Ordnung bist, und die Jungens haben doch alle schon mal wegen ein bißchen Farbe mit dir verhandelt, und sie werden alle da sein. Du kannst mit uns im Bus hinfahren und den Umzug vom Heckfenster aus beobachten. Es sei denn, du hättest Bedenken aus religiösen Gründen.«

»Überhaupt nicht«, sagte ich. »Ich würde mir wirklich alles ansehen, wenn ein Bier dabei herausspringt.«

»Bier wird's jede Menge geben. Es ist kein trockenes Vergnügen. Es gibt zwar Freimaurerlogen des Orangeordens, die gegen Alkohol sind, aber unsere gehört nicht dazu.«

Am folgenden Morgen fuhren wir mit dem Bus den halben Weg bis Millisle, dann stiegen die Jungens aus, und den Rest des Weges marschierten sie mit ihrer Loge. Das Banner, unter dem sie marschierten, zeigte Wilhelm, wie er auf seinem weißen Roß den Boyne überquert. Es wird erzählt, daß Wilhelm nie geboren und sein weißes Pferd nie geworfen wurde, sie kamen beide durch Kaiserschnitt zur Welt. Wie zum Teufel jemand das wissen kann, ist mir schleierhaft, aber das ist die Art von Scheiße, die man über historische Figuren zu hören bekommt.

Ich beschloß, mir die Feier auch anzuhören – als der Bus also in Millisle ankam, stieg ich aus. Irgendwie macht mir jede Art von religiöser oder politischer Überspanntheit Spaß, und wenn sie sich auch noch gegen mich richtet, finde ich sie besonders unterhaltend. Ehe ich mich versehen hatte, war ich in die erste Reihe gedrängt und befand mich gleich neben dem Redner, einem sehr prominenten Mitglied des nordirischen Parlaments der Unionistischen Orangepartei. Ich glaube, die Jungens dachten, wenn wir den Brendan nach vorn schieben, wo er alles hören kann, so können wir diesen Heiden vielleicht bekehren.

»Würdest du wohl meinen Hut halten, mein Junge?« sagte der prominente Parlamentarier der Unionistischen Orangepartei, als er sich erhob, um seinen Platz auf dem Rednerpult einzunehmen.

Ich nickte stumm, denn ich wollte nicht, daß er meinen Akzent hörte.

»Brüder und Schwestern«, begann er, und im Handumdrehen befand er sich mitten in einer verbitterten Attacke auf die Dubliner Regierung, und wie leid es ihm täte, daß das Gesetz zur Kontrolle der Beschäftigten in Nordirland es nicht habe verhindern können, daß eine große Zahl von Feniern ins Land strömten. »In unserer Mitte befindet sich der Dubliner Abschaum«, sagte er. Ich klatschte mit allen anderen. »Wir müssen sie aus dem Land treiben.«

»Hört, hört«, tönte ich mit den anderen.

Schließlich enthüllte er mit professionellem Schaum vor dem Mund die Verschwörung zwischen Vatikan und Kreml.

»Denen hab' ich's gegeben, nicht wahr?« sagte er, als er zu seinem Sitz zurückkehrte.

»Aber gewiß, Sir«, sagte ich.

Ich dachte, er würde ohnmächtig umfallen. »Mein Gott, wo kommen Sie her?«

»Aus Dublin, Sir.«

»Dann sind Sie natürlich einer unserer Dubliner Logenbrüder?«

»Ich bin ein Bruder aller Menschen«, sagte ich.

»Sie wollen sagen, daß Sie ein Orange-Mann sind?«

»Nein«, sagte ich, »ich bin ein ehemaliger I.R.A.-Mann.«

»Und ein Katholik?« Er zischte das Wort, als verbrenne er sich daran den Mund.

»In Dublin gibt es viele Leute, die ernsthaft daran zweifeln, Sir, aber aus Ihrer Sicht bin ich ein Katholik, wie es auch mein Vater und meine Mutter stets waren. Niemand aus meiner Familie war je etwas anderes, aber ich würde nicht sagen, daß sie sehr gute Katholiken sind. Ich will nur sagen, daß keiner von ihnen je ein verdammter Protestant war. Und außerdem will ich Ihnen noch eins sagen: Sie sind sicher, daß Sie bei der nächsten Wahl wiedergewählt werden. Soviel ich sehe, werden die Leute im Norden nicht schlau, ebensowenig wie die im Süden, und es gibt genug Dummköpfe hier, die Sie wiederwählen werden.« Er hob die Hand, um mich zu unterbrechen, aber ich war noch nicht fertig. »Mir ist aufgefallen, daß Sie über die Arbeitslosigkeit im Norden kein Wort gesagt haben.« Dabei sah ich ihm fest ins Gesicht, denn ich war mutig wie ein Holländer oder auch wie ein Kelte – das machte der Flachmann mit Whisky in meiner Tasche.

Der Geistliche sah ein wenig erstaunt aus, und mir war jetzt alles egal. »Das, was mir in den Reden von Orangeleuten und radikalen protestantischen Geistlichen am meisten Spaß macht, ist die angebliche Verschwörung zwischen dem Vatikan und dem Kreml. Ich will Ihnen etwas sagen«, fuhr ich fort, »wenn Sie in die Welt hinausgingen – und es gibt eine Welt außerhalb von Nordirland und Südirland –, und wenn Sie sich in Paris, London, Rom oder New York auf eine Tribüne stellten und Ihren Zuhörern davon erzählten, die würden sich vor

Lachen auf dem Boden wälzen. Ich glaube, das ist ein wundervoller Gesichtspunkt. Der nordirische Protestant ist der einzige Mensch auf dem Antlitz der Erde, der intelligent genug ist, die Bedrohung, die von Stalin und dem Papst Pius XII. gemeinsam ausgeht, zu durchschauen.«

An diesen schönen Sommertag werde ich mich auch noch wegen der Lieder erinnern, die ein alter Mann in Millisle sang. Er sang: *Helles Silberlicht des Mondes* und *Die gelbe Rose von Texas.* Ich war enttäuscht, weil er nichts sang, das sich auf den Orangetag bezog. Wir verbrachten einen tollen Tag mit Singen, Trinken und Essen, und obwohl ich mich ein bißchen schämte, den Parlamentarier so beschimpft zu haben, und auch weil draußen die helle Sonne schien, als die Kneipe zumachte, dauerte es doch nicht lange, bis wir wieder drin saßen. Manche gingen in dieser Nacht überhaupt nicht ins Bett. Als wir heimzogen, standen ein paar Unentwegte an der Straßenecke, und ein alter Mann fragte mich nach der Zeit. Ich sagte ihm, wie spät es war. »Gott sei Dank, jetzt ist's mal wieder für 'ne Weile vorbei«, sagte der Alte. »Ich bin ganz erledigt.«

Mir war auch nicht ganz wohl, als ich am Morgen aus dem Bett kroch, aber bald schwamm ich wie ein kleiner Junge im Hafenbecken herum, und Anna und meine kleine protestantische Ketzerin schwammen mit mir um die Wette. Und ich muß wirklich sagen, ich war damals ein guter Schwimmer. Heutzutage tauge ich leider zu nichts mehr so richtig, außer vielleicht dazu, in Schnaps zu schwimmen.

»Morgen«, sagte ich zu William, der uns zusah, »ist wieder ein Feiertag, le Quatorze Juillet.«

»Ist das ein Fenierfest?«

»Es ist das größte republikanische Fest des Jahres«, sagte ich, »der Vierzehnte Juli, und du mußt unbedingt mit mir und O'Leary am Abend ins Hotel kommen und feiern.«

»Das würde mich umbringen«, sagte er.

»Nun, wir haben auch mit euch gefeiert.«

»Da hast du recht«, sagte der alte William resigniert. »Und man muß fair sein.« Es wurde ein herrlicher Tag, und ich beschloß ihn am Abend im Hotel mit Liedern über die Franzosen, die unsere Sache unterstützt hatten. Alle sangen mit, denn wie ich schon sagte, außer dieser sauren Alten im Bus ist mir im Norden keine Opposition begegnet. Meine eigene Familie fand schließlich nach 1916 Zuflucht in Belfast. Das kam so:

Meine Mutter hatte zwei Ehemänner – natürlich nicht gleichzeitig. Zum erstenmal heiratete sie kurz vor der Osterwoche 1916 und verbrachte ihre Flitterwochen damit, Kurierdienste für ihren Mann, ihren Bruder und ihre Schwäger zu leisten, und noch lange Zeit mußten sie, ihre Tanten und Schwestern, im Mißgeschick hin und her ziehen, ihre Habseligkeiten von einem Ort zum andern bringen, abwechselnd die Kinder hüten.

Der friedliche Quäker, der Boland's Mill gegründet hatte, hätte sich sicher gewundert, daß seine Keksfabrik doch wahrhaftig einmal zusammen mit dem Hauptpostamt, wo mein Onkel Joe lag, und der Marrowbone Lane, wo Onkel Mick kämpfte, das Hauptwiderstandsnest bildete; meine Onkel und der Vater meines Stiefbruders kämpften dort mit Mausergewehren.

..........eine zehn zu eins Übermacht,
Und unsre Linien durchbrachen sie nie
In der ungleichen Schlacht.
Sie hatten Kanonen und Kavallerie,
Maschinengewehr' jeder Art,
Doch lag's nicht an uns, wenn einer nur
Zurückkehrt' an Englands Gestad.......

Laß los, sonst hau ich einen Polizisten!

Belfast scheint ein friedlicher, behaglicher, von allem weit entfernter Zufluchtsort gewesen zu sein, nachdem die Schlacht vorüber, die Jagd abgeblasen war. Dort hatte meine Mutter ihr erstes Zuhause, ihr Mann seine erste Arbeitsstelle nach dem Bürgerkrieg. Dort begann ihr Eheleben, und nach den Berichten von Bomben, Kanonen und Hinrichtungen stammen aus dieser Zeit nun freundlichere, häuslichere Andekdoten, zum Beispiel, wie sie ihm einmal ein Stew mit Curry vorsetzte und er nach dem ersten Bissen zum Wasserhahn lief und sich fragte, warum sie ihn wohl vergiften wollte.

Sie waren nicht die einzigen Flüchtlinge dort. Man erinnert sich mit Entrüstung an einen früheren Hauptmann der Wache im Leinster House, der in eine Versammlung von zwanzig oder dreißig Menschen hineinplatzte, die an einem Sonntagabend zum *scoraíocht* zusammengekommen waren, und in die Wolke von irischem Tabaksqualm hinein die Bemerkung fallenließ, es sei dort wie in einem Backofen.

Nachdem Rory, mein Stiefbruder, in der Kirche auf den Namen Roger Casement getauft worden war, trug mein Onkel Peadar, derselbe, der die irische Nationalhymne geschrieben hat und eine Art von wandelndem Bollwerk des Feniertums war, den Säugling auf seinen Armen auf den Gipfel eines Hügels, und dort wurde er, während sein Vater als Pate fungierte, durch Eid in die Irisch Republikanische Bruderschaft aufgenommen.

Das kleine Haus meiner Mutter wurde eine Durchgangsstation für die vielen Dubliner, die nach Liverpool und Glasgow zur Saisonarbeit fuhren. Und meine Mutter erinnert sich bis auf den heutigen Tag an die Freundlichkeit der Nachbarn. Ihr größtes Interesse galt dem kleinen Fenier, aber obgleich es sehr bürgerliche Leute waren, sprachen sie nie von Politik, sagten auch kein Wort über das Kommen und Gehen und den südlichen Akzent der jungen Leute, die zu jeder Tages- und Nachtzeit das Haus aufsuchten. Vielleicht machte man mal eine zufriedene Bemerkung über die Prügel, die die Deutschen an der Somme bezogen, aber wenn die Polizei im Viertel herumschnüffelte, so war es die Witwe eines ehrsamen Lehrers, die meine Mutter warnte.

»Heute morgen waren ein paar Polizisten hier in der Gegend, die nach Leuten suchten, die sich vielleicht vor der Dubliner Polizei verstecken. Es soll hier Rebellen geben, ich bitte Sie! Wie wir alle gesagt haben, ist das 'ne Beleidigung für eine anständige Straße, daran auch nur zu denken. Rebellen, Sinn Feiners sollen sich hier verstecken! Und wie geht's unserem Kleinen heute? Haben Sie getan, was ich Ihnen geraten habe . . .?«

Mein erster Besuch im Norden – es war das erste Mal, daß ich überhaupt aus Dublin herauskam – brachte mich nach Newry. Ich fuhr mit einem ganzen Zug voll mit Fußballspielern, Akkordeonspielern, Korkenzieherbetätigern, und das ganze fand statt unter der meisterlichen Leitung meines Onkels Ritchie. Der war ein unkriegerischer Onkel, dem man sogar den Vorwurf machte, er erinnere sich an den Ostermontag des Jahres 1916 nur, weil er an diesem Tag eine goldene Uhr bekommen hatte.

Ein anderes Andenken an die Tage des Aufstandes war ein

Paar pelzgefütterter Stiefel, die zu meiner Zeit schon abgetragen waren, aber immer noch unter dem Bildnis von Robert Emmet hingen. Daneben steckte eine Weihnachtskarte aus dem Jahr 1912 von »Dan Lehan, dem patriotischen ›Sandtänzer‹ und irischen Nationalwitzbold. Tanzte den ›Soft Shoe‹ vor den gekrönten Häuptern Europas; auch alljährlich Aufführungen in Mountjoy und in der Taubstummenanstalt.«

Wenn Onkel Ritchie einen sitzen hatte, streichelte er die alten Pelzstiefel, sein Blick ging von Robert Emmet zum irischen Nationalwitzbold, und er sagte: »Bei Gott, damals gab es noch Männer in Irland.«

Wenn die anderen Onkel vom Hauptpostamt und von Boland's Mill wieder einmal dabei waren, den plötzlichen Tod eines Kameraden zu betrauern, schüttelte Onkel Ritchie zusammen mit den anderen den Kopf. »Wenn man bedenkt, was sie dem armen Brian angetan haben. Das arme Schwein. Haben ihm beide Beine abgesäbelt. Diese Hunde!«

Er knirschte mit den Zähnen und hielt sich nur mühsam zurück, und es war nur gut für die Hunde, daß uns gerade keiner über den Weg lief. Er war eigentlich gar nicht mein Onkel, sondern ein entfernter Verwandter eines anderen Zweigs unserer Familie aus dem Nordosten Dublins. Meist kümmerte ihn die Sache Irlands herzlich wenig. Wenn er in Gedanken verloren war, so war es nicht der Niedergang der keltisch sprechenden Regionen, der seine Stirne furchte, auch nicht das verlorene grüne Land, aber wir respektierten es trotzdem. Er saß in einer Ecke und sah genauso aus wie unsere anderen Onkel, wenn sie sich daran erinnerten, wie sie John Devoy getroffen oder wie sie sich gegenseitig im Bürgerkrieg umgebracht hatten. Aber wir wußten: Dieses tiefe Nachsinnen bedeutete, daß Onkel Ritchie sich einen Streich ausdachte.

Sein letzter Streich brachte mich nach Newry. Er mietete gegen Hinterlegung von dreißig Schilling einen Sonderzug, und unsere Mannschaft fuhr nach Norden, um gegen eine Mannschaft des »Alten Ordens der Hibernier« zu spielen.

In Anbetracht dessen, daß Onkel Ritchie eine Reihe massiver Silbermedaillen für das Spiel gestiftet hatte, erlaubte man seinem Bevollmächtigten, das halbe Eintrittsgeld zu kassieren. Er sammelte auch von den Leuten das Fahrgeld ein unter der Voraussetzung, daß er es am Montagmorgen bei der Ulster-

Bahnverwaltung abliefern würde und einen kleinen Prozentsatz für seine Mühe behalten sollte.

Die ganze Straße sparte, und der Zug war vollgepackt mit Alten und Jungen, die auf der Hinfahrt sangen und tanzten.

Onkel Ritchie rief die Mannschaft in eine Ecke und beschwor sie, daß sie die Medaillen um jeden Preis gewinnen müßten; es schien ihm sehr ernst damit zu sein. Jemand fragte, wer denn der »Alte Orden der Hibernier« sei, und er bekam gesagt, das wäre ein Haufen, der mit Spießen bewaffnet sei, und ein anderer sagte, dagegen würden sie Protest einlegen, wie man ihn noch nicht erlebt hätte.

»Der alte Orden der Hibernier« trug keine Spieße, aber schon vor der Halbzeit hätten sie sie gut gebrauchen können. Sie waren unserer Mannschaft in allem überlegen, nur nicht im Foulen, Hacken, Treten, Beinstellen, Rempeln und was es sonst noch an Gemeinheiten gibt – aber alles war zwecklos. Der »Alte Orden der Hibernier« gewann zwei zu null.

Onkel Ritchie mußte die Medaillen aushändigen. Er war sonst nicht geizig, aber man konnte sehen, daß es ihm schwerfiel. Er flüsterte uns zu, wir sollten so schnell wie möglich zum Bahnhof laufen und die Waggontüren schließen. Er würde bald nachkommen.

Und das tat er auch. Er kam hinter uns hergerannt, die halbe Stadt war hinter ihm her, und sie schrien und schimpften wegen der Medaillen. Jemand sagte, dafür, daß sie aus Milchflaschendeckeln gemacht seien, wären die Medaillen gar nicht so schlecht.

Die Menge lief brüllend hinter Onkel Ritchie her, konnte ihn aber nicht einholen. Wir schrien ihm aufmunternd zu: »Los, Onkel Ritchie, los, schnell, Mann, schnell!« Schließlich fiel er gegen die Sperre, und wir zogen ihn in den Wagen. Es war der letzte Moment, bevor die wütenden Eingeborenen da waren. Carrie Swaine, eine unserer Anhängerinnen aus Ballybough im Süden, schrie triumphierend: »Kommt nur, ihr Orangeschweine!«, worauf der Amateur-Fußballclub des »Alten Ordens der Hibernier« wie die Derwische herumtanzte.

Als wir die Station Clontarf passiert hatten, roch Carrie die Großstadt, und in überströmender Freude schrie sie »Herrliches Dublin« und steckte den Kopf durchs Fenster, ohne es zuvor herunterzuschieben, und dabei hätte sie sich fast enthauptet.

Onkel Ritchie gab am Abend ein rauschendes Fest im Club, und nachher brachte ihn die ganze Stadt zum Schiff nach Liverpool. Er zeigte sich nicht verbittert über die Stadt Newry oder deren Einwohner, er machte nur die Bemerkung, die Medaillen seien wasserdicht. Was er der Eisenbahngesellschaft erzählte, weiß ich nicht.

Aber wie es so ist, alle guten Dinge haben ein Ende, und nachdem unsere Arbeit für »Irish Lights« sowohl würdige Feste der Orangeleute wie doktrinärer Republikaner eingeschlossen hatte, kehrten O'Leary und ich nach Dublin zurück.

Als wir nach Dublin zurückkamen, stellte O'Leary fest, daß er noch genug Geld hatte, um seinen Sohn, den Geistlichen, in England zu besuchen, und ich hatte genug verdient, um nach Paris fahren zu können. Bis London reisten wir zusammen und trennten uns dort mit den besten Wünschen füreinander, ganz zweifelsohne und so.

In Paris angekommen, nahm ich in der Avenue de l'Opéra einen Bus der Linie fünfundneunzig nach St.-Germain des Prés, und wie der Blitz ging's in die Studio-Bar. Ich wurde nicht enttäuscht. George, mein ungarischer Freund, war immer noch da; er hatte zwei andere Burschen bei sich, die ich nicht kannte, Donal, der kleinere der beiden, ein Mensch mit einem dichten blonden Schopf, arbeitete für eine amerikanische Zeitschrift, die *Points* hieß, während Desmond der Korrespondent der *Irish Times* war. Das ist nicht nur die kleinste irische Zeitung, sondern auch die beste. Er schien gut zurechtzukommen, denn die Franzosen dachten anscheinend, die *Irish Times* müßte ebenso bedeutend sein wie die Londoner *Times*, und Desmond wurde zu fast allen diplomatischen Empfängen eingeladen.

Nachdem ich mich bereit erklärt hatte, für französische Zeitungen Pornographie auf englisch zu schreiben und Gedichte auf gälisch und Geschichten auf englisch für die amerikanische Zeitschrift, wandten wir uns wichtigeren Dingen zu. Mit einem Glas Pastis in der Hand und dem Klappern von Töpfen und Pfannen im Ohr, fragte ich mich dann, ob ich nichts mehr vertrüge. Da sagte Desmond, er höre es auch. Es war die Band der École des Beaux Arts, der Schule der Schönen Künste, in Paris.

In der landläufigen Vorstellung ist die École des Beaux Arts eine Art *Tir na nOgh* (Land ewiger Jugend), wo junge Genies während des Tages mit frischer wilder Tatkraft malen und bildhauern, die Professoren verfluchen, alle Akademien verdammen, bis das Tageslicht erlischt, die Sterne über der Dachkammer aufgehen und Mimi, die kleine Midinette, schüchtern an die Tür klopft und mit einer Flasche Wein, Fleisch, Knoblauch, Brot und Käse hereinkommt. Das alles hat sie vom Lohn für die Arbeit eines langen Tages gekauft, einer Arbeit, die aus dem Sticheln für die hochmütigen und ungezogenen Damen des Faubourg St.-Honoré besteht.

Und offenbar, dachte ich mir, haben sie auch noch eine Band.

Wie Desmond sagte, machten sie jeden Samstagabend im Sommer einen Umzug durch die engen Gassen des Quartier Latin und spielten dabei harmonische Weisen auf Eimern, Blechkannen, alten Keksdosen, spielten mit alten Autohupen, Auktionatorsschellen, Kesseln und Töpfen, und dazu ertönte ein Chor männlicher und weiblicher Stimmen in folgenden Unterabteilungen: Heulen, Kreischen, Stöhnen, Ächzen, Brüllen, Schreien, Gellen, Knurren, Wiehern, Bellen, und das alles zum Takt des rhythmischen Bumsens auf einer großen Mülltonne aus Messing und den dumpferen Tönen von einer Zinnwanne.

Die Ausländer, die die Straße säumten, lächelten und nickten einander verständnisvoll zu. Das liebe alte Paris. Das liebe alte Quartier Latin. Hat sich nicht verändert, seit Gene Kelly sich hier die Füße wund tanzte, seit wir zum letzten Mal hier drüben waren. Wir wunderten uns über die sauren Mienen der Franzosen und die grollende Stimme des Arbeiters vom Gemüsemarkt, der den Lärm verfluchte und sagte, die meisten Menschen müßten um fünf aufstehen, um zur Arbeit zu gehen. Die Arbeit kann mir gestohlen bleiben, dachte ich bei mir. Die Burschen da draußen denken nicht an Arbeit. Freie Geister. Ich bestellte noch einen Cognac, und *le patron* servierte ihn uns in riesigen Gläsern.

Draußen marschierten sie auf St.-Germain zu.

Ich wandte mich an Desmond, und begleitet von den zufriedenen Seufzern der Ausländer auf der Terrasse schüttelte ich nachsichtig den Kopf und machte eine Bemerkung über den Arbeiter und das Murren der Einheimischen. »Wehe den

Neidern. Sind sie nicht toll, die Studenten? *Is maith an rud an óige*.*«

»Sie schaffen gerade eine Imitation davon«, sagte eine Stimme neben mir.

Ich wandte mich um und sah, daß ein Mädchen hereingekommen war und nun neben uns stand.

»Wovon schaffen sie gerade eine Imitation?« fragte ich.

»Sie sagten auf gälisch, daß Jugend eine große Sache sei. Offenbar bezog sich das auf diese langweiligen Architekten, die da auf der Straße die anderen belästigen.«

»Was für Architekten? Und übrigens, wieso haben Sie verstanden, was ich auf gälisch sagte?«

»Ich bin genauso zur Schule gegangen wie Sie.«

»Das kann ich mir denken. Aber von was für Architekten haben Sie eben gesprochen?«

»Diesen Kerlen, die da rumziehen, sich aufspielen und die Menschen vom Schlafen abhalten. Sie wie alle anderen Touristen . . .«

Ich erstickte fast vor Wut, und Desmond, Donal und George starrten sie angewidert an. Dieses verhaßte Wort, das ihr gerade von den Lippen gekommen war, stempelte sie in unseren Augen als Bürgerin ab. Dieses Wort benutzt man nicht in der feinen Gesellschaft an den Boulevards, außer natürlich, man spricht von einem anderen.

Sie fuhr unbeirrt fort: »Ihr Leute haltet das alles für sehr romantisch, aber sobald diese kleinen Architekturstudenten ihr Examen gemacht haben, kaufen sie sich einen guten Anzug, lassen sich einen Schnurrbart wachsen und sprechen von dieser Periode ihres Lebens als von der Zeit, wo sie sich die Hörner abgestoßen haben. Das wäre mir alles egal, aber ich muß früh aufstehen, nach Neuilly hinausfahren und in der Kirche St.-Pierre arbeiten.« Und sie hielt etwas in die Höhe, das aussah wie die Werkzeugkiste eines Maurers.

Kathleen Murphy sagte uns gute Nacht und verschwand die Rue Dauphine hinunter, ein rankes, schlankes Ding, wie man bei uns zu Hause sagt; aber sie schwenkte stolz ihre Hämmer und Meißel.

Die Kirche St.-Pierre ist die Pfarrkirche von Neuilly im Nordwesten von Paris. Sie ist etwa so groß wie die protestanti-

* Jungsein kann ein Vorteil sein.

sche Kathedrale in Dublin und etwa hundert Jahre alt, nicht älter als die Universitätskirche in Dublin, sie ist ebenso schön, aber in einem anderen Stil gebaut. Der Pfarrer von St.-Pierre hatte gerade genug Geld, um die nötigsten Reparaturen machen zu lassen, ein paar Putzfrauen zu bezahlen und einen Küster. Es blieb aber nichts übrig für das Behauen des wunderbaren Steins, der geradezu nach einem Meißel schrie.

Gottes Hilfe, so sagen die Iren, ist immer gleich vor der Tür; in diesem Fall war es die Tür der École des Beaux Arts. Jemand in der Schule hatte von dem schönen Stein gehört, der nicht behauen war, und bald schon fand sich eine Gruppe von Studenten, die darum kämpften, die Kirche unter sich aufzuteilen. Kathleen Murphy bekam drei Säulen zugewiesen, und mit erhobenem Hammer machte sich die schlanke Person daran, einen Schlag zu tun, *do chum ghlóire Dé agus onóra na hEireann**.

Auf diesen Säulen war in verschlungenen keltischen Ornamenten der Kampf des christlichen Frankreichs gegen die Hunnen dargestellt, die Schöpfung und die Sintflut. Eines Morgens stand ich in der Kirche St.-Pierre in der stillen Avenue des Roule, das ferne Summen des Verkehrs um den Étoile und auf den Champs-Élysées im Ohr, und betrachtete liebevoll die gespannten Züge der streitbaren Wesen, dachte an Raphoe, Cashel und Clonmacnoise und hörte die Wellen des Atlantiks sich an den Küsten von Aran brechen, und die lobpreisenden Stimmen der alten irischen Heiligen, die längst vergangen sind, klangen leise durch den anschwellenden Tageslärm. Und ich war froh, Kathleen Murphy in der Studio-Bar kennengelernt zu haben.

Bald verdiente ich meinen Lebensunterhalt – wenn man es so nennen kann – damit, daß ich Pornographie schrieb und gelegentlich ein paar Gedichte oder Geschichten in der Zeitschrift *Points* unterbrachte, die in amerikanischem Besitz war. Jedenfalls verdiente ich genug, um in vielen Kneipen des Quartier Latin Stammgast zu sein. Und natürlich zog es mich, wie alle Clochards, zu den Markthallen.

Eines Morgens war ich in einem Bistro an den Hallen, das *Le Nouveau Siècle* hieß. Die riesige, glasüberdachte Marktfläche, die von Baron Haussmann gebaut wurde, als er im vorigen Jahrhundert die Stadt neu plante, ist in Frankreich als »Les

* zu Gottes Ruhm und zum Stolze Irlands.

Halles« bekannt. Ich hatte seit vierundzwanzig Stunden nichts gegessen und trank jetzt schon seit zwei Stunden an meinem halben Liter Bier. Selbst wenn ich das Fahrgeld gehabt hätte – ich hatte nicht den Wunsch, nach Irland zurückzukehren, denn ich sehe Irland auf die gleiche Weise wie Sean O'Casey. Es ist ein herrliches Land, um einen Brief von dort zu bekommen.

Da ich hoffte, zu einem zweiten Glas Bier zu kommen, das ich nicht bezahlen konnte, verwickelte ich den Wirt in eine Unterhaltung. Und eins ist sicher, Gottes Hilfe ist nie weiter als die Tür: Ein Mädchen kam herein und stellte sich vor.

»Ich bin Jenny Étoile«, sagte sie. Das heißt, Jenny, der Stern. Damit wollte sie sagen, daß ihr Arbeitsfeld früher um den Étoile herum gelegen hatte, das sind die Straßen, die am Ende der Champs-Elysées sternförmig vom Arc de Triomphe wegführen. »Ich habe Sie mit dem Wirt reden hören. Sie sind doch Engländer.«

»Nein«, sagte ich, »ich bin Ire.«

»Nun, aber Sie haben doch englisch gesprochen. Können Sie auch amerikanisch?«

»Natürlich«, sagte ich, »es ist fast die gleiche Sprache.«

»Hätten Sie Lust, für uns zu arbeiten?« Haben die Enten wohl Lust zu schwimmen, dachte ich. Zu ihr sagte ich: »Wer ist wir?«

»Ich und Monsieur Tony, der Chef.«

Am folgenden Tag traf ich Tony, den *très bien maquereau* (den Zuhälter) im *Le Nouveau Siècle,* und nachdem er mich reichlich bewirtet hatte, wurde ich zum *sous-maquereau* ernannt. Tony nahm mich mit zum *Trois Quartier,* stellte mich sieben oder acht Mädchen vor – Manna vom Himmel – und staffierte mich mit mehreren Anzügen, Hemden, Schuhen und Schlipsen aus. Ich hatte mich seit einer Ewigkeit nicht so wohl gefühlt. Alles, was ich zu tun hatte, war, in *Harry's New York Bar* Geschäfte für die Gesellschaft abzuschließen. Die Bar gehörte einem Bretonen, ein Kelte wie ich, aber die vier Barmänner waren Amerikaner irischer Herkunft, denn die meisten Kunden waren Amerikaner. Ich wickelte meine Geschäfte in einer Ecke der Bar per Telefon ab.

Jesus, Maria und Joseph, ich hab' noch nie jemand gekannt, der so langsam ist wie ein Yankee. Wenn man den aus einem Kloster losließe, würde er keine Frau finden. Ich saß immer an der Bar, und diese Amerikaner mittleren Alters (ach, inzwischen könnte man mich auch als »in mittlerem Alter« ansehen) kamen zu dem Barmann und sagten, wo denn all die Mädels in Paris hin verschwunden wären, von denen sie so viel gehört hätten?

»Geht in Ordnung, Freundchen«, sagte ich dann. »Ich besorg' dir eine.« Dann ging ich ans Telefon und rief entweder Jenny Étoile oder Monsieur Tony an, und das Mädchen stand, bevor wir unser erstes Glas geleert hatten, in einem Taxi vor der Tür von *Harry's New York Bar.*

»Möge die gebende Hand nie zittern«, sagte ich immer, während mir der Amerikaner ein paar Dollarnoten für meine Mühe hinblätterte, und ich unterhielt die erstaunte Gesellschaft mit Liedern über mein Heimatland. Gut geölt füllte meine Stimme den ganzen Raum.

»Paris ist voll von denen«, bemerkte jemand.

»Das ist ein Ire«, sagte ein anderer, »von denen hat's immer genug gegeben.«

Fast jeden Abend kam ein außerordentlich dicker Mensch mit seiner Mutter in die Bar, aber nicht, um mich singen zu hören, wie ich herausfand. Ich hatte immer geglaubt, die beiden wären unzertrennlich, denn ehrlich, ich hatte nie einen von ihnen allein gesehen. Bis zu dem Tag, wo der dicke Mann mich bat, ihm ein Mädchen zu besorgen; seine Mutter hatte ihn für kurze Zeit verlassen, genau so lange, wie man braucht, um dem Drang der Natur nachzukommen.

»Sicher«, sagte ich, »aber bei Ihnen kostet es ein bißchen extra, es geht nach Alter und Gewicht und so. Und außerdem, das Mädchen, das Sie übernimmt, nimmt was auf sich.«

Es war ihm ganz gleich, wie er sagte, aber was sollte er seiner Mutter sagen?

»Sagen Sie Ihrer Mutter, Sie gingen zur Mitternachtsmesse, das sei eine Messe, wo nur Männer hindürfen, es ist eine Männerkongregation.«

Nach ein paar Minuten, noch bevor die Alte zurück ist, steigt die Prostituierte aus dem Taxi, kommt in die Bar und sieht sich nach ihrem Kunden um.

»In Notre-Dame ist eine Mitternachtsmesse«, schrie ich so laut, daß alle es hören konnten, und zwinkerte dabei der Prostituierten zu. Als der dicke Mann hinausging, schob er mir zehn Dollar zu. Während ich meinen Pastis schlürfte, gelang es mir, seiner Mutter die fundamentalen Prinzipien von Männerkongregationen zu erklären und ihr die Sitte einiger französischer Orden glaubhaft zu machen, ihre Nonnen in Zivil zu kleiden.

Während meiner Aktivitäten in *Harry's New York Bar* kam ein Amerikaner in das Lokal, der sich neben mich setzte und stundenlang schweigend sitzen blieb. Das machte mich ganz fertig, und schließlich fragte ich ihn, ob er ein Mädchen wolle.

»Wissen Sie«, sagte er ganz ernst, »es gibt Menschen, die sich aus Mädchen nichts machen.«

»Ich habe noch nicht viele getroffen«, sagte ich, »Sie sind also hinter einem Jungen her?«

Er sah mich entgeistert an. »Hör mal, Kumpel«, sagte ich, »dies hier ist Europa, nicht East-Dingsbums in Kansas.«

Schließlich gab er zu, daß er gern einen Jungen hätte, und ich wollte es gerade mit Monsieur Tony arrangieren, der sich mehr um die Männerabteilung kümmerte, als sich die Frage nach der Hautfarbe stellte. Es gab einen farbigen Jungen, der alle gewünschten Eigenschaften hatte, denn mein Amerikaner wollte sich nicht mit gewöhnlichen Lümmeln abspeisen lassen.

»Wollen Sie einen weißen oder einen schwarzen Jungen?« fragte ich.

»Wie können Sie es wagen, mich zu beleidigen?« sagte er. »Ich will nichts mit einem Schwarzen zu tun haben.« Ich brummte, während ich ihm den Rücken drehte, wenn er das nächste Mal wieder ein Bedürfnis verspüre und nicht reinfallen wolle, so solle er sich am besten gleich mit seiner eigenen Gesellschaft begnügen.

Ein Mann erhob sich von einem Tisch und schüttelte mir die Hand. Er war auch Ire und lebte seit 1930 in Paris. Es gab einen einfachen und hinreichenden Grund dafür: wenn er in Irland geblieben wäre, hätte er ein paar Jahre im Zuchthaus von Glencree verbringen müssen. Während des Krieges hatte er mit Eisenschrott gehandelt, was ihn der französischen Widerstandsbewegung verdächtig gemacht hatte, denn das wurde als kollaboratistische Tätigkeit angesehen, weil es die deutsche Kriegswirtschaft stützte. In Wirklichkeit kollaborierte er nur mit sich selbst und bot gelegentlich Leuten, die auf der Flucht vor der Gestapo oder der französischen Miliz waren, Unterschlupf.

Als er später hörte, daß die Leute der Widerstandsbewegung nach ihm fahndeten, versteckte er sich, denn er glaubte, sie würden ihn wegen seines Schrotthandels erschießen. Aber statt einer Kugel bekam er das »Croix de la Libération«, weil er Leute vor den »deutschen Schweinen« versteckt hatte.

Ich arbeitete viele Monate in *Harry's New York Bar*, bis mir eines Tages der bretonische Eigentümer sagte, er habe meine Aktivitäten beobachtet, dies hier sei kein Bordell und keine *maison tolerée*, und ich müsse gehen. Ich mußte also gehen, und ich ging. Bevor ich jedoch ging, bestand jeder der Barmänner darauf, mir einen auszugeben.

Im Jahr 1959 wurde mein Stück *Die Geisel* als Beitrag Großbritanniens beim Théatre des Nations aufgeführt, und ich war bei diesem Festival ein ganz großes Tier. Ich bekam von der französischen Regierung einen Wagen und einen Führer gestellt. Der Führer war ein alter Freund von mir, nicht von heute oder gestern, sondern von vor elf Jahren. Da er gern ein bißchen von seinem Bla-Bla losgeworden wäre, bevor er mich fragte, wie's mir denn seitdem ergangen sei, legte ich gleich los und sagte, wie glücklich ich sei, Paris gezeigt zu bekommen, weil ich ganz fremd hier sei und der Sprache nicht mächtig. Mein Führer war mir durchaus gewachsen, und unter fröhlichen Blödeleien kletterten wir in den Wagen.

Jesus, Maria und Joseph – da entdeckte ich an einer Seite des Kühlers die irische Trikolore und an der anderen den britischen Union Jack!

»Im Namen der heiligen Jungfrau, würdest du mir wohl sagen, was der Union Jack hier soll? Warum haben wir diesen ekelhaften Lappen am Wagen?«

»Mit deinem Stück vertrittst du Großbritannien.«

Als wir uns vor den Würdenträgern begegnet waren, war mir beim Anblick meines Führers das Blut erstarrt aus Angst, er könne auf unsere frühere Bekanntschaft anspielen, und ich hatte den Grund meines Besuches ganz vergessen. Jetzt begann es wieder rot, weiß und blau zu fließen.

»Das hatte ich ganz vergessen«, sagte ich. »Steck ruhig noch einen zweiten Union Jack auf, vielleicht belebt es das Geschäft.«

Im Triumph fuhr ich durchs Quartier Latin und hielt vor dem Restaurant *Pergola*, wo der gleiche dicke und freundliche Wirt von früher mich herzlich begrüßte, und als ich ein paar Stunden später wieder ging, nachdem ich seine Gäste mit Pernod bewirtet und mit vielen Strophen der englisch gesungenen Internationale unterhalten hatte, war sein Abschied noch herzlicher.

Aber dann gaben uns der Pastis und die Marseillaise im Theater-Club wirklich den Rest.

Am nächsten Tag blieb mein Führer auf seinem Zimmer, die schweren Vorhänge dicht zugezogen, um die Frühlingssonne auszusperren. Ich mußte mit einem Führer des französischen Kultusministeriums zum Empfang in einer berühmten amerikanischen Bar, wie dieser mir sagte.

»O guter Jesus«, stöhnte ich. »*Harry's New York Bar.* Ich hab' aber auch gar kein Glück.«

Während wir mit flatternden Fahnen die Fahrt in unserer Staatskarosse antraten, sagte ich mir immer wieder, daß ja alles schon über zehn Jahre her sei und die Belegschaft wahrscheinlich gewechselt hätte. Wir hielten einen Augenblick vor einem Lokal in der Nähe der Avenue de l'Opéra, weil ich wußte, daß Desmond dort immer noch manchmal zu finden war. Aber auch in seiner Abwesenheit schmeckten dort die paar Schluck Absinth. Mein Mann vom Kultusministerium wurde ziemlich unruhig. Wie ein frühchristlicher Märtyrer trat ich schließlich mit bleiernen Beinen in *Harry's New York Bar.*

Derselbe bretonische Besitzer, der mich damals wegen Zuhälterei rausgeschmissen hatte, kam mir entgegen, um Mr. Behan willkommen zu heißen, und dieselbe Belegschaft rief: »Híya Brendan!«*

Mein Führer fragte erstaunt: »Sie kennen Mr. Behan?«

»Natürlich kennen wir ihn«, sagte der bretonische Besitzer. »Er hat hier einmal gearbeitet. Dort in der Ecke beim Telefon.«

Der Mann vom Ministerium fragte mich, wann ich über meine Vergangenheit bei Harry's etwas schreiben würde. Die Antwort ging im Klingeln der Gläser unter.

Es kam mir wie eine Ewigkeit vor, als ich unten stand und rief: »Um der Liebe Jesu willen, mach mir doch auf.« Endlich kam mein Vater die Treppe herunter und öffnete die Tür.

»Du kommst mir nicht hier mitten in der Nacht rein und

* Hallo, Brendan.

weckst deine Mutter«, sagte er. Ich schob mich an ihm vorbei. »Ihr Gesindel aus den Nordstadt-Slums.« Diesen Ausdruck mag ich sehr und wende ihn selbst oft auf mich an. Mein Vater sagte nichts, er ging die Treppe hinauf, und ich ging hinter ihm her.

Ich erzählte ihm auch nichts davon, was ich in Paris getrieben hatte und warum ich so plötzlich nach Hause gekommen war. Ich war froh, daß er nichts sagte, als ich meine Schlafzimmertür hinter mir ins Schloß warf.

Früh am Morgen stand ich auf und ging nach unten in die Küche, um der Alten guten Morgen zu sagen. Sie stand am Herd.

»Ah, da bist du ja, Brendan«, sagte sie auf ihre unbekümmerte Art. »Der Papa sagte, du seist heimgekommen. Du kommst gerade recht zum Frühstück.«

»Ich will nichts, vielen Dank.« Und dazu machte ich noch ein saures Gesicht.

»Wie, du willst nichts? Es ist aber alles fertig, der Tee und alles.«

»Ich hab's eilig«, sagte ich in einem mürrischen Ton, damit sie merkte, daß etwas nicht stimmte.

»Zur Arbeit gehst du doch wohl nicht so früh.«

Ich verließ die Küche, denn der Essensgeruch machte mich ganz krank, ich konnte nichts essen, bevor ich nicht was zu trinken gehabt hatte. Das war der eigentliche Grund, warum ich nicht zum Frühstück blieb, aber gleichzeitig wollte ich zeigen, daß mein Stolz wegen des kühlen Empfangs verletzt war.

Ich rannte zu den Markthallen, um dort etwas zu trinken.

»*Ara, Dia dhuit** «, begrüßte mich Michael. Ein netter alter Kerl, obwohl mir sonst Heiden lieber sind als Wirte.

»Und dich segne Gott und Maria und Patrick, Brigid und Columcille, dich und jeden anständigen Menschen in deinem Haus.«

Cathal Goulding, Gabriel McCarthy und die ganze Schar, die an der Theke stand oder in einer Reihe an der Wand entlang saß, respondierte »Amen«, »Amen« antworteten die Starkbierhaie, die Whiskeykönige, die Weinfürsten und Apfelweinbarone. Und Michael, der Wirt, fügte hinzu »Amen, o Herr und Gott«, denn er war ein wirklich religiöser Mensch, und

* Gott mit dir.

einer der wenigen Frommen, die nicht schlimmer sind als gewöhnliche Menschen.

In sehr viel besserem Gesundheitszustand traten Gabriel und ich ein paar Stunden später blinzelnd in die Sonne hinaus, aber schon bald waren wir wieder drinnen, diesmal in Davy Byrne's Kneipe. Hier trafen wir den Macher. Der Macher war etwa einsachtzig groß, im Nordosten Englands geboren, und man wußte von ihm, daß er während des Krieges britischer Spion in Italien gewesen war, aber andere sagten auch, er wäre italienischer Spion in England gewesen. Ich persönlich glaube, er spionierte nur für sich selbst, aber Scotland Yard war wohl nicht sicher und sprach ihn von allen Sünden frei, von vergangenen, gegenwärtigen und zukünftigen. Er verstand auch etwas von Schiffen, und ich hörte, wie er Gabriel, den er von früher kannte, fragte, ob er eine Fahrt mit ihm machen wolle.

»Wir fahren zuerst nach Newry in Nordirland, dann nach Rouen in Frankreich und dann zurück nach Glasgow«, sagte er. Und auf Gabriels Bemerkung hin, das sei doch eine seltsame Art, nach Glasgow zu kommen, antwortete er: »Ich hab' da geschäftlich zu tun – auf der falschen Seite.«

Ich spitzte die Ohren (obgleich ich nie jemanden die Ohren habe spitzen sehen), denn die Aussicht, Schmuggler zu werden, gefiel mir besser als die, wieder Häuser anzustreichen.

»Und was für eine Arbeit kannst du denn auf einem Schiff tun?« fragte der Macher.

»Ich könnte steuern«, sagte ich wahrheitsgemäß, denn diese Kunst habe ich von meiner Familie gelernt. Im Winter, wenn es nicht viel anzustreichen gab, arbeiteten einige Männer unserer Familie als »Trossenschlepper«. Sie fuhren mit einem kleinen Boot zu den Segelschiffen hinaus, übernahmen von dem Schiff eine Trosse und fuhren damit an Land. Die Trosse wurde dann um ein Gangspill gelegt, die Matrosen drehten diese Winde, und so wurde das Schiff an Land gezogen. Als kleiner Knirps hatte ich oft zugesehen, und es war fast gewesen, als hätte ich selber das Schiff gesteuert.

Wir kamen überein, daß ich mitfahren sollte. Nachdem ich mir ein britisches Seemannspatent besorgt hatte und der Macher meinem Vater, der sechs Meter hoch auf dem Dach eines Mietshauses arbeitete, zugerufen hatte, er nehme mich mit auf See, und nachdem mein Vater zurückgerufen hatte, er könne mich mitnehmen, wohin er wolle und mich am besten gleich in der See ersäufen, ging ich an Bord der *Sir William*, die auf dem Liffey lag.

Das Schiff war ein Sechsundachtzigtonner, ohne elektrisches Aggregat, und hatte ursprünglich einem Mann von der englischen Westküste namens William Johnson gehört, der nur einen Arm hatte und immer voller Rum war. Offenbar fand er, wenn der König ihn schon nicht adelte, er den König auch erst gar nicht zu bemühen brauchte, sondern sich selbst adeln konnte. So nannte er das Schiff *Sir William* und sich selbst Sir William Johnson. Es ist etwas an diesen alten englischen Seebären dran, denn mit seinem Proviant, der hauptsächlich aus Rumflaschen bestand, segelte er einhändig allein um das Kap Land's End in Cornwall herum und bis nach London hinauf, wo der Macher das Schiff kaufte.

Wir segelten mit einer gemischten Mannschaft. Richtige Seeleute waren der Kapitän, der Steuermann und der walisische Heizer Taffy. Der Macher glaubte bei Wirtschaftsfragen daran, es sei am besten, auf dem billigsten Arbeitsmarkt zu kaufen und auf dem teuersten zu verkaufen, und dieser teuerste Markt war er selbst. Taffy hatte nämlich dem Pool der Seeleute angehört, das heißt, er hatte ein Anrecht darauf gehabt, Wochenlohn zu beziehen, ob er nun ein Schiff hatte oder nicht. Aber für die Mitgliedschaft in diesem Pool mußte er sich regelmäßig untersuchen lassen. Man stellte fest, daß er an Tuberkulose litt, und schmiß ihn raus. So konnte der Macher ihn für ungefähr zwei Drittel seines normalen Lohns anheuern und ihn etwa ein Drittel der Zeit länger arbeiten lassen, die normalerweise auf einem Schiff gearbeitet wird.

Der Kapitän war ein sehr angenehmer und begabter Mensch – ein Ingenieur, ein sehr guter Navigator und in jeder Hinsicht ein guter Seemann. Er war auch Funkexperte und hatte in dieser Eigenschaft während des Krieges für die BBC gearbeitet. Unglücklicherweise hatte er eine Leidenschaft für Pferderennen, und jedesmal, wenn wir in einen Hafen kamen, verspielte er alles, was er besaß. Der Rest der Gesellschaft bestand aus gewagten Geschäftemachern, und wir, Gabriel und ich, waren sozusagen die Handlanger der gewagten Geschäftemacher. Die richtigen Seeleute schliefen auf dem Vorderschiff, wir hinten, wo in Frieden Schurkereien geplant werden konnten.

Smithy und Jonesy kamen in schmucken Londoner Anzügen und voluminösen Windsorkrawatten an Bord. Smithys

Schlips war aus scharlachroter Seide mit Aluminiumblättchen darauf, Jonesys aus blauer Seide mit Goldblättchen. Ja, dachte ich, wenn der Duke of Windsor diese Art, einen Schlips zu binden, erfunden hatte, dann muß es ihm um einen Zeitvertreib zu tun gewesen sein. Die beiden waren Teilhaber des Unternehmens und an Bord gekommen, um zu sehen, wie alles lief. Ich glaube, keiner der beiden war je auf einem Schiff gewesen, das diesen Namen verdient, und bevor sie vom Macher hörten, hatten sie geglaubt, es wäre wie eine Fahrt mit der Straßenbahn.

Wir ließen die Matrosen im vorderen Logis, wo sie sich ihren Tee brauten, ihre Socken stopften und ihre Wache damit verbrachten, mit unendlicher Geduld kleine Schiffchen in leere Flaschen zu schieben. Der Macher, Gabriel, Smithy, Jonesy und ich zogen uns nach hinten zurück, um wie Seeleute Rum zu trinken. Die Flaschen würden an Bord nicht knapp werden.

Am elften November segelten wir an der Küste entlang nach Newry; dort mußte mit der Stadtverwaltung wegen einer Ladung Äpfel verhandelt werden und wegen eines britischen Zolldokuments, das uns bescheinigte, daß wir aus einem Hafen des Vereinigten Königreichs kamen und uns deshalb nicht der üblichen Zollkontrolle zu unterziehen brauchten.

»Wenn wir unsere Ladung Äpfel haben«, sagte der Macher, »kippen wir sie drei Meilen vor der Küste ins Meer, bis auf ein paar Kisten, die wir als Tarnung für unsere eigentliche Fracht brauchen; die laden wir in Rouen und bringen sie nach Glasgow.«

Wir nickten alle zustimmend. Es war Waffenstillstandstag, und wir gingen gerade die Hauptstraße von Newry entlang, als der Macher in einem Laden verschwand und im Handumdrehen mit einem Strauß künstlicher Mohnblumen wieder zum Vorschein kam.

»Hör mal«, sagte ich, »ich muß etwas erklären.« Aber der Macher drohte mir mit dem Finger und sagte: »Halt den Mund, Brendan. Ich will keine Erklärungen.«

»Nein, keine Erklärungen«, sagte Gabriel, »und überhaupt, keine Prinzipien, was das Tragen von Mohnblüten und auch unser seemännisches Unternehmen betrifft.«

Ich sagte also nichts, bis wir in das Hotel kamen, wo wir den Vorsitzenden der Stadtverwaltung von Newry treffen sollten. Alle hatten wir die riesige Mohnblüte am Rockaufschlag.

»Hört mal«, sagte ich, »ich wollte euch doch nur erklären, daß wir hier zwar in Nordirland sind, aber eben im südlichen Teil von Nordirland, und hier hat man nicht viel für Mohnblüten übrig.«

Die Sache wurde nun bei Whisky, Gin und Tonic durchgehechelt, und schließlich kamen wir überein, die Mohnblüten in die Gosse zu werfen, bevor wir ins Hotel gingen. »Nur ein Fünfer verschwendet«, sagte der Macher.

Wir trafen den Vorsitzenden der Stadtverwaltung, und der Macher schüttelte ihm die Hand. »Ich bin entsetzt darüber, was diese dreckigen Protestanten Ihnen hier im Namen Englands antun.«

Das bleifarbene Gesicht des Vorsitzenden wurde blau, und sein Bauch wogte vor Empörung. »Wie können Sie es wagen«, krächzte er. »Der zweite Vorsitzende der Stadtverwaltung ist ein hochgeachtetes Mitglied der presbyterianischen Gemeinde.«

Seine Entrüstung brach zusammen, da ihm der Atem ausging, und bei ein paar Gläsern Whisky hatte der Macher Gelegenheit zu erklären, daß alles nur ein Scherz gewesen sei. Wir bekamen unsere Äpfel, und ein paar Tage später waren wir auf See auf dem Weg nach Frankreich.

Während der ersten beiden Tage kotzten Smithy und Jonesy wie die Reiher, und als sie schließlich von ihren Sterbelagern aufstanden und an Deck kamen, waren sie blaß und verstört. Es war ein schöner Morgen, und ein angenehmer, frischer Wind blies uns in den Rücken. Der Kapitän hatte dem Steuermann das Ruder überlassen und kam mit einer kleinen Holzkiste über die Kajütentreppe auf uns zu. Smithy und Jonesy, die seit achtundvierzig Stunden nichts gegessen hatten und ziemlichen Hunger hatten, fragten, ob er Sandwichs für sie darin hätte.

»Tut mir leid, Jungens«, sagte der Kapitän, »ich hab' hier keine Brote für euch, ich hab' hier meinen Vater.«

Wir dachten alle, der Kapitän, der nicht mit Rum und Orangensaft sparte (ich glaube sogar, er ersetzte den Orangensaft durch Rum), hätte sich ein bißchen zuviel gegönnt.

»Nun aber langsam, Kapitän«, sagte Smithy, »wie können Sie denn Ihren Vater in einem so kleinen Holzkistchen haben?«

Der Kapitän erklärte, daß sein Vater eingeäschert worden sei und daß er den Wunsch geäußert habe, man möge seine Asche vor der französischen Küste ins Meer streuen, denn die Mutter des Kapitäns war Französin gewesen. Er öffnete nun die Kiste, um die Asche seines Vaters auf die Wogen zu streuen. Jonesy stand dabei und machte ein trauriges Gesicht. Er tat das hauptsächlich deshalb, weil er nie die Mütze abnahm, nicht einmal im Bett, denn er hatte kein einziges Haar zwischen sich und dem Himmel. Gabriel sang mit gedämpfter Stimme ein Revolutionslied, während ich, scheinheilig wie ich bin, das Kreuzeszeichen machte und ein paar Sätze aus dem Vaterunser murmelte.

Aber der Kapitän war so gerührt, daß er die Asche seines Vaters nicht mit dem Wind, sondern gegen den Wind warf, so daß sie uns ins Gesicht geweht wurde, und ein Teil geriet in den Ventilator und damit in die Kajüte, wo der Macher sich gerade seinen Punsch braute.

»Welches Schwein wirft schon wieder Schlacke in den Wind?« schrie er nach oben.

Wie der Blitz waren wir unten, um ihm zu erklären, daß das keine Schlacke war, sondern der verehrte und geliebte Vater des Kapitäns.

Einige Augenblicke später war die ganze Mannschaft versammelt und trank auf den Vater, aber wir tranken nicht nur auf den Vater, sondern auch ihn selbst, denn etwas von der Asche war in den Punsch geraten. Aber was machte das schon, es war eine ganz hygienische Asche.

In der Dämmerung des nächsten Morgens gingen wir in Rouen an Land und übernahmen eine Ladung einträglicherer Güter: Cognac, etwas Wein und Nylonstrümpfe, die damals in England knapp waren.

Nachdem wir unser kleines Schiff beladen hatten, bekam der Macher Sehnsucht nach Paris, wo er während des Krieges eine Zeitlang als britischer Agent gearbeitet hatte. Er bot Gabriel und mir an, mitzukommen, und wir sagten gern ja.

Wir drängten uns in ein Taxi, einen großen Delage, der, als wir erst auf der Landstraße waren, die Kilometer nur so fraß. Wir stiegen gegenüber vom *Dupont* am Boulevard St. Michel aus, und der Macher zeigte mir eine Stelle, wo ein Kollaborateur von einem Mitglied der Résistance erschossen worden war. Der Résistancemann war jetzt bei der Polizei.

Wir gingen in ein Hotel auf dem linken Seineufer in der Rue du Bac, und dort stand eben dieser Mann in Polizeiuniform. Der Macher stellte mich vor und lud ihn zum Mittagessen ein.

Da wir gerade von der Pariser Polizei sprechen, möchte ich folgendes sagen. Einige Leute von der Insel auf der anderen Seite des Kanals und irische Touristen aus jener Gesellschaftsschicht, die einen gebratenen Kenianer essen würden, wenn sie glaubten, die feinen Leute von gegenüber täten es auch, kritisieren sie als bewaffnete Staatspolizei und vergleichen sie mit dem lieben alten Dorfpolizisten von daheim. Der Lieblingstrinkspruch meiner Großmutter lautete: »Auf die irische Harfe! Mögen ihre Saiten immer so lang sein wie ein Polizistendarm.« Ich bin selber nicht so scharf auf Polizisten irgendeiner Art, aber meine Erfahrungen mit den Pariser Polizisten waren im großen und ganzen angenehm.

Durchaus im Einklang mit den demokratischen Traditionen ihres Landes, ermahnen sie den reichen »Rentier« in seinem Delage ebenso wie den Arbeiter, der sein Kind hinter sich auf dem Fahrrad sitzen hat, und ebenso bereitwillig helfen sie auch beiden. Ob Franzosen oder Ausländer, ob arm oder reich, sie stehen jedem zur Verfügung, und wenn die Papiere in Ordnung sind, so kümmert es sie wenig, was man sonst noch in der Tasche hat; man kann heimgehen und in Ruhe schlafen.

In einer Ecke des Restaurants saß ein Mädchen vor seinem Glas Fruchtsaft, das ich sofort erkannte. Sie kam mit ausgestreckten Händen auf den Macher zu.

»Dies ist Jenny Étoile«, sagte er. Falls sie mich erkannte – und sie muß mich erkannt haben –, so zuckte doch kaum ein Muskel in ihrem Gesicht, und diskret verschwand sie wieder.

Der Macher bestellte uns ein ausgezeichnetes Essen, eine Zwiebelsuppe, ein Gericht, das ich sehr liebe, und ein Steak. Der Kollaborateurschlächter lehnte das Steak ab, er sei guter Katholik und äße freitags kein Fleisch. Wir anderen Sünder taten der Mahlzeit mehr Gerechtigkeit an.

Nachdem die Rechnung bezahlt war, gingen wir ins *Mabillon*, wo wir einen *café fine* tranken, dann über die Place St. Sulpice, die Rue Servandoni hinunter, durch den Jardin du Luxembourg zum Boulevard St. Michel, wo wir noch einen tranken.

Ich hatte den Macher noch nie so in Form gesehen. Er war sorglos wie ein Junge auf einem Schulausflug, und mir ging es ebenso. Den ganzen Weg zurück nach Rouen sangen wir, was das Zeug hielt. Dann ging es zurück nach Glasgow.

Wir ließen das Boot im Clyde liegen und gingen an Land.

Der Macher sagte uns, er werde uns in einer Stunde in der *Celluloid Bar* am Kai treffen. Es stellte sich heraus, daß es sich um die *Céilidh Bar* handelte; *Céilidhe,* so schreiben es die Iren, ist das gälische Wort für Tanz. Trotz der komischen schottischen Schreibweise des Namens gefiel uns das Lokal.

Nach einigen Gläsern Bier fragte mich der Macher, ob ich den Mast der *Sir William* anstreichen wolle. Ich war gleich einverstanden.

Am folgenden Tag kletterte ich den Mast hinauf, und das Schiff fing an zu schaukeln. Nun bin ich sehr feige, und da ich nicht wußte, wie ich mich an der Leiter festhalten und gleichzeitig den Mast von oben nach unten anstreichen sollte, fing ich am unteren Ende an. Mit der Zeit würde ich schon irgendwie damit fertig werden, picobello und wie sich's gehört, aber da kam der Macher aus seiner Kajüte hoch, um Luft zu schöpfen, gerade als ich mich an das Schaukeln gewöhnt und einen knappen halben Meter gestrichen hatte.

»Guter Gott«, sagte er, »ich weiß zwar, daß du nur ein halbgehangener Matrose bist, aber ich hätte doch gedacht, du wärst ein richtiger Anstreicher. Fängst du immer am unteren Ende an?«

»Nein«, sagte ich etwas hilflos, »aber ich habe versucht, zuerst etwas ins Gleichgewicht zu kommen und mich an die Höhe zu gewöhnen.«

»Die Höhe? Auf so einem kleinen Schiff? Da habe ich doch oft schon höher gepinkelt.«

Von dieser und folgender Fahrt her ist mir jede Landmarke am Fluß Clyde in Erinnerung. Wenn man sich von draußen der Mündung nähert, liegen rechts die Insel Aran und der Leuchtturm von Lamb Lash, und dann kommen Greenock und Gouroch und Paddys Milestone, die Klippe Ailsacraig, genau in der Mitte des Firth of Clyde. Dann kommt das Dock King George V. und die Bunkerstation und gegenüber die Singer-Nähmaschinenfabrik, aus roten Ziegeln, die mit ihrer Neonuhr ganz modern aussieht. Dann kommt die Jamaica-Street-Brükke, dahinter der Clyde-Quay auf der einen, der Broomilaugh-Quay auf der anderen Seite.

Aber alles Gute geht einmal zu Ende. Viele, viele Monate später trennten wir uns, der Macher und ich, in der *Céilidh Bar* mit der Feststellung, daß Trennung jetzt strategisch und finanziell angebracht sei.

Bei meiner Rückkehr nach Dublin erklärte mir meine Mutter, daß man in ihrem Haushalt als Anstreicher oder Seemann leben könne (ein enger Freund meines Vaters, ein Seemann namens Jack Basnett, war vor vielen Jahren im East River in Amerika ertrunken), aber nicht als Schriftsteller, Embryo oder so was.

Ich logierte mich also bei einer guten republikanischen Dame ein, die hauptsächlich von gälisch sprechenden Kanal- und Straßenarbeitern aus Westirland lebte, die sie vor allem mit Knochen fütterte. Die Knochen stammten aus dem Hinterhof einer Schlächterei, die neben dem Haus lag. Man hatte sie dort für die Ratten hingeworfen. Hilda riß den Ratten die Knochen aus dem Maul, denn sie wollte sie für ihren Suppentopf haben. Sie waren billig und nahrhaft, wie sie sagte.

Diese armen, unglücklichen Arbeiter hatten gerade Kraft genug, um sich auf ihre Schaufelstiele zu stützen, und wollten sich bei mir über ihr Essen beklagen. Ich tat, als verstünde ich sie nicht, obwohl ich sie ebensogut verstand, als hätten sie englisch gesprochen. Denn in Wirklichkeit war es so: Ich und ein anderer Mieter, Cornelius Mackie, ein ehemaliger I.R.A.-Mann aus Westirland, wurden wie Kampfhähne verpflegt, wir bekamen in Milch geschlagene Eier, manchmal mit einem Tropfen Cognac, um uns für die vermeintlich schlechte Behandlung in britischen und irischen Gefängnissen zu entschädigen.

Schließlich hatte einer der Burschen genug Englisch aufgeschnappt, um Hilda eine Frage zu stellen.

»Madam, warum ich nur Suppe, aber kein Fleisch?«

Hilda mußte sich einen winzigen Whisky genehmigen, um sich zu fassen, dann sagte sie, sie werde sich in Zukunft auch Fleischabfälle vom Metzger besorgen, und die nackten Knochen im Suppentopf klapperten ärgerlich bei dieser Vorstellung.

Manchmal wurden die Ratten frech und abenteuerlustig und kamen ins Haus. Es war schon schlimm genug, wenn sie in die Küche eindrangen, aber sie im Schlafzimmer auf Hildas Frisiertisch sitzen zu sehen, konnte einem schon das Blut erstarren lassen. Ich stand da und sah es mit Furcht und Zittern, aber Hilda scheuchte das Tier auf ihre sorglose Art nur weg. »Runter mit dir, Pussy, geh da runter«, sagte sie dann.

Bis auf wenige Ausnahmen fand sie es nicht nötig, Matratzen, Decken und Laken zur Verfügung zu stellen. Sie kaufte auf Auktionen alte Sofas auf. Der Mieter wurde angewiesen, mit dem Messer den Bezug aufzuschlitzen und sich in die Polsterung zu legen. Das geht ja noch, solange der Mieter allein ist, wird aber schwierig, sobald er ein Mädchen mitbringt. Die wußte dann nicht, wo und wohin sie sich legen sollte.

Dann gab es da Dick, einen jungen Schauspieler, der auf Decken und Laken bestand. Eines Abends wollten die Culchimacks, wie wir die gälisch sprechenden Leute nennen, Adler und Kopf spielen, und damit die Münzen nicht auf dem Boden herumrollten, brauchten sie eine Decke zum Unterlegen.

Wie der Blitz waren sie oben und stürmten in Dicks Zimmer, der seine Hände schützend vor sein Geschlecht hielt, denn da er zu einem der beiden Theater in Dublin gehörte, die als »Sodom und Begorrah« bekannt sind, glaubte er, er sollte vergewaltigt werden.

»O Gott«, jammerte er, »das geht doch nicht, ihr könnt nicht zu sechst oder siebent über mich herfallen.«

»Komm schon«, sagte einer der gälischen Burschen, »nimm die Hände von deinem Gehirn. Du brauchst es nicht festzuhalten. Wir wollen nur deine Decke, um Adler oder Kopf darauf zu spielen.« Damit zog er ihm das Bettzeug weg und ließ den armen Kerl ohne Schutz und Hülle liegen.

Cornelius Mackie hatte keine Lust, sich ohne Bettzeug zu behelfen, und besorgte sich selbst welches, und das tat ich übrigens auch. Cornelius hatte große Angst, sein Bruder Sean könnte herausfinden, unter welchen Umständen er lebte, Umstände, an die sie von zu Hause nicht gewöhnt waren. Aber soviel ich mich erinnere, legte sich der Bruder, als er schließlich auftauchte, neben Cornelius ins Bett und blieb sechs Monate dort liegen. Und wie er es offenbar schon früher gemacht hatte, entwickelte er eine große Geschicklichkeit darin, sich in der Innenstadt von Dublin vor die Wagen ausländischer Diplomaten zu werfen, die gewöhnlich nicht vor Gericht gehen wollen und die Sache privat regeln. Bis auf ein paar Schrammen und ein gebrochenes Fußgelenk, die durch die Intervention eines wohlmeinenden Hundes verursacht wurden, kam Sean bei diesen Transaktionen recht gut weg.

In diesem Haus lebte außerdem eine hochachtbare Frau, die viel für die Kirche tätig war. Wenn sie mich manchmal auf der

Treppe traf, nahm sie sich die Zeit, mich vor der Gesellschaft in dieser Bude zu warnen.

»Sie müssen wissen, nicht jeder in diesem Haus ist ein so anständiger Mensch wie Sie.«

Damals verdiente ich mir mein Brot mit dem Dopen von Windhunden. Ich eignete mir große Kenntnisse an über die jeweilige Kondition der Hunde auf allen Rennbahnen Englands und Irlands. Wenn Anstreichen ein Handwerk und Spielen eine Begabung ist, war es die Begabung, die mich damals über Wasser hielt. Ich selber mag Hunderennen nicht: Das Rennen auf der Bahn nach dem künstlichen Hasen ist zu langweilig, die Hetzjagd ist zu grausam. Ich ging manchmal zu den Hetzjagden, denn das Geschrei der Hasen war ein Vorwand für mich, um im Zelt zu bleiben und den Lärm in Whisky zu ertränken.

Ich schrieb gelegentlich auch Gedichte und Artikel – ich habe mich selbst nie als etwas anderes als einen Schriftsteller gesehen – und ein zweites Stück *The Landlady*. Die Geschichten und Artikel wurden hauptsächlich in der *Irish Times* und der *Irish Press* veröffentlicht, aber John Ryan brachte einige auch in seiner Zeitschrift *Envoy*. Das Stück schrieb ich mit der Hand, und mein Vetter Seamus de Burca tippte es für mich ab, aber es wurde nie veröffentlicht.

Ich kann mir nicht vorstellen, daß jemand in dem reifen Alter, das ich inzwischen erreicht hatte, zum Vergnügen schreibt. Ich stimme mit Dr. Samuel Johnson, einem großen Engländer, überein, daß der Mann, der nicht für Geld schreibt, ein Dummkopf ist. Und da wir einmal bei Dr. Johnson sind: Das Haus des großen Mannes steht immer noch in London, es hat den Krieg, Unruhen und Umwälzungen überlebt. Ich kam neulich daran vorbei und grüßte den massigen Schatten des alten Stänkerers mit ein paar gälischen Worten. Vielleicht hat er in dem eindreiviertel Jahrhundert, das er da oben ist, etwas von der Sprache gelernt. Er hatte immer eine Vorliebe für diese Sprache, wenn er auch nur wenig davon kannte.

Aber die Gefühle des alten Mannes beschränkten sich nicht auf die Faszination durch die irische Vergangenheit. Im Alter konnte seine ehrliche Entrüstung über das Unrecht, das Irland erlitt, sich in zornigen Worten Luft machen.

»Die Iren befinden sich in einem ganz unnatürlichen Zustand; denn wir sehen, daß dort die Minderheit über die Mehrheit herrscht. Unter den zehn Plagen Ägyptens gibt es kein Beispiel für die Grausamkeit, mit der die Protestanten in Irland gegen die Katholiken vorgegangen sind. Würden wir ihnen sagen, daß wir sie besiegt haben, so wäre das eine klare Sache; sie mit Enteignungen und anderen Bußen als Rebellen zu bestrafen war eine ungeheuerliche Ungerechtigkeit. King William war nicht ihr rechtmäßiger Souverän; er war vom irischen Parlament nicht anerkannt gewesen, als sie bewaffnet gegen ihn antraten.«

Doktor Johnson hatte »gute Zeit« für uns, wie man im County Clare sagt.

Ein anderer großer Engländer, der die katholische Emanzipation befürwortete, war Sydney Smith – der ein so wichtiges Amt wie das eines Stiftsherrn von St. Paul bekleidete. Er sprach die beklagenswerte Wahrheit aus, daß »in dem Augenblick, wo auch nur der Name Irlands erwähnt wird, die Engländer jedem normalen Gefühl, normaler Klugheit und dem gesunden Menschenverstand Adieu zu sagen scheinen; sie handeln dann wie barbarische Tyrannen und uneinsichtige Idioten«.

Er war ein sehr ungewöhnlicher Stiftsherr, von dem Georg IV. gesagt hat: »Einen lasterhafteren Pfarrer habe ich nie kennengelernt.« Viele Menschen jener Zeit wären sich darin einig gewesen, daß Georg IV. wohl wissen mußte, was ein lasterhafter Mensch ist. Aber sein Freund, Dan O'Connell, beschreibt Sydney Smith als einen »alten und amüsanten Verteidiger unseres Glaubens«. Thomas Moore war mit ihm befreundet, und seine Frau nennt ihn »mein edelmütiger Gatte«. Nun ist die Aussage der Ehefrau kein zuverlässiges Zeugnis für die Ehrbarkeit eines Menschen. Sie ist es noch weniger als die Aussage von Eltern; denn die Ehefrau tut mehr, als nur ein ungeratenes Kind zu lieben, sie übernimmt den ausgereiften und vollendeten Sünder. Darum können Ehefrauen auch nicht gezwungen werden, gegen ihre Männer vor Gericht auszusagen. Aber die Königin Viktoria, die die Ehrbarkeit in Person war, scheint sich über die Aussprüche von Smith, die ihr von Lord Houghton hinterbracht wurden, totgelacht zu haben. Und Dickens, der ein noch wichtigerer Zeuge ist, sagte: » . . . die alte Lady Holland, ich sehe sie wieder vor mir, wie sie hinter dem grünen Wandschirm über ihren lieben Sydney Smith weint . . .«

Das alte »Holland House«, das in jenem Teil von London zwischen Kensington und Hammersmith lag, ist heute eine ausgebrannte Ruine. Nicht, daß das wichtig wäre. Der alte liberale Geist war mausetot, lange bevor Lloyd George den Liberalismus zu etwas machte, das man auf einem Panzer zu schwächeren Völkern trägt. Aber um Holland House tut es mir leid, seine Ruinen sind heute von den Wohnstätten derer umgeben, die Gilbert Harding einmal als »kinnlose Nullen« beschrieben hat. Es tut mir leid, wenn ich daran denke, daß in Holland House die unabhängigen Geister Europas ein und aus gingen. Welcher Geist ist in was für Köpfen die Zufahrt von der Straße her hinaufgetragen worden, einer Straße, deren gegenwärtiger Anspruch auf Berühmtheit daher rührt, daß sie die Zentrale einer Restaurantkette beherbergt, von der auf der Basis täglicher Kündigung wie bei den Perlentauchern Tausende von Tellerwäschern beschäftigt werden.

Sydney Smith war auch mit dem, was man als eine speziell englische Eigenschaft betrachtet, nämlich mit gesundem Menschenverstand, weitaus mehr gesegnet als die meisten Engländer. Zu einer Zeit, als Napoleon sich ebensogut nach Irland statt nach Ägypten hätte wenden können, schrieb er über die katholische Emanzipation: »Den Iren diese Gerechtigkeit in diesem Augenblick zu verwehren, im gegenwärtigen Zustand Europas, in diesen Sommermonaten, wo die Zerstörung von Königreichen immer gerechtfertigter erscheint, grenzt an Wahnsinn.«

Er machte Witze über die Schotten, obgleich er in Edinburgh glückliche Zeiten verlebt hatte, an die er sich bis an sein Lebensende erinnerte. »Palmerston«, sagte Sydney, »ist, wenn er spricht, wie ein Mensch, der sich die Hände wäscht; die schottischen Parlamentsmitglieder wissen nicht, was er tut.« (Aber das ist genauso harmlos wie die Geschichte, die mein Vater erzählte: Bei einer Verlosung war als erster Preis eine Woche in Belfast ausgesetzt; der zweite Preis waren zwei Wochen in Belfast.)

Wenn von Krieg die Rede war, so war er sozusagen rasend vernünftig. Er schrieb an Lady Jane Grey: »Um Himmels willen, zerren Sie mich nicht wieder in einen Krieg! Ich bin ganz erschöpft von Kreuzzügen, vom Beschützen und Verteidigen Europas und der Menschheit. Es tut mir leid um die Spanier, es tut mir leid um die Griechen; ich beklage das Los der Juden; die Bewohner der Sandwich-Inseln stöhnen unter der abscheulichsten Tyrannei; Bagdad wird unterdrückt; der gegenwärtige Zustand des Deltas gefällt mir nicht; in Tibet steht es nicht zum besten. Aber . . . soll ich für all diese Leute kämpfen? Keinen Krieg, liebe Lady Grey! Keine Beredsamkeit, sondern Apathie, Selbstsucht, gesunden Menschenverstand, Arithmetik!«

Er starb an einem Samstagabend im Februar 1845, und wie Hesketh Pearson schreibt, »erschütterte er Lord John Russell, brachte Macauley zum Schweigen, ließ Lady Holland ihre Wehwehchen vergessen, hielt die Feder von Dickens an, rötete die Augen von Thomas Moore und brachte Lutterells Verabredungen zum Abendessen durcheinander.«

Für die Iren ist Sydney Smith *der* Smith.

Und für alle, die Irland lieben, auch für mich, war die Stadt der Städte immer Dublin. Zeigen Sie mir irgendwo in der Welt eine Straße, die einen Richard Brinsley Sheridan und einen Sean O'Casey für sich beanspruchen kann. Beide waren übrigens Protestanten.

Ich zum Beispiel wurde an einem Ende des Merrion Square geboren, Oscar Wilde am anderen, in der Nähe der St. Andrews-Kirche, wo ich und meine Frau Beatrice getauft worden sind. Die Kirche war eine der letzten katholischen Kirchen, die Patrick Byrne entwarf. Er war der Architekt, der vom Dubliner Katholischen Komitee beauftragt wurde, in der Zeit vor der katholischen Emanzipation die Kirchen zu bauen. Sie durften keine Kirchtürme haben, und das Komitee bestand meist aus Kaufleuten, die dumm und ungebildet und dazu noch feige waren. Sie versuchten, die Kirchen soweit wie möglich den methodistischen und baptistischen Gotteshäusern anzupassen. Ich sage nicht, den presbyterianischen, denn die Presbyterianer schenkten uns einige unserer tapfersten Kämpfer, und der erste Mann, der für die irische Republik starb, war ein Presbyterianer aus der Grafschaft Down, William Orr. Viele Jahre lang galt der Spruch: »Vergeßt William Orr nicht!«

Wenn das Wetter nur einigermaßen schön ist, ist Dublin nicht zu schlagen. In London würde man in einer Wüstenei kleiner Sträßchen umkommen, in Paris wäre der Luxembourg ein paar müde Bäume auf einem Stück Staub, in New York brächte einen die Feuchtigkeit um. Aber bei Sonnenschein durch Dublins »Green« zu gehen, die Üppigkeit des kühlen Grases, die Überfülle an Blumen in der Mittagspause, das kann einem die Arbeit für den Rest des Tages verleiden. Ganz zu schweigen von den Studentinnen und Stenotypistinnen, den, wie der Dichter sagt, wie Tulpen Geformten. Nicht, daß man Lust hätte, sich um die Dichter zu scheren, das ist im besten Fall eine gefährliche Gesellschaft.

Ich wüßte nichts, womit ich Ihnen besser unerwartet eins über den Kopf ziehen könnte, als mit Valentin Iremongers *Frühlings-Rausch*:

Frühling läßt mich plötzlich stillsteh'n,
Wie wenn Glas unter der Tür knirscht und dröhnt.
Ich lege die Hand an die Wange, und
Meine Finger fühlen, wie das Blut pocht und strömt.

Die Knospe an einem Zweig streift den Rücken
Von meiner Hand, ich blick' hinab in die Stille.
Sommer ist da, verschmolzen, komprimiert, sauber
Wie eine Bombe in mattbrauner Hülle.

Vom Fenster aus hör' ich in einem Baum
Ein Zirpen und Zwitschern: ich blinzle erstaunt.
Ein Fink, ein strohblonder Vamp auf einem Zweig
Legt den Kopf schief, winkt mir zu gutgelaunt.

Und schon fällt mit heißen Lippen der große Chor
Von Knospen und Vögeln, Erde und Glas
Ein in den Ragtime-Rhythmus, trommelt
Das Thema der Zeit, ein lärmender Jam Session-Spaß.

Mit den Trommeln des Sommers zitternd im Hintergrund
Und, tiefer unten und menschlicher, schluchzend
Den Oboen des Herbstes, die auf die Spur stoßen der
Melodie,
Und mit des Winters verstohlenem Baß, wie ein Seelöwe
schnaubend und glucksend.

Etwas ist hier, das ich nicht versteh',
Eine Drohung ist es, die mir fremd,
Doch so berauschend ist das Lied,
Daß ich ihm nicht folgen kann bis zum End'.

So geh' ich den Gartenpfad entlang mit dem Frühling,
Der meinen Jahren verspricht bunte Zier,
Und eine junge Maid, die mein Herz erfreut
In einem karierten Tuch, und die Angst weicht von mir.

Und in Dublin trocknet man nie aus, wie in Städten, die weiter von der See entfernt liegen. Am heißesten Tag weht von der Bucht her eine Brise; man sieht die Berge, und die Menschen sehen die Berge an und tragen die Hitze und die Last des Tages froheren Mutes.

Die O'Connell Street in Dublin soll die breiteste Straße Europas sein. Sie ist bestimmt breiter als irgendeine Straße in London, und das aus dem einzigen Grund, weil die Leute, die die Straßen Dublins planten, über anderer Leute Eigentum verfügten. Zu unserem Glück konnten sie es sich leisten, großzügig mit Grund und Boden umzugehen, weil es nicht ihr eigener war.

Dabei fällt mir eine Geschichte über den Expräsidenten Cosgrave ein, der von einer republikanischen Dame meiner Bekanntschaft angegriffen wurde, während er zu einer Versammlung in der O'Connell Street sprach. »Sie haben meinen Bruder umgebracht, und meine Schwester halten Sie im Gefängnis. Warum stecken Sie mich nicht auch in Ihren Kerker?«

Und Cosgrave, der selten um eine Antwort verlegen war, beugte sich über den Rand der Empore und sagte: »Gnädige Frau, ich sammle keine Kuriositäten.«

Die Nelson-Säule in der O'Connell Street habe ich erst vor kurzer Zeit mit Bewußtsein betrachtet. Ich traf damals einen Mann, einen Spielgefährten aus Kindertagen. Und jetzt kommt es noch schlimmer: Ich bin sogar oben auf der Säule gewesen.

Ich kam aus der Henry Street, als ich meinen alten Mitschüler entdeckte, der da stand und zur Spitze der Säule hinaufstarrte.

»Mensch, Wamme, ich wußte gar nicht, daß du draußen bist.«

»Ah, hallo, starker Mann. Ja, seit drei Wochen. War nicht so schlecht. Ich war den Winter über in der Wäscherei.«

Er betrachtete immer noch den Mann auf der Säule so eingehend, wie man es aus einer Entfernung von etwa dreißig Metern kann.

»Sehr interessant. Da oben.«

»Der hat nichts mit uns zu tun.«

»Warum hat er nichts mit uns zu tun?«

Eine solche Englandtreue hätte ich nie im Busen von Wamme erwartet, der mit mir unter dem wachsamen Auge der französischen Barmherzigen Schwestern im North William Gealtacht die Schulbank gedrückt hatte.

»Bist du schon mal oben gewesen und hast ihn dir angesehen?«

Ich begann das übliche lange Palaver, daß ich ein Dubliner sei, aber Wamme unterbrach mich und sagte: »Los, komm, ich zeig's dir. Das wird uns Appetit auf 'nen Schluck machen.«

Wir stiegen innen hinauf, und um's kurz zu machen, ich starb sieben Tode auf dem Weg nach oben, weil ich keine Luft mehr kriegte. Wamme war in besserer Kondition, weil er gerade erst aus seiner Abgeschiedenheit in diese sündige Welt zurückgekehrt war.

Wir kamen oben an, und ich kroch hinter ihm her auf die Plattform hinaus – oder wie man das Ding nennt – und kniete vor Nelson. Zu stehen hatte ich keine Kraft mehr. Wamme blickte zum Helden von Trafalgar auf, seufzte tief und hob die Hand, um das Schwert zu streicheln – das Schwert, das England, die Heimat und die Schönheit siegreich verteidigt hatte.

Ich blickte demütig zu Wamme auf und sagte: »Napoleon war auch nicht so schlecht.«

Er tauchte aus seiner Träumerei auf: »Was? Siehst du das hier?« Er berührte die Spitze des Schwertes. Ich blickte zu ihm auf und nickte.

»Ich will dir was sagen. Da stecken fünf Pfund Alteisen drin. Das ist nicht viel, aber es macht auch nicht viel Mühe, das Ding an einem dunklen Abend in Packpapier gewickelt runterzubringen. Vor dem Morgen würden sie's nicht vermissen.«

Als wir wieder unten waren und gemütlich in der Kneipe saßen, dachte ich über den Vorschlag nach und kam zu dem Schluß, daß da schon etwas anderes passieren müßte, bevor ich zum zweitenmal in meinem Leben auf das Denkmal hinaufkletterte. Aber ich finde immer noch: Das wenigste, was wir tun sollten, ist, den Nelson von seiner Stange da oben runterzustürzen.

Während ich noch bei Hilda wohnte, erzählte mir ein Freund aus der Grafschaft Clare von einer interessanten Masche, sich für ein Wochenende Unterkunft und Verpflegung zu verschaffen. Man konnte an Exerzitien teilnehmen, die von den Jesuiten in Milltown Park in Dublin veranstaltet wurden. Offiziell kostete es nichts, aber die Geistlichkeit erwartete im allgemeinen, daß man ein Scherflein in den Opferstock steckte, das die Summe übertraf, die man in einem Hotel ausgegeben hätte.

Mein Freund sprach aus persönlicher Erfahrung. Er hatte an diesen Exerzitien teilgenommen, und da er glaubte, daß er die milden Gaben nötiger hatte als das Kloster, erleichterte er nicht nur den Opferstock, sondern als er ging, hatte er überdies den Überzieher eines Paters an, in dessen ledergefütterten Taschen er das Geld für mehrere Glas Bier fand.

Als ich mir den Mantel eines Abends in »Donal's Public House« in der Nähe der Grafton Street auslieh, fanden alle, daß er mir gut stand, und bei Gott, in der Reihe der Sänger war ich ohne Konkurrenz – es war wirklich ein elegantes Stück. Da kriegte ich plötzlich einen Schlag in den Rücken, daß ich glaubte, mein Rückgrat würde vorn rauskommen – mein Husten jedenfalls war gelindert.

»Das war wohl ein bißchen zu fest, Pater«, sagte der Fremde. »Was wollen Sie trinken?«

Cathal und Gabriel schluckten ein paarmal und schauten mich an, als würden sie gleich tot umfallen; dann fingen sie an zu lachen. Ich verbarg meine Verlegenheit und auch eine gewisse Beschämung, indem ich lauthals mitlachte.

»Ich nehme einen Whisky.«

»Für einen Priester sind Sie ein recht jovialer Mensch. Wollen Sie mir zu dem Glas Whisky Ihren Segen geben?«

Hau ab, du arschgesichtige Krähe, sagte ich im stillen, aber laut sagte ich: »Aber gern, wenn Sie mir noch ein zweites Glas spendieren.«

Manchmal, wenn ich noch nichts getrunken habe, stöhne und jammere ich über meine Vergangenheit und mein sündiges Leben, und ich gieße mir einen Schnaps ein, der mir die Kraft geben soll, zur Messe zu gehen. Aber wenn ich mich so weit erholt habe, daß ich bis zur Kirchentür gelangt bin, hat sich auch mein Unglaube wieder gefestigt, ich fühle mich rebellisch und neige zur Blasphemie. In diesem Augenblick hatte ich wieder einen Whisky nötig.

»Sie sind ein wirklich guter Priester«, fuhr der Fremde voller Überzeugung fort. »Gäbe es mehr Priester wie Sie, so gäbe es auch weniger Sünder.«

Jesus, Maria und Joseph, wenn er doch endlich ginge und mich in Ruhe ließe. Ich hatte eine Pechsträhne. In der Grafton

Street im Zentrum der Stadt, im buchstäblichen und übertragenen Sinn, hatte die literarische Intelligentsia entdeckt, daß ich für französische Zeitschriften Pornographie geschrieben hatte, und das natürlich auf englisch, und nun wurde ich hier noch von einem Ungeziefer ganz anderer Art geplagt.

»Gott segne Sie«, sagte ich zu dem Fremden, und als wir einige Stunden später durch die Dubliner Straßen schlenderten, gestand ich Cathal und Gabriel, daß ich am Morgen nach Paris abreisen würde.

Eines Tages fahr' ich zurück nach Paris
Und begrüß' es frühmorgens am Chatelet,
Ess' Zwiebelsuppe und trink' Anis,
Bis die Sonn' aufgeht in St.-Germain des Prés.

Ich wollte nach Frankreich zurückkehren, weil ein Ire dort alles findet, was seiner Natur entgegenkommt. Er findet dort immer einen guten irischen Anlaß, sich in irgendeine politische Auseinandersetzung zu stürzen.

Paris ist, wie man so sagt, *toujours Paris.* Die Stadt ist immer sie selbst und immer liebenswürdig. Das Gerede über Lokalpolitiker und andere Größen in einem Pariser Bistro ist für den Dubliner wie ein Hauch von Heimat, weit entfernt von der Skurrilität des Kneipengeschwätzes in seiner Vaterstadt und doch ebenso heftig und intim.

Und der Franzose mag uns. Ich erinnere mich, daß ich einmal bei einer Party, die einige Studenten des Dubliner Trinity College auf einem Inselchen veranstalteten, von der Brücke »Notre-Dame« einen Kopfsprung in die Seine machte. Die Pompiers, die Feuerwehr, die für den Fluß zuständig ist, suchten von ihrem Boot aus mit Scheinwerfern nach mir. Kaum hatte ich meine Kleider wieder an, als sie auf mich losstürzten und mich fragten, was mir eigentlich einfiele, woher ich komme und ob ich Papiere hätte. Ich zeigte ihnen meine Papiere, sie sahen den Umschlag meines Passes, und schon war die Sache erledigt. Der eine nickte den anderen zu, sie sollten mich gehenlassen, ich sei ein Ire. Dabei tippte er sich mit dem Finger seitlich an die Mütze, um anzudeuten, ich gehöre zur Narrenzunft, sei ein Vorarbeiter in der Rätselfabrik.

Er grüßte und wünschte mir höflich gute Nacht, und sie zogen zufrieden ab, begleitet von den Klängen der Marseillaise, die vom Chor der Trinitystudenten in einer Version gesungen wurde, die man dem berühmten Alumnus ihrer Universität zuschreibt, der unter dem Spitznamen »Papst« bekannt ist:

Der Rat erhebt entschieden Ei-hein-spruch
Ihr ergebner Matty Fry . . .

Ich glaube, die Pariser Flußfischer hatten den Eindruck, daß hier eine etwas verfrühte Feier des 14. Juillet stattfand, der in ganz Frankreich mit Tanz gefeiert wird. Sogar in den kleinen romanischen Felsnestern hoch oben in den Alpes Maritimes wie Montmichel zwischen Grasse und Cannes, wo sich einige irische Familien angesiedelt haben, tanzen die Kinder zu Ehren der Freiheit in der Sonne.

In den Dörfern werden lange Tische aufgeschlagen, Monsieur le Curé und Monsieur le Maire sorgen dafür, daß der Fahne und der dreifarbigen Schärpe der gebührende Respekt erwiesen wird. Große Gläser Pastis sorgen für einen gut republikanischen Abschluß der Feier, und nach dem Mittagessen beginnen die sportlichen Wettkämpfe, die von den jungen Leuten mit einem Eifer ausgetragen werden, der leicht zu einer Prügelei führen kann.

In Port Royal im Süden von Paris in Belleville auf dem anderen Ufer, wo die schweren Jungens herstammen, kommen die alten Frauen des Viertels nach draußen, um der Hüpferei auf den Straßen zuzusehen. Auf dem Montmartre wird getanzt und auf Mont Parnasse und auf dem Boulevard St.-Germain, wo man immer schnell dabei ist, eine Barrikade aufzurichten, und wie die Sage geht, soll im Jahre achtundvierzig auch ein Student des Irischen Kollegs auf einer solchen Barrikade gekämpft haben.

Als doktrinärer Republikaner habe ich selber in den begeisterten Tagen meiner Jugend selten eine Gelegenheit ausgelassen, für die Menschenrechte und die Prinzipien von 89 zu werben.

Ich hatte keinen König und wollte auch keinen, und wenn ich einen Häuptling suchte, so wußte ich, wo er zu finden war – oben in Arbour Hill, wohin mein Alter, der selber noch nicht lange aus Gormanston* heraus war, mich mitnahm. Er hob mich auf die Schultern, damit ich zusammen mit der Menge an einem Sonntagmorgen dreimal Hoch rufen konnte.

Ich hoffe, daß man meinen Geschmack an französischer Politik so weit toleriert, daß ich hier die Geschichte von Desmond Ryan noch einmal erzählen kann, den ich bei diesem Ausflug nach Paris häufig sah. Die Geschichte handelt von Marschall MacMahon, der kurz nach seiner Ernennung zum Präsidenten der Republik im Jahre 1873 von der Presse interviewt und dabei nach seiner Gesundheit gefragt wurde.

»Ich fühle mich gar nicht wohl«, sagte der alte Mann. »Jeder, der einmal an Hirnhautentzündung gelitten hat, wäre besser gestorben. Die Krankheit bringt einen entweder um oder macht einen zum hoffnungslosen Idioten. Ich sollte es wissen – ich habe sie dreimal gehabt.«

Eine der Avenuen, die vom Étoile am oberen Ende der Champs-Élysées ausgeht, ist nach ihm genannt. Die übernächste Avenue ist die Avenue Hoche, die nach dem General genannt ist, der in der Bantry Bay landete.

Als Wolfe Tone im Jahre 1791 die »Gesellschaft der vereinigten Iren« gründete, wandte er sich an die französischen Revolutionäre um Hilfe bei der Befreiung Irlands von der englischen Tyrannei. Er überredete die Franzosen, ein Expeditionskorps unter der Leitung des tüchtigen Generals Hoche herüberzuschicken. Aber die Engländer hatten wie immer das Glück auf ihrer Seite. Es kam ein solcher Sturm auf, daß das Flaggschiff des Generals Kontakt mit der Flotte verlor und die Flotte selbst nicht landen konnte. Wolf Tone kehrte tief enttäuscht mit ihr nach Frankreich zurück. Er schreibt in seinem Tagebuch:

»Die Tür ging auf, und ein bildhübscher, wohlgebauter junger Mensch in einem braunen Rock und Nankinghosen trat ein und sagte: ›Vous êtes le citoyen Smith?‹ Ich dachte, es wäre ein Chef de Bureau und antwortete: ›Oui Citoyen, je m'appelle Smith.‹ Er sagte: ›Vous, vous appelez aussi, je crois, Wolfe Tone?‹ Ich antwortete: ›Oui, citoyen, c'est mon véritable nom.‹ ›Eh bien‹, antwortete er, ›je suis le general Hoche‹.«

Dieser verfluchte Wind von Bantry, sagte ich mir oft, wenn ich die Avenue Hoche hinunterging. Die St.-Josephs-Kirche

* Badeort nördlich von Dublin

steht dort, und an jedem Sonn- und Feiertag sieht man davor eine Menschenmenge versammelt genau wie vor irgendeiner irischen Kirche. Der irische Botschafter ist dort und das Botschaftspersonal, die Angestellten der Aer Lingus, ein paar sehr korrekte Erzieherinnen, ein paar Pflegerinnen aus dem amerikanischen Hospital in Neuilly, gelegentlich ein Künstler oder Musiker, der mit einem Stipendium an der Beaux Arts oder am Conservatoire studiert, ein paar Geschäftsleute und einige Bürger, deren wertvollster Besitz außer ihrem irischen Paß ihr ungebeugter Nacken ist.

Sie sind die fröhlichsten unter der Menge, und obgleich die Erzieherinnen bei ihrem Abgang näher an den Botschafter heranrücken, neigen sie doch ihre ungebeugten Nacken in dankbarem Gruß vor dem Botschaftspersonal, während sie Richtung Arc de Triomphe davongehen, und die Diplomaten lächeln einander resigniert zu, und in der Kirchentür erscheint die füllige Gestalt von Pater O'Grady, C.P., und winkt allen und jedem wohlwollend zu, und das wäre ein schlechter Ire, der Paris ohne einen Gruß in seine Richtung verlassen könnte.

Eine andere Avenue am Étoile ist nach Victor Hugo benannt, der ein persönliches Bittgesuch an Königin Victoria richtete, um das Leben von Pat O'Donnell zu retten, der gehängt wurde, weil er James Carey, einen Denunzianten, erschossen hatte.

Es geschah alles im Phönix-Park im Monat Mai,
Lord Cavendish und Burke wohnten dem Polospiel bei,
James Carey gab mit seinem Taschentuch das Signal
Und denunzierte feige damit unsre Fenier all.

Hugo wurde weit entfernt von der eleganten Straße geboren, die seinen Namen trägt. Sein Geburtshaus steht in der Rue des Feuillantines, einer Seitenstraße der Rue Jacob, nicht weit vom Irischen College, über dessen Mauer im Jahre 1848 ein Student geklettert sein soll, um auf den Barrikaden bei St.-Germain zu kämpfen. Sein Name war MacHale.

Wir gedenken des 14. Julis, des Tages, an dem die Bastille erstürmt wurde, nicht wegen dieses Ereignisses oder wegen einer selbstsüchtigen Interpretation, sondern weil unsere Sympathie für dieses Ereignis in unserer eigenen Geschichte in schlimmen Zeiten – und heute in besseren – eine große Rolle gespielt hat.

Ich habe Desmond oft gedrängt, mir mehr von der Geschichte der Bastille zu erzählen und von der Countess of Brittany, in deren Familie er mit dreizehn aufgenommen wurde, um französisch zu lernen. Kurz nachdem er dort angekommen war, kam die alte Dame eines Tages zu ihm und sagte, sie mache sich Sorgen wegen seines Fünfuhrtees. Sie schien den Eindruck gehabt zu haben, daß kein englisch sprechender Mensch vierundzwanzig Stunden ohne eine Kanne Tee überleben kann und daß dieser Tee um fünf Uhr verabreicht werden muß.

Obgleich man aus Paris das Rohmaterial besorgen konnte, vielleicht sogar aus dem näher gelegenen Rennes, gab es doch unter der Dienerschaft niemanden, der den Aufguß bereiten konnte, und auch sie selbst wußte nicht viel über das Zeug. Könne er nicht, wäre er wohl so freundlich, als Ersatz eine Flasche Portwein anzunehmen, ein Getränk, von dem sie wußte, daß manche englische Mylords es schätzten, und dazu einen Teller mit süßen Keksen? Der Wein war seit den Tagen ihres verstorbenen Gemahls nicht angerührt worden, aber zu seiner Zeit hatten einige seiner Freunde ihn ganz angenehm gefunden.

Jeden Tag um fünf Uhr saß also dieser mutige junge Mann von dreizehn Jahren feierlich in der Bibliothek vor seinem halben Liter »Cockburn crusted« und seinen Keksen. Wie er selber sagte, waren es zuerst die süßen Kekse, die ihm schmeckten, aber allmählich gewöhnte er sich auch an den Wein. Als ich ihn kennenlernte, schmeckte ihm eher der Wein als die Kekse. Aber so geht es manchem.

Einmal waren er, Albert Camus und ich zusammen im Hotel Louisien, als es eine Streiterei gab, aus der Desmond mit einem blauen Auge hervorging. Unglücklicherweise mußte er an diesem Tag an einem diplomatischen Empfang teilnehmen, denn als Pariser Korrespondent der *Irish Times* wurde er zu allen möglichen Empfängen eingeladen. Desmond fragte mich, ob er denn so überhaupt hingehen könnte, und ich solle doch um Gottes willen schnell einmal in die Drogerie gegenüber laufen und etwas dagegen holen.

Ich führte eine sehr freundschaftliche Unterhaltung mit dem Drogisten, der mir gestand, daß er sehr viel von Blutegeln hielte. Mir waren sie gar nicht so sympathisch, als ich mit einem Glas voll davon zurückging.

Ich stellte mich neben Desmond und legte die Egel, einen neben dem andern, unter seinem Auge an, wo sie das Blut absaugen sollten, aber einer nach dem andern fiel danach tot zu Boden oder verendete bald darauf. Der Drogist sagte mir wütend, das seien wertvolle Egel, und er warf einen liebevollen Blick zu dem Regal hinüber, von wo er sie kurz zuvor heruntergeholt und angeboten hatte. Er beugte den Kopf, und ich sah, wie er in einer Art Trance am ganzen Leib zitterte.

»Was meinen Sie, warum sie gestorben sind?« flüsterte er; und dann voller Wut: »Sind Sie etwa Alkoholiker?« Ich gab zu, daß ich das sei.

»Verdammt«, sagte er, »warum haben Sie mir das nicht gesagt? Ich habe auch alkoholische Egel.«

Albert Camus war ein großer Schriftsteller. In England, Irland und Amerika sprechen viele Leute das »s« am Ende seines Namens aus. Aber ich weiß zufällig, daß das nicht richtig ist, aus dem einfachen Grund, weil er es mir sagte.

Er war wie ich ein Fußballfanatiker und sich mit mir darin einig, daß man den besten Fußball in England sehen kann, in der Heimat des Fußballs. Er schlug mir vor, mit ihm und dem Besitzer des Hotel Louisien nach England hinüberzufahren, wo an diesem Samstag »Arsenal« und »Tottenham Hotspurs« gegeneinander spielten. Vielleicht aus mißverstandener Loyalität gegenüber der britischen Krone wollte ich nicht gern sagen, daß ich sehr gern mitgekommen wäre, daß aber ein Ausweisungsbefehl gegen mich vorlag.

Als kleiner Knirps hatte ich viele aufregende Spiele in Irland gesehen. Ich erinnere mich noch an das Rückspiel »Dublin« gegen »Galway« bei heftigem Regen. Ich saß an der Seitenlinie neben einem Priester, und als die Leute anfingen zu gehen, reichte er mir geistesabwesend eine Zigarette und sagte, man sollte meinen, manche Leute wären aus Zucker. Ich dachte, damit hätte ich wohl einen Dispens von Erkältungen und blieb bis zum Ende im strömenden Regen sitzen.

Bei strömendem Regen kam ich auch zu Hause an. Ich hätte mich ausziehen und ins Bett kriechen können, aber halb Irland schien in unserer Straße Schutz vor dem Regen zu suchen. Die Leute hatten sich vor vierzehn Jahren nicht gescheut, am »Blutigen Sonntag« Menschen vor den Black and Tans* zu

* Englische Truppen in Irland.

verstecken, und ebensowenig schickten sie sie an diesem Tag der Überschwemmungen wieder in den Regen hinaus. In unserem Haus ging es hoch her, und der Platz reichte nicht aus, um zu feiern und gleichzeitig zu Bett zu gehen. Mein Vater, liebenswürdig wie immer, spielte die Fiedel, alles von *Blackbird* bis *Die Dame in Rot,* und wir tanzten und sangen die ganze Nacht, und dann bekam ich Lungenentzündung und fand mich im Kinderkrankenhaus in der Temple Street wieder.

Camus kam später bei einem Autounfall mit einem der Leiter unseres gemeinsamen Verlages, Gallimard, um, was vielleicht beweist, daß das Reisen mit Verlegern gefährlich ist. Die sind eine besondere Sorte Mensch, das einzige, was ich zu ihren Gunsten sagen kann, ist, daß sie auch für uns ein paar Schillinge an Land ziehen.

In Amerika wird Journalismus gelehrt, aber in Frankreich überfällt er einen einfach, und obgleich ich viel schrieb, dauerte es gar nicht lange, bis ich ganz überraschend, da ich doch nicht viel zum Essen brauche, nicht einmal das Geld für einen halben Liter hatte. Widerstrebend ging ich zur Conféderation Général de Travail, die in einer Seitenstraße des Boulevard de Magenta liegt, und erzählte dem Beamten dort, daß ich in London vor der Innung meine Gesellenprüfung als Anstreicher abgelegt hätte, wozu auch das Schriftmalen gehört, daß mein Vater einer der führenden Anstreicher Dublins sei und daß meine Vorfahren seit Generationen dieses Handwerk ausübten.

Er schrieb alles in ein kleines Buch und schickte mich zur Gewerkschaft der Anstreicher, wo man mir eine Arbeit zuwies. Ich sollte ein Haus draußen in St.-Gratien anstreichen, das liegt westlich von Enghien und ist ein beliebter Ferienort jüdischer Pariser Familien. Der Sekretär erklärte mir, als Ausländer könne ich während der ersten sechs Monate als Anstreicher der ersten Klasse arbeiten. Dann reichte er mir den Lohn für die erste Woche.

»Gott segne Sie«, sagte ich, »erster Klasse oder zweiter Klasse, möge die gebende Hand nie erlahmen.«

Am nächsten Morgen traf ich an der Gare du Luxembourg ein paar andere Anstreicher, die für die gleiche Arbeit eingeteilt waren. Bei einem Glas Rum, dem Stammgetränk des französischen Proletariers, drehte sich das Gespräch hauptsächlich ums Wetter, daß es am Morgen ein bißchen nach Regen ausgesehen hätte und daß wir ihn wohl vor Tagesende kriegen würden und so weiter. Dann fuhren wir zum Gare du Nord, wo einige einen Kaffee tranken, die meisten aber wieder Rum, und mit jedem Schluck wurde das Gespräch freundschaftlicher. Schließlich stiegen wir – und eine fröhlichere Gesellschaft habe ich bis jetzt noch nicht kennengelernt – in St.-Gratien aus, wo ich, um in die rechte Arbeitsstimmung zu kommen, noch vier oder fünf Glas Rum trank.

Mr. Monti, der Eigentümer des Hauses, war eine anständige alte Haut, denn mancher, der ein behütetes Leben geführt hat, hätte sich sicher nicht gewünscht, eine solche Horde an seiner Schwelle auftauchen zu sehen. Aber Mr. Monti erzählte uns, ihm sei auf seinen Reisen noch nie jemand begegnet, der schlimmer war als er, und bot uns allen ein Glas Wein und eine Zigarette an, was ich damals und noch mehr heute, wo ich berechtigt den Titel eines Trunkenbolds trage, sehr anständig fand.

Die Franzosen sind, wie ich feststellte, sehr gut im Streichen großer Flächen, im Erstellen der Oberfläche, aber sie benutzen dabei runde Pinsel, und ich hatte vom Streichen mit dieser Art Werkzeug ebensoviel Ahnung wie mein Arsch vom Schnepfenschießen. Und ich machte die demütigende Erfahrung – dabei gehören alle in meiner Familie zum Handwerk –, daß ein sechzehnjähriger Junge mir beim Flächenstreichen vor die Nase gesetzt wurde, um mir zu sagen, wie es gemacht wird.

Glücklich ist, wer vergißt, was nun mal nicht zu ändern ist – ich hatte schon bald Mr. Monti überredet, mich seine Türen mit Emaillelack streichen zu lassen, das ist eine Kunst, von der die Franzosen nichts verstehen, weil sie in ihrem Land nicht viel angewendet wird. Und ich muß gestehen, ich machte mich bald recht beliebt bei ihm, weil ich es ziemlich gut kann.

Ich traf auf der *Queen Elizabeth* einmal eine Frau, die behauptete, der Grund dafür, daß die englische Industrie nicht mit dem Ausland Schritt halten könne, seien die vielen Teepausen der Arbeiter. Ich stellte aber fest, daß ihr Widerwillen gegen diese besondere Form der Faulheit sie nicht hinderte, selber literweise Tee zu trinken. Während der ganzen fünftägigen Reise kam der Stewart nicht einmal an ihr vorbei, ohne daß sie nicht entweder gerade eine Tasse Tee trank oder um eine bat.

Aber Jesus, Maria und Joseph, wenn die englische Industrie schon nicht Schritt halten kann, dann müßte die französische überhaupt ganz ausfallen, denn sooft man wollte, kam der *garçon de vin* vorbei und brachte für ein paar Francs ein Glas Wein, um die Härten des Tages zu mildern. Und ich hätte schon ein Wesen ganz anderer Art sein müssen, als ich es nun mal bin, um mir nicht, während ich trank, die Zeit mit einem Schwatz zu verkürzen.

Um zwölf Uhr machten wir Mittagspause, und Mr. Monti führte uns zu einem Mahl von fünf Gängen in ein Restaurant. Ich bot an, für mein Essen zu zahlen, aber er sagte, ich solle bis zum Ende des Monats warten, dann würde alles geregelt. So saßen wir dort und genossen den Komfort. Eine Abwechslung ist so gut wie eine Pause.

Der Monat ging schon zur Neige, als Mr. Monti mir sagte, sein Sohn würde aus der Armee entlassen und käme aus Nordafrika zurück; ich solle ihn doch mit mir zusammen arbeiten lassen und ihm das Lackieren beibringen. Er, Mr. Monti, wolle mir dafür die Restaurantrechnungen bezahlen. Ehrlich gestanden, obgleich der Norden von Dublin, wo ich herkomme, eine verrufene Gegend ist und ich schon mit den verschiedensten Menschen zusammengearbeitet habe, selbst mit Iren aus Glasgow, hätte ich ihn vorher gesehen, ich hätte nicht so bereitwillig zugestimmt, denn er sah wie der Typ aus, der die ganze Nacht mit dem Gewehr dasitzt, falls er es eventuell einmal brauchen sollte. Trotz seiner neunzehn Jahre hatte er schon ein hartes Gesicht; er sah eher wie ein irischer Terrorist aus als ich; und er trug nicht nur die Uniform der französischen Armee, sondern auch einen Degen.

Aber seine Familie war offenbar sehr stolz auf ihn, und es wurde zur Feier seiner Rückkehr eine Party gegeben. Mr. Monti begrüßte mich buchstäblich mit offenen Armen, und der Sohn, François, kam und brachte mir ein Glas *vin rouge*, der stärker war als alles, was ich bis dahin in der Metropole Frankreichs gekostet hatte. Er sagte mir, dies sei »Mascara«, und er habe einige Flaschen aus Nordafrika mitgebracht. Später fand ich heraus, daß Mascara hauptsächlich in Arbeitervierteln verkauft wird und sogar für französische Verhältnisse sehr billig ist.

Aber François hieß mich mit dem Glas *vin rouge* freundschaftlich willkommen, und nach einer Weile saßen wir beieinander, tranken, redeten über Mädchen, neckten einander wegen der Mädchen, und dann fingen wir an zu singen.

Obgleich alle in die Volkslieder einstimmten, waren Solonummern auch willkommen, und man ermutigte mich, den Abend mit ein paar Strophen von Rouget de Lisles Marseillaise auf französisch zu beschließen. (Stimme aus Crumlin*: Da bist du schon wieder beim Thema, Brendan Behan.)

Allons enfants de la patrie,
Le jour de gloire est arrivé.
Contre nous de la tyrannie
L'étendard sanglant est levé.

Wir hatten uns alle in eine weiche, rührselige Stimmung getrunken, jeder war jedermanns Freund, und das ist das größte Glück, das wir auf dieser Welt haben, wenn es auch nicht immer leicht und gewiß ist, ob man diesen Zustand erreicht.

Schließlich sang ich als letzte zusammenhängende Melodie:

Komm, komm, schöne Eileen, auf eine Fahrt mit mir;
In die Wälder, dann durch die Felder,
Über Chausseen, entlang den Seen,
Wir fahren nach Castlebar,
Auf der Straße droht keine Gefahr,
Komm, schönes Kind, sei mir nah,
Steig auf und laß flattern die Haar.

Bravo! Bravo! Alles schrie und applaudierte laut, und, in wohlgeöltem Zustand gingen die meisten Gäste heim. Man hörte Autos starten, Rufe: »Wer will mitgenommen werden?« und »Rutsch mal und nimm Simone auf den Schoß« und »Bitte kein Fummeln unter der Decke« und »Nimm die Hände weg, ich kann den Wagen nicht starten« und »Du bist schrecklich, steig aus und schieb«, und dann war es still, nur wenige waren zurückgeblieben.

Ich fand mich, wie schon so oft, in einem Sessel wieder, und wie der andere Teil einer Familiengruppe saßen mir Mr. Monti und sein Sohn François gegenüber. Vorwurfsvoll lag der Degen an seiner Seite. Aus den einfachsten Ingredienzien hatten wir eine fröhliche Nacht gemacht. So war es immer in Frankreich.

* Crumlin – Dubliner Vorort, Behan denkt wohl an Freunde, die dort wohnen.

Am nächsten Morgen zog ich meinen Overall an und zeigte François, wie man eine Tür lackiert. Dabei setzt man einen Tupfer Farbe auf, unmittelbar darunter den zweiten und verbindet die beiden sofort, bevor die Ränder des ersten Tupfers eingetrocknet sind. Und man muß schnell genug arbeiten, um eine Fläche zu bedecken, ohne daß man die Farbe aufklatscht, sonst läuft sie auseinander, und es ist nicht mehr möglich, in Richtung der Holzmaserung zu streichen.

Die Kumpels sahen mir mit Vergnügen zu, denn überall im Haus war ich auf schlechte Malerarbeit gestoßen. Aber François schien nur an seinem Overall interessiert zu sein. Als wir vor dem Essen im Restaurant bei einem Glas Rum zusammensaßen, sagte er mir, daß er bei heißem Wetter nie etwas darunter trüge, und er hoffe, ich hätte nichts dagegen. Mir war es scheißegal, ich hätte mir allerdings gewünscht, er wäre seine Schwester. Aber, wie Maurice Chevalier gesagt haben soll: »Vive la différence.«

Bevor die Arbeit fertig war, verkündete François, der immer noch keinen Anstreicherehrgeiz entwickelt hatte, er wolle mit seiner Freundin Urlaub machen. Wir alle legten zusammen, damit er zwei Schlafsäcke kaufen konnte. Mr. Monti, der von den Fortschritten seines Sohnes nicht gerade begeistert war, schoß nichts dazu; als Grund gab er an, ein Doppelschlafsack würde billiger kommen. Ich wünschte dem Jungen alles Gute. Ich wäre mitgefahren, wenn die Arbeit fertig und der volle Lohn in meiner Tasche gewesen wäre.

Ein paar Wochen später war die Arbeit getan; ich saß in einem blauen Bus nach Süden, schweigend, da wir der Sonne entgegenfuhren. Ich dachte darüber nach, warum der Pariser Arbeiter so selten an der schönen Côte d'Azur Urlaub macht. Der Grund ist, daß die »Côte« der internationale Tummelplatz schwerreicher Müßiggänger ist, denn schon lange, bevor wir nach Cannes kamen, entdeckte ich an der Straße die Zelte ganz gewöhnlicher französischer Familien.

Etwas benommen kam ich in Cannes an, und nachdem ich mir die Beine vertreten und in der Zanzi-Bar meinen Durst gestillt hatte, wollte ich zu dem Ort Speracedes weiterfahren. Da gerade kein Bus dorthin ging, entschloß ich mich, ein Auto anzuhalten. Der Lastwagenfahrer, den ich ansprach, stieg aus und nahm mich in Augenschein. Es war ein untersetzter, zäher Südfranzose, aber er roch so stark nach einem teuren Parfüm, als hätte er darin gebadet. Er lud mich in ein Bistro ein, wo wir die Bedingungen aushandelten. Er wollte mich vorn ins Führerhaus neben Albert setzen. Ich hatte keine große Lust, im Führerhaus neben Albert zu sitzen, die süßen Düfte des Fahrers allein fand ich schon ziemlich abschreckend, die ganze Fahrt über die beiden riechen zu müssen, würde das reinste Fegefeuer sein.

»Riechst du mich?« sagte der Lastwagenfahrer.

»Das will ich meinen.«

»Ah«, er lächelte zufrieden, »ich rieche, nicht wahr?«

»Ja und nein«, sagte ich. »Ich rieche und du stinkst. Sozusagen eine gerechte Arbeitsteilung.«

Er führte mich zu seinem Wagen. »Du mußt Albert riechen«, sagte er.

Da saß Albert, ein verwitterter alter Bursche und roch so süß wie Nellie Fowler, von der man erzählt, daß die jungen Stutzer der neunziger Jahre ihr einen Fünfer bezahlten, damit sie deren Taschentücher die Nacht über unter ihre Achsel steckte.

Ich sah mich ängstlich um. »Das ist ungewöhnlich«, sagte ich.

»Nein, eigentlich nicht«, sagte der Fahrer, »die letzten fünfundzwanzig Kilometer bis Grasse sind die längsten und einsamsten. Ich muß dich natürlich absetzen, bevor wir die Fabrik erreichen.«

»Die Fabrik?« sagte ich.

»Ja, die Parfümfabrik in Grasse. Darum riechen wir auch so.« Er lächelte stolz. »Albert hat schon vor zehn Jahren aufgehört zu arbeiten, aber er riecht immer noch. Wir brauchen keinen Gewerkschaftsausweis, wenn wir eine Versammlung abhalten. Der Delegierte der Conféderation Géneral de Travail riecht einfach an jedem, der in den Saal geht.«

Ich fand, der Fahrer hatte keinen schlechten Job, aber so zu riechen, das wäre mir nicht recht gewesen. Aber, um es kurz zu machen: Ich kam wohlbehalten nach Grasse und schließlich nach Speracedes, wo ich bestens mit Essen und Trinken versorgt wurde und von wo ich jeden Tag mit dem Auto nach Cannes fuhr und im Mittelmeer schwamm.

Einige Jahre später waren wir in Stockholm, wo meine erste Frau die Kaufhäuser entdeckte. Ich hätte ihr Scheuklappen angelegt, wenn das legal möglich gewesen wäre, statt dessen begnügte ich mich mit Appellen, sich doch an die Länder der Sterlingzone zu erinnern.

»Du wirst im Alter ja richtig pro-britisch«, sagte sie und betrachtete gierig ein Pelzcape, das nur siebenhundert Kronen kostete.

»Nun, Irland gehört auch zur Sterling-Zone.«

Sie hörte gar nicht hin. »Es muß die Veränderung sein, die vor dem Tod eintritt. All dieser *brandvin.*«

»Aber wozu brauchst du denn jetzt Pelze?«

»Pelz – im Singular. Der hier würde zu Hause zweihundert Pfund kosten.«

»Sieh dir doch all diese gesunden Schweden draußen auf Våxholm an, die nichts tragen als ein Taschentuch – über dem Gesicht.«

»Ich will den Pelz ja auch nicht zum Sonnenbaden anziehen.«

Ich traf dort auch einen Gelehrten, der sich mit der gälischen Sprache beschäftigte und für mich Gälisch rezitierte. Wir trafen ihn auf einer Party, und er kam zu uns und rezitierte etwas auf gälisch.

»Tut mir leid«, sagte ich, »aber ich verstehe das nicht.«

»Nun, Ihre Gälischkenntnisse können nicht groß sein, wenn Sie einen einfachen Vers über den Tod eines Lieblingselchs nicht verstehen.«

»Wie wäre es, wenn wir bis zum achtzehnten Jahrhundert vorrückten?« sagte ich und rezitierte ihm einen Vers aus dem *Midnight Court.*

Ich sah, als ich plötzlich mich umgeschaut,
Von der Bucht sich nahen mit furchtbarem Laut
Eine Vettel, vollgefressen, mit fetten Flanken
Furchtlos, furchterweckend, forsch und verrückt mir entgegenwanken...

Eine elegante Dame trat auf mich zu und sagte: »Wundervoll, und wie machen Sie es, wenn Sie Englisch sprechen?«

»Nun, ich öffne meinen Mund und hebe meinen Unterkiefer gegen den Oberkiefer, und dann kommt es heraus.«

»Oh, wundervoll«, lächelte sie, hob und senkte diskret ihre anmutigen Arme und streckte ihren makellosen Busen vor.

»Woall dö Njui«*, sagte ich.

»Oh, woher wissen Sie das?«

* »Voile de Nuit«, Name des Parfüms, das die Dame offenbar benutzt.

»Ich kannte mal einen französischen Lastwagenfahrer, der roch genauso.«

Meine erste Frau rettete mich, und als wir wieder in Irland waren, beglückwünschten wir uns, weil wir das Pelzcape nicht verzollt hatten.

Im Jahr 1951 wischte der Anstreicher Behan seine Farbtöpfe aus und steckte seine Pinsel hinein, und abgesehen von ein paar Gelegenheitsarbeiten faßte er sie nie wieder an. Ich glaube, das letzte Stück organisierter Arbeit, das ich übernahm, war der Anstrich der »Hibernian Military School«, als diese im Jahre 1952 in ein Lungensanatorium umgewandelt wurde.

Wenn überhaupt etwas, so bin ich ein Schreiber. Ich bin Schriftsteller, ein Wort, das weder in der englischen, irischen oder amerikanischen Sprache eine festumrissene Bedeutung hat. Aber ich habe mich nie als etwas anderes verstanden, nicht einmal im Alter von vier Jahren. Meine Mutter erzählt, daß ich damals, wenn sie mich ein Brot holen schickte, ein Stück Papier so auf der Straße mit den Füßen vor mir herschob, daß ich es lesen konnte. Aber sie war mit meinen literarischen Bemühungen nicht einverstanden und teilte die Gefühle meiner Tante, der Witwe des Dichters der irischen Nationalhymne. »Gott möge uns vor Dichtern und Stückeschreibern bewahren«, sagte sie. Ich schrieb also heimlich Kurzgeschichten, Entwürfe zu Theaterstücken und viele Gedichte, und ich war der jüngste Autor in *Nuabheirciocht* (Moderne gälische Dichtung), einer gälischen Lyrikanthologie, die Beiträge aus den Jahren 1900 bis 1950 enthielt.

Ich trat der »Irish Press Association« als freier Journalist bei. Diese Tätigkeit machte mir Vergnügen, bis ich sie im Jahre 1956 aufgab, als meine Stücke *The quare Fellow* (Der Spaßvogel) und *The Hostage* (Die Geisel) unter der Regie von Joan Littlewood aufgeführt worden waren, die sie wunderbar volkstümlich inszenierte. Sie war der einzige Regisseur mit einem Funken Genie, dem ich je begegnet bin, aber ich weiß auch, daß ihr Theater im East End von London, das Theatre Royal in Stratford, ohne meine Stücke hätte schließen müssen. Gegessenes Brot ist bald vergessen.

Neben anderen bemerkenswerten Fähigkeiten, die ich besitze, kann ich auch recht gut singen. Jedenfalls konnte ich es so lange, bis mein Kehlkopf dem vielen Whisky und den vielen Zigaretten nicht mehr standhielt. Und ich verfügte über ein breites Repertoire an Liedern, von denen ich viele von meinem Onkel Paedar gelernt hatte und von meiner Mutter, die unablässig sang. Nicht einmal die Wirtschaftskrise brachte sie zum Schweigen. Ich glaube, wenn jemand China nur erwähnen würde, so würde sie ein Lied über China singen. Aber worüber auch immer gesprochen wurde, sie wußte ein Lied dazu. Und bei mir war es genauso. Als mich daher Michael OhAodha bat, in der Sendung *Samstagabend der Balladensänger* im Radio Eireann ein paar Balladen zu singen, schien das eine leichte Art, sich den Sarg zu polstern. Ich schrieb sogar das Drehbuch zu den Dubliner Sendungen, und ich brachte auch eine Reihe meiner Kurzgeschichten im Radio unter. Einige las ich sogar selber, obgleich ich das nie gern getan habe, denn ich finde, die eigenen Geschichten zu lesen und die eigenen Lieder zu singen ist eine Art geistiger Inzest. Aber jeder Krüppel hat seine Weise, sich fortzubewegen, und ich brauchte das Moos, denn meine bescheidenen Journalistenspesen deckten nicht meine Eskapaden nach Frankreich und auch nicht auf jene andere Insel drüben, wo ich immer noch *persona non grata* war.

Ich fand oft einen Grund, das Büro der *Irish Times* in der Fleet Street in London aufzusuchen, und war froh, mich dort gemütlich hinsetzen zu können, denn ich hatte meist nur ein paar Pennys in der Tasche, und nach einer im Hyde Park verbrachten Nacht mußte ich endlich mal die Füße ausstrecken. Und während ich auf den Mann wartete, den ich sprechen wollte, unterhielt mich der Mann, der den Telegraphen zum Burgh Quay in Dublin bediente. Er sagte mir, daß ich unter anderem unbedingt das Denkmal sehen müsse, das die Königin Viktoria ihrem Gemahl Albert in Liebe und Dankbarkeit errichtet hätte, und ich solle dankbar sein für die Beispiele britischer Denkmal-Architektur in unserem eigenen Land.

Nun war ich in dem Glauben erzogen, daß das größte Unglück, das die Menschheit getroffen hat, die Niederlage Napoleons in der Schlacht von Waterloo war, daß diese Niederlage ein Jahrhundert von unvergleichlichem Elend für das irische Volk heraufführte und daß der kleine Korporal selbst da, wo er am zynischsten war, ein kultivierterer Mensch war als der gesetzlich anerkannte Räuber und großmäulige Scherge, dessen Siege zugunsten der europäischen Reaktion und der Privilegien der Grundbesitzer im Phoenix-Park verewigt sind.

Bonapartes royalistische Prätentionen und sein imperialistischer Wahn waren ehrenhafter als dieses unbegabte, langweilige Volk von reichen Eisenwarenhändlern, die sich von ihren angestammten, hausbackenen, gesetzgebenden Körperschaften ein importiertes Königshaus vorsetzen ließen, damit es ihrem Leben ein wenig Glanz gäbe. Sie vernichteten Napoleon, aber wenigstens der Code Napoleon und die geraden Straßen, die er baute, erinnern an ihn.

Wenn man sich bei Wellington, dem sogenannten Eisernen Herzog, an ein Gesetz erinnert, so ist es das Armengesetz, oder an ein Gebäude denkt, so ist es das Arbeitshaus. Den Obelisk im Phoenix Park haben die Feinde des irischen Volkes dort aufgestellt, und er sollte entfernt werden, jetzt, da sie nicht mehr die Macht haben, auf seiner Erhaltung zu bestehen. Und auch der Märtyrer auf der Säule hat keinen Anspruch auf unsere Achtung. Schon Bernard Shaw hat gesagt: er gewann Schlachten, hätte er sie aber verloren, so wäre er gerechterweise erschossen worden; jedenfalls hat er mit uns nichts zu tun.

Man hört manchmal davon, daß die »alten Dubliner« an diesen Gegenständen hängen, aber in diesem Zusammenhang ist der »alte Dubliner« ein unwissender Angestellter der »Burg« oder einer der Banken, der vor fünfzig Jahren als zuverlässiger Botenjunge oder fleißiger Pförtner herübergekommen ist und nicht mehr Recht hat als jeder irische Bürger, etwas zu dieser Sache zu sagen. Die ältesten Dubliner, die Nachkommen der eingeborenen Iren, die sich in die Stadt einschlichen und in der Gegend von Ballybough niederließen (Baile Bocht – die arme Stadt), betrachteten das Wellington-Denkmal und die Nelsonsäule als Verhöhnung der eigenen Hilflosigkeit im eigenen Land.

Ich weiß noch, wie ich einmal als kleines Kind mit einer Großtante unterwegs war. Sie war in Blessington Street geboren und groß geworden, in der Nähe des Wasserturms, dem früheren Wasserreservoir der Stadt. Sie behauptete, daß dessen Wasser reiner und frischer gewesen sei und besser für den Tee als das »neue Zeug« aus Roundwood. Wir saßen in der

Straßenbahn und hörten, wie ein älterer Herr den Schaffner fragte, ob die Bahn nach »Kingstown« fahre. Der Schaffner antwortete gleichmütig, er kenne keinen Ort dieses Namens. Der alte Herr antwortete etwas gereizt, daß der Ort im Verlauf der vielen modernen Verschiebungen und Veränderungen jetzt anders hieße, »Done Lakery« oder so ähnlich.

Dieser kleine Streit, der alte Herr, der behauptete, er wisse nicht, wie Dun Laoire ausgesprochen wird, und der Schaffner, der behauptete, er habe nie von Kingstown gehört, dauerte an, bis schließlich doch herauskam, daß er in der richtigen Straßenbahn saß.

»Aber bestimmt«, sagte der alte Herr, »hieß es bei den alten Leuten Kingstown.«

»Entschuldigen Sie«, sagte meine Großtante, »entschuldigen Sie, mein Herr. Ich weiß nicht, wie alt Sie sind, aber ich bin fast achtzig, und ich habe nie etwas anderes gesagt als Dun Laoire. Ich weiß nicht, wie lange Sie schon in der Stadt sind, aber meine Mutter, die jeden Sommer bei Freunden in Glasthule verbrachte, sank ins Grab, ohne gewußt zu haben, daß Dun Laoire einen anderen Namen hatte.«

An all das mußte ich denken, während ich durch den Hyde Park ging. Aber erst, als ich vor dem Albert Memorial stand, wußte ich, wie dankbar wir sein müssen, was britische Denkmäler aus dem neunzehnten Jahrhundert betrifft.

Auf einem breiten Sockel, umgeben von steinernen Elefanten, steinernen Elefantentreibern, steinernen Indianern und anderen Bewohnern des Weltreiches seiner Frau, erhebt sich, sechzig oder siebzig Fuß über dem untersten Steinmokassin, eine Art Schrein, dessen mittlerer Teil am besten als gotisches Schilderhaus zu bezeichnen ist, in dem der gute Mann sich vor dem Regen unterstellt. Seine junge Frau steht als Skulptur vor dem Kensington-Palast und winkt ihm zu. Diese Skulptur stammt von ihrer Tochter, einer jungen deutschen Prinzessin, die besser daran getan hätte, sich um ihre eigenen Angelegenheiten zu kümmern, Känguruhs zu küssen und mit den Maoris zu tanzen.

Es ist schwer zu glauben, daß die Sprache dieser Totenversammlung, könnte sie sprechen, deutsch wäre und daß die königliche Familie nach dem preußischen Sieg bei Sedan im Jahre 1870 sich in der Kapelle von Windsor versammelte, um für den Sieg zu danken. Dies geschah mit einem Gebet, das eine andere künstlerisch veranlagte Prinzessin, die eine literarische Ader hatte, verfaßt hatte.

Unsre Herzen schlagen mit Vetter Bill,
Lasset uns danken dem Himmel still:
Zehntausend Franzosen fiel'n bei Sédan,
Gelobt sei dem Himmel, der dies getan.

Die Redner am Marble Arch am anderen Ende des Hyde Parks fand ich sehr unterhaltend, viele von ihnen sprachen mit gesundem Menschenverstand. Ich erinnere mich an einen, der den irischen Aufstand predigte. Seine Gefolgschaft schien eher persönlich zu sein als organisiert, aber es fehlte ihm nicht an Resonanz. Er fragte immer wieder: »Meint ihr, ich hätte umsonst fünfzehn Jahre im Maryborough-Gefängnis gesessen?«

Diese Frage brachte alle Zwischenrufer, auch mich, zum Schweigen, bis schließlich ein Mann mit einem ähnlichen Akzent wie der Sprecher in vertraulichem Ton antwortete: »Du hast auch nicht umsonst gesessen, Tom. Du hast einen Jungen in den Shannon geworfen. Du hattest Glück, daß du nicht gehängt wurdest.«

Ich war inzwischen als Schriftsteller und Rundfunkautor ziemlich bekannt geworden. Meine Geschichten erschienen gleichzeitig im *Catholic Standard* und in *People*. Die Arbeit für *People* befriedigte mich am meisten, denn wenn diese demokratische Zeitung mir auch manchmal schmutzig vorkommt, ist sie mit ihren vier Millionen Exemplaren doch weit verbreitet, und ich konnte immer ein paar Zeilen dort unterbringen.

Hanner Swaff, der populärste Kolumnist von *People*, war ein großartiger Mann. Zu Anfang des Krieges, als er schon über fünfundsechzig war, hatte er eine Wohnung am Trafalgar Square gemietet; eine Bedingung des Mietvertrages war, daß er die Feuerwache übernehme. Swaff übernahm diese Aufgabe, aber als der Krieg vorbei war, wurde ihm vom Eigentümer gekündigt.

»Ich ziehe nicht aus«, sagte Swaff. »Ich wußte nicht einmal, daß der Krieg vorbei ist.« Und soviel ich weiß, blieb er in der Wohnung, bis er starb.

Ein anderer guter Mann war, so finde ich, Robert Marie Smiley – der Herr sei ihm gnädig –, der Herausgeber der *Irish Times*. Sein Londoner Büro versorgte mich in schlechten Zeiten mit Bargeld und half meine Fußsohlen schonen.

Aus diesem Grund schätzte ich ihn sehr. Er kam aus der Grafschaft Sligo, der Heimat von W. B. Yeats. Im Ersten Weltkrieg wurde er in Berlin, wo er Musik studierte, interniert. Als Ire hätte er freikommen, und wie man so sagt, es sich in Deutschland gemütlich machen können, aber er zog es vor, britischer Staatsbürger zu bleiben. Er blieb die ganzen vier Kriegsjahre im Gefängnis.

Ich erinnere mich, daß Smiley einmal von W. B. Yeats ein wenig in Verlegenheit gebracht wurde. Er mußte Yeats anrufen, um ihm mitzuteilen, daß er den Nobelpreis gewonnen hatte.

»Senator Yeats«, sagte Smiley, »durch Sie und für Sie ist unserem Lande und auch Ihnen eine große Ehre zuteil geworden . . . Ich habe eben aus Stockholm ein Telegramm bekommen: Sie haben den Nobelpreis gewonnen.«

Aber Yeats antwortete mit jenem feinen Sinn für Realitäten, der das Zeichen des wahren Dichters ist: »Um Jesu willen, Smiley, reißen Sie sich zusammen. Wieviel bringt es?«

In diesem Stadium meiner Laufbahn geschah nichts von Bedeutung bis zu jenem Tag, als das Jahr 1952 sich schon dem Ende zuneigte. In dem Jahr fand in Dalymount das Fußballspiel Frankreich gegen Irland statt, und Smiley fragte mich, ob ich einen Stimmungsbericht über das Spiel schreiben wolle. Ich sollte nach Frankreich fahren – denn man wollte keine Beschreibung des eigentlichen Spiels, sondern eine Darstellung der Haltung der Franzosen zu diesem Spiel. Ich bekam genug Geld, um vom Büro der *Irish Times* zum Dubliner Flughafen, von dort nach Paris und zurück zu kommen.

»Wir besorgen die Fahrkarten, Brendan«, sagte Smiley.

»Unsinn«, sagte ich – und damit war die Schlacht verloren –, »ich hole sie selber.«

Der Himmel sah an diesem Morgen nach Regen aus, als ich auf der Westmoreland Road die paar Schritte bis zur nächsten Kneipe machte, und ich dachte, viele, die weniger Glück haben als ich, werden, bevor der Tag zu Ende ist, naß werden. Ich will damit nicht sagen, daß die Leiden eines Menschen, der bei schlechtem Wetter im Freien arbeiten muß, mich nicht berührt hätten, aber ich saß da am Fenster und dachte darüber nach, wie gut ich es doch hatte.

Draußen vor dem Fenster stand ein Freund von mir und schaute herein, Ernie Smith, der bei den Olympischen Spielen

1932 für Irland geboxt hatte. Gott sei ihm gnädig – er ist inzwischen an Krebs gestorben. Ich winkte ihm, und Ernie, der ein Norddubliner war, kam hereingeflitzt. Wir tranken ein paar zusammen, und drei Tage später tauchte ich wieder auf, gerade genug Geld in der Tasche, um nach England zu fahren, wo immer noch der Ausweisungsbefehl gegen mich bestand.

Das Schiff war überfüllt, und es war eine höllische Reise, aber ich hatte das Glück, einen Kerl aus einem dieser sanierten Londoner Slums zu treffen, der darauf bestand, mich im Wagen von Liverpool aus mit nach London zu nehmen, wenn ich mir auch unterwegs sein Geschwätz über die gefährlichen Teddyboys anhören mußte, die jetzt die Stadt unsicher machten.

Wie die meisten Leute hatte ich in den Zeitungen Berichte darüber gelesen, wie mehr oder weniger harmlose Bürger von Teddyboys bewußtlos geschlagen wurden, jungen Burschen unter zwanzig, deren »Uniform« in einer sorgfältigen Imitation der Kleidung eines feinen Mannes aus den Tagen Eduards des Siebten bestand: Röhrenhosen, lange Jacketts mit Samtkragen und ein Mantel, den mein Vater einen irlandfreundlichen Parlamentariermantel genannt hätte.

An diesem Abend stand ich an einer Imbißbude und labte mich an einer Tasse Tee und einem Sandwich und beobachtete ein halbes Dutzend dieser Edelleute, die Aal in Aspik verschlangen. Ich finde, man soll überall die lokalen Spezialitäten probieren, aber bei Aal in Aspik hört's bei mir auf. Ich weiß noch, daß Benedict Kiely mir erzählte, daß die Aale aus den Flüssen und Bächen der Grafschaft Antrim kommen und daß mancher Landsmann ein paar Extragroschen macht mit dem Aalexport von Toomerbridge in jener Grafschaft nach Waterloo Bridge in London. Ich glaube ihm gern, daß Aal in Aspik gesunde Nahrung für Mensch und Tier ist, und dabei wollen wir es belassen.

Jedenfalls stand ich um ein Uhr morgens an dieser Bude, und die Teddyboys schienen mich mit prüfenden Blicken zu betrachten. Ich bin sonst nicht gerade ängstlich und nicht in einer so behüteten Atmosphäre groß geworden, daß ich mir im East End wie in einem Slum vorkomme. Aber es war weit bis zur nächsten Polizeistation, und ich hätte auch keine Lust gehabt, den Arm des Gesetzes um Schutz zu bitten. Ich wog zwar zweimal soviel wie zwei dieser kleinen Parlamentarier, aber es mit sechs von ihnen aufzunehmen, danach stand mir doch nicht der Sinn. Außerdem hatte ich in den Sonntagszeitungen gelesen, daß die harmlosesten Waffen der Edwardianer in einer Fahrradkette bestanden und in einem stumpfen Instrument, das dem Ladehaken der Londoner Schauerleute nachgebildet ist.

Schließlich blickte der samtigste Teddyboy zu mir herüber und sagte: »Eh.«

»Eh«, sagte ich – das erste Wort ihrer Sprache, das ich lernte.

»Sie sin' Ire?«

Ich gab das zu und überlegte, welchen von ihnen ich aufs Kreuz legen könnte, bevor ich eins über den Schädel bekam. Ich sah schon den Grabstein auf dem Friedhof von Glasnevin – falls sie meine Überreste aufsammelten und nach Hause schickten – »*Breándan O'Beacháin. Coshálta chun báis ar Dhrroichead Waterloo**, 1952. Sein Andenken soll uns allen eine Mahnung sein, uns von Aal-in-Aspik-Liebhabern fernzuhalten.«

Der samtige Teddyboy wandte sich an seine Freunde und sagte: »Na. Was hab' ich gesagt?« Er lächelte mir zu und sagte: »Diese Blödmänner wollten mir nicht glauben. Ich wußte, daß Sie Ire sind, als ich Sie sprechen hörte. Wir sind hier alle irisch.«

Stolz wies er auf seine Freunde: »Der ist MacCarfy, un der is O'Leary, un Healy un Horgan un Kelly, un ich heiße . . . raten Sie mal.«

»Murphy.«

»Richtig«, sagte er entzückt, »un meine Mama is 'ne Flanagan.«

»Meine Herren«, sagte ich, »ich freue mich aufrichtig, das zu hören«, und ich hob grüßend meine Teetasse.

Ich erinnere mich an eine junge Dame, eine Angestellte der irischen Regierung in London, die in ihrer Freizeit für eine katholische Jugendorganisation arbeitete. Einmal veranstaltete sie ein Tanzvergnügen, bei dem der Kardinal Griffin zu Besuch kam. Der Erzbischof und sein Gefolge strahlten über die jungen Tänzer, die sittsam herumhüpften, bis die hohen Herren gegangen waren, dann aber zum wildesten Boogie-Woogie übergingen. Meine Freundin sprach einen der Jungen darauf an, mit welcher Schnelligkeit sie ihr Tempo gewechselt hätten und den Tanzstil, nachdem die Besucher gegangen waren.

* Brendan Behan, erschlagen auf der Waterloo-Brücke 1952

»Nun«, sagte der Junge empört, »was sollten wir denn machen? Vor dem Erzbischof Boogie-Woogie tanzen? Halten Sie uns denn für Heiden?«

In der Stille der Morgendämmerung kam mir plötzlich der Gedanke, was in aller Welt ich nur tun sollte, um an das Geld für die Überfahrt auf den Kontinent zu kommen.

Ich habe eine Schwester, Carmel, die in einer neuen Siedlung in Sussex wohnt. Von ihr und ihrem schottischen Mann, Joe Paton, einem noblen, freundlichen Menschen, bekam ich das Geld geliehen. Joe kam eigens nach London und traf mich am Viktoria-Bahnhof. Er brachte mir das Reisegeld und noch einiges mehr. Es war an einem Sonntagmorgen, der für einen Alkoholiker die Hölle bedeutet. Ich kaufte mir meine Lieblingszeitung, weil ich bei ihr manchmal ein paar Schilling verdiente. Erleichtert setzte ich mich ans Fenster des Abteils, während der Zug langsam aus dem Bahnhof rollte.

Das Abteil war leer bis auf einen violetten Schal in der gegenüberliegenden Ecke, der eine Frau ungewissen Alters verbarg, denn es war nicht die Jahreszeit, wo Kreti und Pleti ihre Katzen, Hunde und kleinen Kinder zu den Stränden und Gefahren der grauen See verfrachten. Ich schlug meine Zeitung auf, und, guter Gott, was entdeckte ich? Dick Timmons, der Mann, dem ich geholfen hatte, aus dem Gefängnis zu entkommen, hatte die Geschichte seiner Flucht beschrieben.

Mit eigenen Augen las ich: »Schließlich erreichte mich eine Nachricht aus Liverpool. Die alte Dame schrieb mir, daß mich ein Mann besuchen werde. Als ich ihn sah, war ich überrascht. Denn es war Brendan Behan, ein Freund, der wegen seiner Teilnahme an einem Bombenanschlag drei Jahre im Jugendgefängnis gesessen hatte und aus England ausgewiesen worden war. Er war mit falschen Papieren aus Irland gekommen, um mir zu helfen – er riskierte, wieder ins Gefängnis zu kommen. (Stimme aus Crumlin: ›Wirst du je aus der Sache rauskommen?‹)«

Bei Gott, dachte ich mir, ich würde die sechs Grafschaften zurückgeben und weitersingen, um hier herauszukommen. Ich steckte die Hand in die Innentasche meines Rocks und fühlte den harten Umschlag meines Passes – kein falscher Paß, wenn auch auf den Namen Francis Behan –, und der violette Schal gegenüber bewegte sich und neigte sich vor.

Und Dick Timmons war offenbar stolz auf sein Wissen und

nicht gewillt, irgendwelche Informationen zurückzuhalten. Ich las weiter: »Wir beschlossen, uns zu trennen. Einen Tag, nachdem er in Manchester angekommen war, wurde er verhaftet und wegen illegaler Einreise zu drei Monaten verurteilt.«

Nicht alle Sünden meines vergangenen Lebens traten mir vor Augen, aber doch so viele, wie Platz hatten, und ich fragte mich in wachsender Panik, ob ich je aus dieser Klemme herauskommen würde. Mir fiel das leicht verzerrte Grinsen eines zähen alten Veteranen des Freiheitskampfes in der Grafschaft Clare ein, der gefragt wurde, ob sein Kampf für Irland ihm persönlich etwas eingebracht hätte. »Und was hast du für all das bekommen?« fragte ein Künstler, so ein Hiobströster, der, da bin ich sicher, noch nie um eines anderen willen auch nur eine Stunde früher aus dem Bett gekrochen ist.

»Ich habe«, und sein hartes altes Gesicht verzog sich zu einem Grinsen, »vierzig Morgen bekommen, die vor diesem Land liegen. Vierzig Morgen – bei Ebbe.«

Alles, was ich bekommen würde, war ein weiterer Aufenthalt im Kittchen.

Im Schutz des violetten Schals ging ich in Newhaven durch die Sperre, verlor den Schal aber aus den Augen wegen so eines jungen Iren, der seine Mutter wegen einer Freikarte für ein Symphoniekonzert von Radio Eireann umbringen würde und der mir von der Gefahr vorschwafelte, daß einem bei der Überfahrt Newhaven-Dieppe das ganze Gepäck abhanden kommen könne. Alles, was mir bei der Überfahrt abhanden kommen würde, war die drohende Deportation und ein paar Pfund Gewicht, die mich das Nachdenken darüber kosteten.

Gottes Hilfe liegt immer gleich vor der Tür, sagt man. Eine Frau mit ihrem kleinen Sohn sprach mich an, fragte, ob ich nach Paris führe und ob ich ihr behilflich sein könne, von der Gare Saint-Lazare zur Gare du Quai d'Austerlitz zu gelangen.

»Aber sicher«, sagte ich. »Wir können mit dem Bus oder mit dem Taxi fahren; ich bringe Sie auf jeden Fall hin.« Und ich stellte mich neben sie, während der Grenzbeamte die Pässe prüfte.

»Sind Sie Francis Behan?« fragte der Beamte ganz höflich.

»Ja«, sagte ich, »gewiß.«

»Sie geben an, Journalist zu sein. Für welche Zeitungen oder Zeitschriften haben Sie geschrieben?«

Ich fühlte, wie mir das Blut in den Kopf stieg, und hörte

meine gestammelten Worte in der bleischweren Luft. »Hm. *Irish Times, Irish Press*, für den *Irish Worker*, für *Republic, The People* und *Fighting Carpenters' Gazette.*«

Ich schluckte und sah dem Beamten zum ersten Mal ins Gesicht – ein großer Mensch, der gut aussah. Die schmalen Lippen eines Engländers – und das war auch richtig so –, dies war sein Land und er konnte Lippen haben, wie er wollte. Wenn er nur aufhören wollte zu fragen und mich in Ruhe ließe. Ich senkte die Augen und versuchte mich zu sammeln.

»Ich fahre für die *Irish Times* nach Frankreich«, stotterte ich, »ich soll einen Artikel über die Meinung der Franzosen zu dem Fußballspiel im Dalymount Park schreiben.«

»Kennen Sie Brendan Behan?« Er sprach ganz sachlich, und ich atmete auf.

»Oh«, sagte ich, »ein Schwätzer. Ich habe ihn in Dublin kennengelernt, aber viel weiß ich nicht über ihn.«

»Sie wissen nicht viel über ihn?« sagte der Beamte. Seine Entrüstung gewann die Oberhand, seine Stimme wurde hart, sein Akzent änderte sich. »Sie sind es selbst«, schrie er mir ins Gesicht und packte mich beim Arm.

Die Frau und ihr Sohn rückten einen Schritt von mir ab und sahen mich vorwurfsvoll an.

Ich wurde in einen anderen kleinen Raum gebracht, in dem sich ein weiterer gutgekleideter Mann befand, der mich anlächelte. Noch besser: er nannte mich Francis. Dann winkte er mich an einen Tisch im Hintergrund, auf dem ein Stapel Photographien lag, und – Jesus, Maria und Joseph, ich kippte beinahe aus den Latschen – zwischen anderen Photos stand ganz groß das meine.

Das Blut schoß mir in die Füße. »Um der Liebe Gottes willen«, sagte ich, »würden Sie mir was zu trinken geben?«

Der Beamte an der Paßkontrolle grunzte. »Nein«, sagte er. »Aber Sie können eine Tasse Tee haben.« Er war fasziniert von seinem Fang, der für ihn offenbar das große Ereignis des Tages bedeutete – aber bei Gott nicht für mich.

Ein Sergeant kam mit einem Tablett herein, auf dem sich ein bedrucktes Formular befand, eine Kupferstange, eine Rolle und ein Farbkissen. Jetzt sagte der zweite gutgekleidete Mann: »Wir nehmen Ihnen jetzt die Fingerabdrücke ab, aber wahrscheinlich kennen Sie das ja.« Er ging auf die offene Tür zu. »Kommen Sie mit nach unten zum Händewaschen.« Ich ging hinter ihm her, und er blieb vor der Tür stehen, während ich mir die Hände wusch und die Toilette benutzte. Er plauderte freundlich durch die verschlossene Tür hindurch, offenbar interessierte ihn die Sache nicht sehr, und ich entschloß mich, auch so zu tun, als ob nichts wäre.

Als wir wieder in dem kleinen Zimmer waren, nahm der Sergeant das Formular, legte es auf den Tisch und rollte die Kupferstange über die Farbe. Ich gab ihm den Zeigefinger meiner rechten Hand, er nahm ihn, färbte ihn ein und rollte ihn dann über das Formular, wo er auf einem freien Rechteck einen Abdruck hinterließ, unter dem Rechteck stand »Zeigefinger, rechte Hand«. Dann nahm er den Mittelfinger, dann den Ringfinger, dann tat er das gleiche mit der linken Hand. Ich unterschrieb das Formular an der dafür vorgesehenen Stelle mit »Francis Behan«, und der gutgekleidete Mann lächelte wieder.

Ich wurde mit dem Auto zur Polizeidirektion der Grafschaft Sussex in Lewes gebracht. Mein Freund, von dem ich später erfuhr, daß er Johnston hieß, und ein anderer Polizist, der überhaupt kein Wort mit mir sprach, fuhren mit mir. Aber ich wurde sehr höflich behandelt, und Johnston steckte die Hand in die Tasche und brachte eine Schachtel Zigaretten zum Vorschein. Er gab eine dem Polizisten, dann bot er mir die Schachtel an. »Nehmen Sie eine«, sagte er.

»Vielen Dank«, sagte ich, und der Polizist gab allen Feuer. Ich konnte sehen, wie der Fahrer die ganze Zeit in den Rückspiegel schaute, sich jeden Zug meines Gesichts einprägte, damit er am Abend seinen Kindern daheim erzählen konnte, er hätte das Schwein gefahren, das dem Gefangenen zur Flucht verholfen hatte, und dann würde er, um die Sache noch farbiger zu machen, Stücke aus dem *People* vorlesen. Und die Kinder würden mit großen staunenden Augen lauschen und ihn wegen seiner Tüchtigkeit und der Schläue der Polizei bewundern.

Wegen einer Umleitung fuhren wir durch Brighton. Der Strand war nicht zu sehen, nur der steinige Kiesstreifen und die drohenden Wellen, das Wasser, das sich unruhig und zornig vor uns bis zum endlosen Horizont hin erstreckte. Dann wandte sich der Wagen landeinwärts, am Pavillon vorüber, den der Prinzregent gebaut hatte, um seine Motten unterzubringen, und der jetzt niemandem zu etwas dient, und wir fuhren langsam über die Dünen zum Gefängnis von Lewes. Das Gefängnis liegt am Rande der Stadt, ein häßliches Gebäude aus rotem Backstein und grauem Feldstein, daneben die Häuschen der Wärter mit Blick auf die Dünen. Wir fuhren die Auffahrt hinauf, und der Wagen blieb vor dem Haupteingang stehen.

Superintendent W. Britton kam uns die Treppe hinunter entgegen, gefolgt von zwei Wärtern, die streng und stark aussahen, als ob den Vertretern des Gesetzes ein physischer Angriff drohte und sie bereit wären, mit Freuden ihr Leben für ihre Verteidigung zu lassen. Johnston stieg als erster aus, und nach einem hastigen Wortwechsel wandte sich Superintendent Britton an mich, er lächelte sogar dabei, und sagte mir, ich würde festgehalten, um verhört zu werden, da man Grund zu der Annahme habe, ich sei Brendan Behan. Die Wärter stellten sich rechts und links neben mich, und ich wurde hineineskortiert.

Der Raum war gar nicht so übel, die Tapete war ganz mit Muscheln bedeckt, wenn ich auch sagen muß, daß dies weder mir noch den anderen Insassen viel half.

Ich setzte mich in einen Sessel und legte die Füße auf den Tisch. »Hören Sie mal«, sagte ich, »Sie müssen verrückt sein. Ich bin nicht Brendan Behan.«

Superintendent Britton, der auf der anderen Seite des Tisches saß, erhob sich, kam zu mir herüber und sagte in gleichmütigem und freundlichem Ton: »Seien Sie doch vernünftig. Wir wissen, wer Sie sind. Sie sind durch Ihre Fingerabdrücke und Ihre Photographie identifiziert.«

»Schon gut, Herr Direktor, ich bin es.« Der Direktor sah mich vorwurfsvoll an, senkte dann aber den Blick, als ich ihn im Namen der Allerseligsten Jungfrau um einen Schluck zu trinken bat. Er nickte Johnston und einem Wärter zu, der nach draußen ging und bald mit Tee, noch mehr Tee, zurückkam. Wenn es keine Hagebutten gibt, freut man sich über Mehlbeeren, Tee ist schließlich auch kein übles Getränk, besonders wenn die Einstellung, aus der er gespendet wird – und das soll kein Witz sein –, so ist wie die dieser Herren.

Sie fingen dann an, über Bentley zu reden, der zusammen

mit Craig an diesem Abend angeklagt worden war, weil er einen Polizisten erschossen hatte. Nun bin ich nicht dafür, daß man Polizisten erschießt, auch nicht versehentlich, aber ich finde, daß man Bentley nicht wegen Mord hätte anklagen sollen, und auf jeden Fall verdiente er nicht die Todesstrafe. Zwischen den beiden gab es lebhaftes, übereinstimmendes Gerede darüber, daß es richtig sei, ihn anzuklagen. Da es nun zu diesem Zeitpunkt nicht angebracht gewesen wäre, den Herren meine Meinung ins Gesicht zu sagen, sagte ich: »Wenn man es recht bedenkt, so glaube ich, daß Sie recht haben.«

Wir gingen die Treppe hinauf, wo der Schließer uns entgegenkam. Britton lächelte mir zu. »Gute Nacht, Männer«, sagte ich und folgte dem Schließer den Flur hinunter, bis wir zur Zellentür kamen. Ich zog Schuhe und Hosenträger aus und ging hinein. Die Tür knallte hinter mir zu, und ich hörte, wie der Schlüssel sich im Schloß drehte.

Ich schaute zu dem vergitterten Fenster hinauf. Ich war wieder in der Betonkiste. Da in der Ecke war wieder das Klosett, genau in Sicht des Gucklochs und des verdammten John Bull von Wärter, der hindurchschaute. Ich legte mich auf die Holzpritsche und erwartete ergeben mein Schicksal. Früh genug würde es Montag sein.

Ich lag noch eine Zeitlang wach und grübelte darüber nach, wann ich wohl vor Gericht gestellt werden würde. In Manchester hatten mich die Scheißbullen zweimal in die Untersuchungshaft zurückgeschickt, bevor ich verurteilt wurde. Aber vielleicht würden sie mich diesmal nur ausweisen und sagen: »Würden Sie um Gottes willen in Zukunft hier wegbleiben.« Und bei Gott, das würde ich auch und wäre noch dankbar dann.

Ich hörte Schlüsselgerassel und Türenknallen. Ich kannte diese Geräusche. Sie näherten sich. Der Schlüssel drehte sich im Schlüsselloch, und ein dünnlippiger Wärter sagte mir, da seien ein paar Herren, die mich sprechen wollten. Ich folgte ihm, und er zeigte auf meine Schuhe, die Socken und die Hosenträger, die draußen bereitlagen, und ich zog sie eilig an. Johnston führte mit einem anderen Polizisten eine geflüsterte Unterhaltung, unterbrach aber, sobald er mich sah.

»Da sind ein paar Leute von der Abteilung M.I.5 von Scotland Yard, die Sie sprechen möchten, Brendan«, sagte er. »Aber zuerst bringe ich Sie zum Waschraum, damit Sie sich waschen und rasieren können.«

»So schlimm ist es doch gar nicht«, sagte ich und rieb mir das Kinn. Aber ich sagte es nur in Gedanken, denn natürlich muß alles tipptopp und picobello sein für diese Spionageschweine.

Danach wurde ich ins Büro des Direktors gebracht, wo wir uns höflich die Hand schüttelten. Zu mir war der Direktor recht freundlich, aber ich habe gehört, daß er zu den anderen Gefangenen gar nicht so freundlich war. Jemand hat einmal gesagt, daß der Berufssoldat der Abschaum der Welt ist, aber bei Gott, der Gefängniswärter ist der Abschaum des Abschaums, ganz gleich, wo er herkommt.

Seine beiden Genossen von Scotland Yard lächelten das Lächeln von Beruf höflicher Leute, aber ihre Augen blieben hart. Der eine in dem graugestreiften Anzug bot mir eine Zigarette an und fragte mich gleichzeitig, was ich täte und all so was. Ich sagte es ihm und steckte dann die Zigarette in den Mund, um einen Zug zu tun, als der zweite Mann um den Tisch herum auf mich zutrat. »Hören Sie, Behan«, sagte er, »ich weiß, daß Sie zur Organisation der I.R.A gehören, seit Sie laufen können, und daß Sie viel darüber wissen, aber das haben Sie bisher mit keiner Silbe erwähnt.«

»Das bißchen, das ich Ihnen über die I.R.A. erzählen könnte, wäre für Sie ganz uninteressant.« Und hastig fügte ich hinzu: »Und es wäre sehr viel weniger, als Sie jetzt schon wissen«, denn er sah mir wie der Typ aus, der die ganze Nacht bei einem kranken Hund sitzen bleibt, damit der ihm morgens die Hand leckt.

»Das mag schon sein.« Er sprach ganz vernünftig; ich schaute ihn an, und irgend etwas sagte mir, daß keiner dieser blöden unechten Polizisten so gut unterrichtet war, wie es möglich gewesen wäre.

Nadelstreifen sprach wieder. »Dies ist eine ernste Angelegenheit, Behan. Ernster, als Sie vielleicht denken. Was haben Sie 1947 gemacht?« Es war heraus, und der Direktor setzte sich bequem in seinem Sessel zurecht, als säße er in der ersten Logenreihe und wolle sich gleich einen Film ansehen, von dem sie alle geredet hatten.

Das Lächeln verblaßte auf den professionellen Lippen des M.I.5., als ich ihm einen Augenzeugenbericht über meine drei Monate im Gefängnis von Manchester gab und ihm erzählte, wie gut ich mich im Kittchen auskenne. »Aber«, sagte ich lächelnd, »sonst ist nichts von Interesse in jenem Jahr passiert, falls Sie nicht darauf anspielen, daß ich bei meiner Reise nach Frankreich über England gereist bin, was ich ja jetzt auch wieder tun wollte. Sonst habe ich nichts getan, das ist schon alles.«

»Sie meinen, daß das alles ist, was Sie uns erzählen wollen. Und Sie können ruhig aufhören zu grinsen.« Nadelstreifen nickte dem anderen Mann zu und sprach in ruhigerem Ton.

»Wissen Sie, Behan, Sie könnten uns in einer bestimmten Sache behilflich sein.«

»Tut mir leid«, sagte ich, »ich kann Ihnen nicht helfen.«

»Nun, es wird noch ein paar Tage dauern, bevor Sie vor Gericht kommen. Denken Sie darüber nach, und wenn Sie sich's anders überlegen, lassen Sie's uns wissen. So oder so, wir kriegen es doch heraus.«

Die Unterredung war vorbei, und obwohl sie ganz gleichgültig taten, merkte ich doch beim Herausgehen, wie enttäuscht und gekränkt sie waren. Ich freute mich darüber. Und ich entdeckte zum erstenmal in meinem Leben, daß es bei der Polizei einen Grad von beruflichem Ehrgeiz gibt, den man sonst nirgends findet. Denn die Polizei von Sussex war so froh darüber, daß ich die M.I.5. hatte abblitzen lassen, die ihnen das Verhör aus der Hand genommen hatten, daß sie ihre Haltung mir gegenüber völlig änderte. Anstatt in die Zelle zurückgebracht zu werden, wurde ich in ein anderes Zimmer geführt, wo ich eimerweise Tee bekam und viele Zigaretten rauchte. Und die Bullen gingen ein und aus, um ein Schwätzchen mit mir zu halten: Es war die glücklichste Zeit, die ich je im Kittchen verbrachte.

Sie erzählten mir von den Märtyrern von Sussex, wie sie von Maria der Blutigen in Lewes auf dem Scheiterhaufen verbrannt worden waren, und sie sagten, sie hofften, ich würde am 5. November, der kurz bevorstand, die Feierlichkeiten miterleben können, denn die ganze Stadt würde an dem Tag auf den Beinen sein. Sie wollten mich rumfahren und mir die Freudenfeuer zeigen, die in jeder Straße angezündet wurden.

»Wissen Sie, an dem Abend sind Iren hier nicht gern gesehen«, sagten sie. »Wir könnten Sie sogar laufenlassen.«

»Wenn Sie mir die Gelegenheit gäben, würde ich's Ihnen schon zeigen«, lachte ich, denn verdammt noch mal, ich hätte nur zu gern mitgemacht.

Manche Leute glauben, der Kampf um die irische Unabhängigkeit sei hauptsächlich ein Kampf von Katholiken gegen Protestanten gewesen. Es wird Sie interessieren, daß Maria die Blutige zwar katholisch war, aber weit davon entfernt, für die Iren zu sein. Sie war die erste, die die früheren Einwohner Irlands vertrieb und an ihrer Stelle Leute ihrer Wahl ansiedelte. Außerdem änderte sie die Namen zweier Grafschaften in Irland. Sie machte aus Leix und Offaly »King's County« und »Queen's County«, und eine der Hauptstädte von Offaly nannte sie Philipstown nach ihrem Geliebten oder Gatten oder was er sonst war, nämlich nach Philip II. von Spanien. Aber als sie wieder in England war, sanktionierte sie die allgemeine Verfolgung der Protestanten. Darunter waren dann auch die Märtyrer von Sussex, die, so meine ich, viel dazu beitrugen, daß die Engländer ein protestantisches Volk wurden. Im großen und ganzen war Maria I., Königin von England, keine Glanznummer.

Es macht mich ganz verrückt, daß mir die Gelegenheit entgangen ist, den Guy-Fawkes-Abend in Lewes mitzuerleben, aber vielleicht kann ich es mit Gottes und anderer Hilfe noch nachholen.

Ich blieb etwa eine Woche lang in Untersuchungshaft und teilte die Zelle mit einem jungen Australier – keinem üblen Kerl –, aber er brachte mich zur Weißglut, weil er sich dauernd beklagte, daß er in aller Öffentlichkeit aufs Klo gehen mußte. Das arme Kerlchen tat mir leid, denn er war nur wegen einer geringfügigen Sache festgenommen worden und Unannehmlichkeiten dieser Art nicht gewohnt. Übrigens habe ich mich auch nie daran gewöhnen können, aber was man nicht ändern kann, muß man ertragen, und das Jammern darüber hatte gar keinen Zweck.

Ich hatte einen Artikel über das Jugendgefängnis »Borstal« geschrieben, der vor zehn Jahren in *The Bell* veröffentlicht worden war. Nun verbrachte ich die meiste Zeit damit, diesen Text auszubauen, so daß ich am Ende der Woche den ersten Entwurf eines Buches mehr oder weniger fertig hatte. Es sollte später unter dem Titel *Borstal Boy* erscheinen, aber ich habe es noch mehrmals umgeschrieben, bevor die endgültige Version in Druck ging. Ich las dem jungen Australier Teile daraus vor, und das einzige, was er sagte, wenn er nicht gerade über die sanitären Einrichtungen klagte, war: »Nein, Paddy, hast du das geschrieben?«

Am Tag vor der Gerichtsverhandlung kam mich Jack Molloy, Botschaftsrat an der irischen Botschaft in London, besuchen. Wir kannten uns noch nicht, und ich fand, daß er eine anständige alte Haut war. Nachdem er gefragt hatte, ob er etwas für mich tun könnte und so, ging er wieder, gab mir aber vorher noch vierzig Afton-Zigaretten. Er sagte mir, er habe einen Mr. Carter damit beauftragt, mich am kommenden Tag zu verteidigen.

Ich ging vergnügt in meine Zelle zurück. Mein Kumpel saß auf der Pritsche, und ich warf ihm die Zigaretten zu. »Danke, Pad«, sagte er. »Du kommst wohl morgen raus?«

»Du bist auch bald an der Reihe, Junge«, sagte ich, und um ihn aufzuheitern: »Du brauchst keine Angst zu haben. Erzähl ihnen deine Geschichte und bleib dabei. Es ist dein erstes Delikt. Eh du dich versiehst, bist du wieder draußen.«

Er sagte nichts, nahm aber eine Zigarette und steckte sie sich an. Er hielt sie sich vor die Nase und starrte sie wie gebannt an, die Asche fiel auf den Boden. Als ich einschlief, saß er immer noch da.

Am Morgen wurde ich allein weggeführt und von einem Polizisten in die Aufnahme gebracht, um den Empfang meines Eigentums zu quittieren. Dann kam ich mit den anderen Untersuchungsgefangenen in einen großen Raum, wo wir auf die Gerichtsverhandlung warteten. Es waren zwei wild aussehende Burschen dabei, die auf dem Dach eines Warenhauses geschnappt worden waren, ein Mann, der an Bord eines auslaufenden Schiffes in Newhaven festgenommen worden war, er hatte versucht, sich seiner Unterhaltspflicht zu entziehen, ein Junge von fünfzehn, der sich ein Fahrrad geliehen hatte, um nach einem Krach mit seinem Mädchen rechtzeitig zur Arbeit zu kommen, und ein Eisenbahnangestellter, der beschuldigt wurde, Zwillingsbrüder vergewaltigt zu haben. Er weinte bitterlich, so daß ich zu ihm ging und versuchte, ihn zu trösten.

»Hör mal«, sagte ich, »nimm doch um Himmels willen eine Zigarette. Du bist noch nicht tot.« Aber der arme Bursche nahm sich die Schande so sehr zu Herzen, der Druck des Gesetzes lastete so schwer auf ihm, daß er den Kopf abwandte und von mir wegrückte.

Zwei eifrige Bullen mit frischen Gesichtern, die den Vorgang beobachtet hatten, winkten mich zu sich. Der jüngere schloß die Zelle auf, und ich wurde weggeführt. Sie erklärten mir, sie wären von London hergekommen, um mich zu übernehmen, und ich dachte bei mir, ihr wollt bloß nicht, daß ich den armen alten Eisenbahner ein bißchen tröste.

»Ich möchte gern etwas über diesen Fall hören«, sagte ich.

»Es ist eine sehr unerfreuliche Sache, wir finden, das ist nichts für Sie«, sagte der andere Mann, der so aussah, als würde er, selbst wenn die Cholera wütete, sich nicht davonmachen und die Leute einfach in Frieden sterben lassen.

»Als ich sechzehn war, habt ihr nichts dagegen gehabt, daß ich unerfreuliche Fälle mitbekam«, sagte ich scharf, »jetzt bin ich neunundzwanzig.« Ich ließ diese Klugscheißer stehen und ging auf Johnston zu, der im Korridor stand.

»Um Himmels willen«, sagte ich, »bringen Sie mich von diesen Klugscheißern weg, die sind mir zu schlau.«

»Was ist denn los, Brendan? Glauben Sie, die kriegen was aus Ihnen raus, was wir nicht rausgekriegt haben?« Johnston lächelte.

»Die kriegen keinen Scheißdreck aus Brendan Francis Behan heraus, aber um ehrlich zu sein, ich würde gern die Verhandlung gegen den Eisenbahner mit anhören, und die finden, das sollte ich nicht.«

Und Johnston nahm mich mit in den Gerichtssaal; ich glaube, er hatte es nicht vorgehabt, tat es aber jetzt, um die Londoner Polizisten zu ärgern.

Der Richter war eine Frau, eine »feine englische Tory«, was für mich dasselbe ist, als spräche man von einer zahmen Kobra, von trockenem Wasser, einem armen Gastwirt oder einer zahmen Ente, und sie hatte ein Gesicht wie Harris Tweed. Als der Staatsanwalt sagte, dies sei wohl kein schöner Fall für die Ohren einer Dame, kam es bei ihr wie aus der Pistole geschossen, das sei schon recht. »Es ist meine Pflicht«, sagte sie. Ich glaube aber, daß sie genauso scharf darauf war, die Geschichte zu hören wie ich.

Jesus, Maria und Joseph, sie gingen mit diesem armen unglückseligen Eisenbahner um, wie man nicht mal in Algerien von den Fallschirmjägern erwarten würde oder von den Nazis gegenüber einem Juden. Offenbar hatten die beiden Jungen ihn überwältigen können, die er laut Anklage hatte vergewaltigen wollen, aber ihr Stiefvater spielte im Zeugenstand den zutiefst Entrüsteten, und man glaubte ihm. Wenn es nach mir gegangen wäre, hätten die Zwillinge den Hintern versohlt gekriegt und wären heimgeschickt worden. Statt dessen hängte die »feine englische Tory« dem Eisenbahner einen Prozeß an.

Ich kam als nächster auf die Anklagebank und wurde beschuldigt, England illegal betreten zu haben. Ich fand das ein bißchen übertrieben, da ich es doch gerade hatte verlassen wollen. Ich bekannte mich indessen schuldig, und dann trat Direktor Britton als Zeuge auf und sagte aus, daß ich vom Gericht in Liverpool ausgewiesen worden sei, weil ich 1941 unter verdächtigen Umständen im Besitz von Sprengstoff verhaftet worden war und daß ich danach vier Jahre von einer vierzehnjährigen Strafe abgesessen hätte, zu der ich wegen versuchten Mordes an irischen Polizisten verurteilt worden sei. Die alte Dame am Richtertisch hörte begierig zu, aber als sie sprach, war sie recht höflich.

Dann schmierte ihr Mr. Carter allerhand unsinnige Geschichten um den Bart, wie ich schon mit vierzehn verführt worden sei, der I.R.A. beizutreten, aber jetzt sei ich nicht mehr mit subversiven Aktivitäten beschäftigt, sondern ein bekannter Schriftsteller und Mitarbeiter von Radio Eireann, und in England sei ich nur auf der Durchreise nach Frankreich gewesen, wo ich beruflich zu tun hätte. Dies besänftigte ihren Husten, und sie lächelte mich an, und auch der Rest des Gesichts lächelte mich an, und sie verurteilte mich zu einer Geldstrafe von fünfzehn Pfund – allerdings mußte ich auch die Kosten tragen. Ich konnte mich über meine Behandlung in Lewes nicht beklagen.

Ich folgte dem Polizisten, der mich zum Wagen brachte, direkt auf den Fersen, denn ich sollte nach Newhaven eskortiert werden, wo das Kanalschiff nach Frankreich abgeht. Auf dem Weg durch Lewes machte ich Bemerkungen über die Gebäude dieser Stadt, die wie ich fand, große Architektur zu sein schienen. (Ich war doch jetzt ein Intellektueller, nicht wahr?)

Der Sergeant quittierte meine Würdigung urbaner Schönheit von der High Street bis nach Newhaven mit »Oh« und »Ah«, aber meistens verhielt er sich schweigend. Ich kann's verstehen. Ein geschlossener Mund fängt keine Fliegen. Ich wurde durch den Zoll geführt, und wenn der lange Beamte an der Paßkontrolle mit den dünnen englischen Lippen mich erkannte, so hielt auch er den Mund. Auf der Gangway schüttelte ich dem Sergeanten die Hand.

»Paß auf dich auf, Brendan«, sagte er.

Ich drehte mich verwundert um. Der Akzent war nicht zu verkennen.

»Mensch, du bist aus Dublin«, rief ich hinter ihm her. Ich habe bei der Polizei viele Iren aus Liverpool getroffen, und eine teuflischere Schweinebande ist kaum zu finden, aber daß ein Mann aus meiner Heimatstadt in der englischen Polizei Dienst tut, die meist aus ungebildeten Leuten besteht, ist selten.

Er ignorierte meine Bemerkung, hob bloß die Hand zum Gruß, und ich ging die Gangway hinauf und schrie: »Schade, daß du nicht mehr Verstand hast.« Er war ein Ire von der Art, die ich am besten kenne; wahrscheinlich war er in aller Fröhlichkeit in das Problem vertieft, wen er als nächsten reinlegen könnte.

Das Schiff war überfüllt, aber zwei schmale Jüngelchen, die nebeneinander saßen, rückten zusammen und boten mir Platz an. Ich stellte mit wachsendem Entsetzen fest, daß mir, nachdem ich die Strafe und die Gerichtskosten bezahlt hatte, nichts mehr geblieben war als ein irisches Drei-Penny-Stück.

Am nächsten Tag fand das Spiel Frankreich gegen Irland in Dalymount statt, und wenn ich einen Stimmungsbericht darüber schreiben sollte, so war das mit diesen Reichtümern in der Tasche einfach nicht möglich. Da fiel mir Desmond ein.

Sobald ich in Paris angekommen war, ging ich zu Desmonds Bude, und er brachte mich in einem Hotel hinter dem Luxembourg unter. An diesem Abend saßen wir draußen vor einem Café und redeten nach dem Abendessen weit in den milden Novemberabend hinein, bis uns nach Mitternacht die Kälte wieder hineintrieb.

Am nächsten Tag versuchte ich in der Bar des Hotels das Fußballspiel am Radio zu verfolgen, aber ich hätte ganz anders Französisch können müssen, um dem französischen Kommentator zu folgen. Das Gebrüll, das Gebuhe, das Gekreisch, das war in allen Sprachen das gleiche. Schließlich hatte ich ja als kleiner Knirps und auch später an der Seitenlinie mitgeschrien, und niemand hatte sich über den Lärm beklagt.

Jetzt wunderte ich mich über die sauren Gesichter der Franzosen in der Bar, und als sie ihre Flüche gegen mich richteten, merkte ich, daß das Spiel vorüber war und Irland gewonnen hatte. Natürlich war ich entzückt, aber die Reaktion der Leute in der Bar war mir völlig unverständlich. Am folgenden Morgen las ich in einer Zeitung, daß »das Gebrüll in Dalymount das französische Team so sehr erschreckte, daß es die Nerven und damit das Match verlor.«

Es war später Nachmittag, als ich mich so weit erholt hatte, daß ich mich zum Büro der *Irish Times* schleichen konnte, um Robert Smiley aufzusuchen. Ich hatte mich nach ein paar Gläsern Whisky entschlossen, ihm die Wahrheit zu sagen, denn im allgemeinen lüge ich nur, wenn's nötig ist – um was zu trinken oder zu essen zu bekommen oder ein Bett –, und auch dann belüge ich nur demütige und schlichte Seelen, und Robert Smiley war weder demütig noch schlicht.

»Das Saufen wird dich eher umbringen als deine Mitgliedschaft bei der I.R.A., Brendan«, sagte er, als ich in sein Zimmer trat. Ich stimmte dem respektvoll zu, und die Sache wurde nicht weiter diskutiert. Statt dessen begannen wir, über ein gewisses ehrenwertes Mitglied der Aristokratie zu sprechen, eine Frau, die eine ganze Woche lang versucht hatte, W. B. Yeats zu überreden, in der Osterwoche 1916 mitzukämpfen. Nach der Legende soll Yeats sie gefragt haben, wofür sie ihn eigentlich hielte, dafür sei er viel zu kränklich, und zwei Tage nach dem Fall des Hauptpostamtes warf er sie die Treppe hinunter, weil er ein Gedicht darüber schreiben wollte.

Eine Zeitlang gehörte sie dem »Komitee der internationalen roten Hilfe« an, und sie bestand darauf, diese Organisation immer beim vollen Namen zu nennen, damit man sie nicht mit der Irisch Republikanischen Armee verwechselte. Sie hatte sich im Jahre 1934 mit der I.R.A. verkracht, weil sie über den täglichen Kampf anderer Meinung war, vor allem, weil die I.R.A. sich geweigert hatte, ein Dutzend zwölf Unzen schwere Gelatinedynamitstangen für ein Paket herauszurücken, das während des Kohlestreiks an das Sekretariat des Arbeitgeberverbandes geschickt werden sollte.

Viele Leute apostrophierten sie als »eine Kämpferin für die Erniedrigten in jedem Land, eine feurige Predigerin für jede gute Sache in ihrem Heimatland – für das Zerschlagen der großen Landgüter, für die Erneuerung der irischen Sprache, für die Geburtenkontrolle – eine hervorragende Gestalt unter den aufbegehrenden Frauen«. Es soll hauptsächlich ihr zuzuschreiben gewesen sein, daß Frank Harris und Charlie Chaplin Jim Larkin in Sing-Sing besuchten. Ganz sicher hat sie ihren Einfluß auf Gouverneur Al Smith geltend gemacht, damit dieser ihn aus dem Gefängnis herausholte. Smith hatte fast ein feudales Verhältnis zu ihr, denn in den alten Tagen hatte ihre Familie seine Familie aus ihrer Hütte in der Grafschaft Cavan vertreiben lassen.

»Wahrscheinlich kennst du diese Gegend nicht, Brendan?« sagte Smiley.

Ich kannte sie gut, habe Freunde dort und kenne Ballyjamesduff. Und wenn ich auch die Lappanduff-Berge nicht kenne, so kenne ich doch ein Lied darüber, das ich zum ersten Mal in einer Kneipe in der Falls Road in Belfast gehört habe.

...auf Lappanduff, auf Cavan's Höh,
Focht man mit tapfrem Mut,
Bis daß die Briten schossen jäh
Jung Sean MacCartney tot...

Cavan mit seinen Hügeln. Wenn du nach Cavan willst, sagte der Mann, mußt du in Navan rechts abbiegen. Das stimmt. Ich hab's gemacht.

In bester Laune verließen wir zusammen das Büro, und weil es ja nicht schaden konnte, gingen wir bei *Michael's* einen trinken. Aber Smiley, der immer ein mäßiger Mensch gewesen ist, ließ es bei einem, und nach einem großen Bier ging er nach Hause. An der Tür drehte er sich um und gab mir einen Umschlag.

Ich ging zum Klo und machte ihn auf. Eine blaue Zehnpfundnote war darin. Ich steckte sie in die Tasche. Guter Kerl, dachte ich, aber laut sagte ich: »Du verstehst Spaß, Robert Marie Smiley!«

Ich ging an die Theke zurück.

»Noch mal das gleiche, Michael«, sagte ich, »und auch ein Glas für dich.«

»Danke«, sagte Michael.

Ich warf den Zehner hin.

»Ein blauer, mein Gott«, sagte Michael. »Dein Blut sollte man auf Flaschen ziehen.«

An diesem Abend genoß Brendan Behan in der Kneipe

großen Respekt. Doktor Crippen machte mir Platz, und auf der anderen Seite stand McIntaggart neben mir. Ich stand zwischen ihnen wie Christus zwischen den beiden Schächern.

McIntaggart heißt auf gälisch *Mac an tsagairt* oder »Sohn des Priesters«. Irgendein Spottvogel aus Connemara hatte ihm das erzählt, und seitdem ging er in den Kneipen herum und erzählte, er sei der Sohn eines verdammten Priesters. In dieser Kneipe hätte man ihm nicht einmal das Vaterunser geglaubt, wenn es aus seinem Mund gekommen wäre. Wenn man McIntaggart nach der Zeit fragte, dann mußte man sich hinterher telefonisch vergewissern, ob es auch stimmte.

Doktor Crippens richtigen Namen kannte ich nicht. Er bekam diesen Spitznamen, als er in der Armeekantine des Freistaates Schankwirt war, und man ihm nachsagte, er vergifte die Soldaten mit schlechtem Alkohol. Er soll mehr Leute umgebracht haben als die I.R.A., gegen die die Armee damals kämpfte.

Crippen war seinerzeit Feldwebel in der Armee des Freistaates und spielte »Gaelic Football« für die *Army Metro*, deren Mannschaft aus den Kasernen der Dubliner Garnison rekrutiert wurde. Michael, der Wirt, verehrte ihn sehr wegen seiner früheren Triumphe auf dem Fußballplatz, aber Crippen wußte das nicht. Er war ein sanfter Mensch, und das einzige, womit er meines Wissens nach angab, war seine Beziehung zu einem literarischen Magazin und seine Freundschaft mit dem Mitherausgeber.

Der Herausgeber war ein kleiner linker Republikaner und stammte von einer Insel im Atlantik vor der Küste von West-Cork. Er hatte zu schreiben angefangen, als er in den zwanziger Jahren aus dem Gefängnis gekommen war und Irland beim englischsprechenden und -schreibenden Publikum noch in Mode war, weil die »Black and Tans« das liberale Gewissen mit Irland belastet hatten. Wie alle anderen bäuerlichen Schreiber war er ein ehemaliger Lehrer und schrieb voller Liebe über die einfachen Leute seiner Heimat. Ich konnte mit dem, was er schrieb, nichts anfangen, und er muß es geahnt haben. Er konnte mich deshalb nicht leiden und wollte auch nichts von mir abdrucken.

Sein Mitherausgeber jedoch, ein großer, kräftiger Junge, der für Trinity College boxte, war einer der angenehmsten Menschen, die ich je getroffen habe. Er war der Sohn eines protestantischen Geistlichen und wettete wie verrückt auf Pferde. Crippen, der diese Leidenschaft teilte, hing sehr an ihm, und Crippen sprach immer wieder von diesem Freund, der jetzt bei der BBC in London arbeitete.

Da ich gerade aus England zurückkam, fragte er mich, wie ich schon erwartet hatte, wie es seinem Freund ginge. Ich erzählte der versammelten Gesellschaft meine Geschichte, und zum größten Teil erzählte ich die Wahrheit, gleichzeitig setzte ich mich aber auch ins rechte Licht. Stunden später blinzelte ich in die Nacht hinaus und lenkte meinen Blick heimwärts. Auf dem langen Heimweg kam mir in den Sinn, daß mir in diesen Wochen nicht an allen Tagen in dieser Stadt Respekt erwiesen wurde. Vielleicht würde es nie wieder so sein. Abwechslung ist so gut wie eine Ruhepause.

Zu diesem Zeitpunkt kam alles Geld, das ich verdiente, und das war nicht viel, von gelegentlichen Artikeln, Kurzgeschichten, Gedichten und Hörspielen. *The Quare Fellow (Der Spaßvogel)* schrieb ich ursprünglich unter dem Titel »Casadh Sugain Eile (Wieder wird ein Strick gedreht)« in Anlehnung an das Stück von Douglas Hyde *The Twisting of the Rope* (Das Drehen des Stricks), und ich schrieb es zuerst als Hörspiel. Später machte ich ein einaktiges Stück daraus und bot es dem Abbay Theatre an, das es mit der Bemerkung zurückwies, eines Tages würde ich vielleicht ein Stück schreiben. Verdammt noch mal, man könnte ebensogut aus der Welt sein, wenn man aus der Mode ist. Auch die Stücke von Joyce und O'Casey wurden einmal abgelehnt. Ich erweiterte das Stück auf drei Akte und schrieb es auf englisch, denn, obgleich ich auch anderer Meinung bin, erinnere ich mich an einen Gefängniswärter aus Cork, der mir in Liverpool sagte, Gälisch zu lesen und zu sprechen brächte in diesen Zeiten nicht viel ein.

»Wem nützt es überhaupt außer einigen wenigen in Irland?« sagte er.

Ob ich nun Englisch oder Gälisch schrieb, ich wußte, daß ich Jahre warten mußte, bevor man mich in Dublin las. Aber ich schickte das Stück wieder an das Abbay Theatre, und diesmal schlug der Direktor vor, ich sollte mich mit dem Regisseur zusammensetzen, um zu sehen, ob es möglich sei, es bühnenreif zu machen. Er erklärte mir, da ich das Stück in den vierundzwanzig Stunden spielen lasse, die der Hinrichtung eines Mannes vorausgingen, der seinen Bruder abgemurkst hatte, könnte irgendein Wärter im Mountjoy-Gefängnis sich wiedererkennen und eine Verleumdungsklage einreichen.

Der Regisseur kann mich mal, dachte ich mir, wir sprechen nicht die gleiche Sprache. Ich nahm das Stück zurück, wartete ein paar Wochen und schickte es dann wieder ein. Im Handumdrehen hatte ich es zurück. Wie Joyce legte ich es beiseite und arbeitete an meinen anderen Sachen weiter. Aber nun war ich im Literaturbetrieb bekannt, und da die Iren große Achtung vor dem Weitgereisten haben, entschloß ich mich, einen Kriminalroman über die Dubliner Unterwelt zu schreiben, dabei aber als Hintergrund Frankreich zu nehmen, wo ich mich inzwischen gut auskannte. Ich gab der Geschichte den fingierten Namen »Emmet Street«, das ist der Name einer Straße, die in Norddublin der Straße gegenüberliegt, in der ich aufgewachsen bin. Ich wählte diesen Namen, teils, weil die Dubliner Intelligentsia in der schicken Gegend um die Grafton Street mich immer noch als pornographischen Schriftsteller sah, teils, weil die Gegend um die Emmet Street noch aus einem anderen Grund berühmt ist.

Neben der Emmet Street liegt die Rutland Street, in der ein späterer Präsident der irischen Republik wohnte, Sean T. Kelly. Aber er bewohnte ein ganzes Haus aus dem achtzehnten Jahrhundert, während der Rest der Straße aus Mietskasernen bestand. In einer davon bewohnte Matt Talbot ein Hinterzimmer; nach seinem Tod gab es eine Bewegung, die ihn zu einem Heiligen machen wollte. Aber Sean O'Casey, der aus demselben Viertel stammt und nur ein paar hundert Meter von ihm entfernt wohnte, nennt ihn den »Verrückten Talbot« (Mad Talbot). Nicht nur in Fragen des Theaters, auch in Fragen, die Dublin betreffen, beuge ich mich dem Experten.

Matt Talbot, der arme Kerl, war bis zu seinem zwanzigsten Jahr eine Art Säufer, wenn ich mir auch nicht vorstellen kann, daß er überhaupt so viel trank. Er hat, wie er selbst gesteht, einiges getan, um an etwas zu trinken zu kommen, so hat er zum Beispiel einem blinden Fiedler die Geige geklaut. Dann ließ er das Trinken sein, und um diese seine Bekehrung vom Alkohol wurde ein ganz schönes Getue gemacht. Außerdem wurde er sehr fromm und ging jahrelang jeden Morgen um fünf Uhr zur Messe.

Er arbeitete als Gelegenheitsarbeiter auf den Holzverladeplätzen in den Docks, und sobald er Zeit dazu fand, machte er auf dem Holzplatz allerhand religiöse Übungen, schlich sich hinter einen Bretterstapel, um zu beten.

Er lehnte es auch ab, sich seine Überstunden bezahlen zu lassen, und zwar bestand er darauf, die Zeit, die er auf die Lastwagen wartete, gegen die Überstunden aufzurechnen. Das war ein Trugschluß, denn wenn er auch nicht tatsächlich mit Verladen beschäftigt war, so stand er doch auch nicht an der Bar des Shelbourne-Hotels, sondern wartete in Kälte und Nässe, besonders im Winter, wenn die Winde vom Liffey her durch die Holzplätze blasen.

Und er hungerte sich auch zu Tode. Man sagt, daß er sich jeden Tag einen Hering kochte, er gab dann den Fisch der Katze und trank selber die Brühe.

Im Jahre 1926 stürzte er auf dem Weg zur Kirche und starb. Er wurde ins Krankenhaus in der Jervis Street gebracht, wo die Nonnen, die ihn auskleideten entdeckten, daß er Ketten um den Leib trug, die in sein bloßes Fleisch schnitten. Sie sollten seine Leidenschaften unterdrücken helfen, sofern er welche hatte. Ich kann mir nicht vorstellen, daß man von Heringsbrühe starke Leidenschaften entwickeln kann.

Jedenfalls wurde er so etwas wie ein Heiliger, wenn auch nicht für die Mehrheit der Bevölkerung seines eigenen Stadtviertels auf dem Nordufer des Flusses. Aber beim Mittelstand und der Oberschicht stand er im Geruch der Heiligkeit, und sogar ein protestantischer Holzhändler sagte, er sei ein großer Mann gewesen. Übrigens glaube ich, daß jeder protestantische Holzhändler, jeder mohammedanische, jüdische oder atheistische Holzhändler einen Mann, der sich die Überstunden nicht bezahlen läßt, für einen Heiligen hält. Er gab den anderen Männern ein gutes Beispiel. Jedenfalls waren sich alle seine Nachbarn einig, wenn Matt Talbot Frau und Kinder gehabt hätte, hätte er es sich nicht leisten können, auf die Bezahlung der Überstunden zu verzichten. So, das wäre alles zu diesem Thema.

Zwei Lebensbeschreibungen wurden über ihn verfaßt. Eine stammt von Joseph Glyn, einem prominenten katholischen Laien und Kollaborateur, der zu Sir Joseph Glyn geadelt wurde, weil er einer der wenigen katholischen Mitglieder der Dubliner Stadtverwaltung war, die dafür stimmten, König Edward VII. feierlich willkommen zu heißen, als dieser Dublin besuchte. Aber er wurde von vielen Leuten als ein »Castle Catholic« (ein englandhöriger Katholik) betrachtet, eine in Irland besonders verabscheute Menschensorte – und man fand, daß er Glück gehabt hatte, den Unabhängigkeitskrieg lebend zu überstehen.

Zu der Zeit, als er seine Lebensgeschichte des Matt Talbot schrieb, wurde Zugehörigkeit zur Gewerkschaft immer noch als ehrenrührig angesehen, und er prahlte damit, daß Matt Talbot gegen den Generalstreik von 1913 gewesen sei. Damals wurden die Dubliner Arbeitgeber von vielen Seiten angegriffen, sogar in London nahmen auf Versammlungen in der Albert Hall verschiedene Intellektuelle, unter ihnen H. G. Wells und besonders unser Bernard Shaw, gegen sie Stellung.

Während dieses Streiks brachte William Martin Murphy, der größte Unternehmer der Stadt, dem sogar die Straßenbahn in Manchester und in Cape Town sowie die Zeitung *Irish Independant* gehörten, die Dubliner Städtische Polizei dazu, die Menschen in den Mietskasernen auf dem Nordufer anzugreifen.

Eine Frau sagte mir einmal, sie habe diese Männer nie verstehen können, die meisten von ihnen seien selber Katholiken und dazu sehr kirchentreu gewesen, aber sie hätten ihr ihre kleine Altarlampe zerschlagen, das ist das Lämpchen, das die Leute damals vor der Statue der Allerseligsten Jungfrau oder des Heiligsten Herzens aufstellten. Und sie zerschlugen nicht nur die Lampen, sie schlugen auch die Leute zusammen, zwei von ihnen starben unter den Polizeiknüppeln in der O'Connell Street. Man nannte diese Polizisten die Kosaken von Dublin, und dieser Name hat sich so eingeprägt, daß man die Dubliner Polizei manchmal heute noch so nennt. Trotz der gälischen Aufschrift auf ihren Mützen sind sie auf dem Nordufer ebenso verhaßt, als trügen sie die englische Krone.

Aber nach Joseph Glyn hielt sich Matt Talbot von diesen Kämpfern fern, er wandte die Augen von den Plakaten ab, auf denen die Hinrichtung der Anführer von 1916 bekanntgegeben wurde. Er sympathisierte nicht mit dem eigenen Volk. Aber die Zeiten ändern sich: In seiner jüngsten Biographie, die von einer Frau aus der Grafschaft Kilkenny verfaßt wurde – einer Lehrerin, wahrscheinlich einer Bauerntochter, die aus ihrer eigenen Familientradition unmöglich irgend etwas über die Vorgänge von 1913 oder 1916 wissen konnte –, wird berichtet, daß Matt Talbot ein treuer Gewerkschaftler gewesen sei, denn inzwischen sind Gewerkschaften gesellschaftsfähig geworden.

Mein Vater, der Vorsitzender der Maler- und Anstreichergewerkschaft ist, wurde in Irland einmal bei einem Fernsehinterview gefragt, ob er Matt Talbot für einen großen Gewerkschaftler halte. Er antwortete: »Er wurde Gewerkschaftler, als er es werden mußte.«

Dieser arme Kerl, denn etwas anderes war er nicht – er starb wie ein Hund; er hat niemandem genützt, aber er hat auch niemandem etwas Böses getan –, dieser arme Kerl wurde also dem Dubliner Arbeiter als Beispiel hingestellt. Ich weiß nicht, ob die Dubliner Unternehmer wünschten, daß die Dubliner Arbeiter sich Heringe kochten, sie der Katze gaben und selber die Brühe tranken und ihren Überstundenlohn, falls sie welchen bekamen, an die Mission schickten. Aber ich weiß, daß Matt Talbot in seinem eigenen Stadtviertel von vielen verabscheut wurde und wird.

Im Jahre 1932 gestattete die katholische Kirche, den Eucharistischen Kongreß in Irland abzuhalten, und das bedeutete, daß etwa eine Million Katholiken aus aller Welt in die Stadt strömten, was sehr gut fürs Geschäft war, denn sonst hat Irland nicht viel Vorteil von der Kirche. Die französischen Katholiken haben Lourdes, und die Portugiesen Fatima, wo drei kleine Bauernmädchen im Jahre 1917 die heilige Jungfrau gesehen haben sollen, die zahlreiche Prophetien über den Kommunismus machte und ihnen ein Geheimnis mitteilte, das, soviel ich sehe, nie gelüftet werden wird.

Es wird auch bekundet, daß am ersten Jahrestag dieser Erscheinung die Sonne aus ihrer Bahn sprang und über den ganzen Himmel raste. Wie dies geschehen und von Tausenden von Menschen, die dem Gottesdienst beiwohnten, gesehen werden konnte, in den Observatorien der ganzen Welt, die die Sonne vierundzwanzig Stunden am Tag beobachten, aber nicht registriert wurde, verstehe ich wirklich nicht.

Jedenfalls ging in Dublin vor Beginn des Kongresses ein großes Reinemachen los, und Anstreicher waren weder für Geld noch für gute Worte zu haben. Ein Anstreichermeister wurde vom Domherrn MacArgle (jahrelang habe ich gedacht, dieser Mann hieße Domherr Gargle – das ist Dubliner Slang für Whisky) gefragt, ob er Matt Talbots Kammer in der Rutland Street instand setzen wolle. Er sollte sie aber genau so lassen wie zu Talbots Lebzeiten. Daraufhin sprach der Meister meinen Vater an, und da er die etwas vagen religiösen Vorstellungen meines Vaters kannte, schärfte er ihm die Wichtigkeit der Sache ein, und mein Vater erklärte sich bereit, den Auftrag zu übernehmen. Er machte sich zur Rutland Street auf und suchte Matts Kammer in einer der Mietskasernen. Nachdem er lange vergeblich geklopft hatte, drückte er die Klinke herunter, aber die Tür war verschlossen. Aber noch war nicht alles verloren. Eine Nachbarin, die den Lärm gehört hatte und nachsehen wollte, ob der Teufel persönlich im Haus wäre, öffnete ihre Tür.

Mein Vater fragte sie, ob sie wohl wisse, wie man in Matt Talbots Kammer hineinkommen könnte.

»In Jesu Namen«, sagte sie, »ich versuche, acht Kinder in einem Zimmer großzuziehen, und mein Mann ist arbeitslos. Glauben Sie, ich hätte keine anderen Sorgen als diesen Matt Talbot, diesen alten *Omardhaun** ?«

Mein Vater erklärte ihr, welchen Auftrag er übernommen habe und daß, wenn er diesen Raum in Ordnung brächte, während des Eucharistischen Kongresses Tausende herkommen würden und daß sie dann vor der Tür einen kleinen Stand aufbauen und Heiligenbilder und andere Devotionalien verkaufen könne.

Daraufhin war sie sofort bereit, ihm den Namen und die Adresse des Hausbesitzers zu geben.

»Hören Sie mir mit diesem gräßlichen Kerl auf«, stöhnte der Hausbesitzer. »Ich kann diesen verdammten Raum nicht mal vermieten, weil die Leute Angst haben, er würde als Gespenst umgehen und mit seinen Ketten rasseln.«

»Sie werden auf Ihre Kosten kommen, und mehr als das«, sagte mein Vater zu ihm. »Stellen Sie an einer gut sichtbaren Stelle im Raum eine Sammelbüchse auf. Alle Leute, die kommen, um dem armen Irren die Ehre zu erweisen, werden glauben, das sei für die Mission oder so was, und reichlich blechen. Sie brauchen keine Aufschrift an der Büchse anzubringen, dann kann Ihnen hinterher keiner Betrug oder Unterschlagung vorwerfen.«

Der Hausbesitzer fand, das wäre eine gute Idee und mein Vater ein prima Kerl, und er gab ihm den Schlüssel.

Als mein Vater schließlich die Tür von Matts Kammer geöffnet hatte, fiel er fast auf den Rücken, denn das Bett, das in

* Idiot

der katholischen Hagiographie eine wichtige Rolle spielt, war nicht mehr da.

»Oh, Sie sind's schon wieder«, sagte die Frau von nebenan. Nachdem mein Vater sie zu ihren acht schönen Kinder beglückwünscht und die sonst üblichen Redensarten von sich gegeben hatte, fragte er nach dem Bett.

»Nun«, sagte die Frau, »das waren doch nur ein paar Bretter. Wir haben sie in dem schlimmen Winter 1931 verheizt. Mr. Behan, mein Bester, wir hatten nur die Wahl, entweder das Bett oder die Haustür.«

»Sie müssen irgendein Bett besorgen, Stephen«, sagte der Meister. Er war mit meinem Vater in die nächstgelegene Kneipe gegangen, um ein Bier zu trinken und einen Schwatz zu halten. »Am besten«, sagte er, »gehen Sie zu T. und C. Martin's (das war einer der Holzplätze, auf denen Matt Talbot gearbeitet hatte) und sehen zu, ob die was haben, was so ähnlich wie ein Bett aussieht.«

Mein Vater ging sofort auf den Holzplatz, und Jesus, Maria und Joseph, was fand er da? Einen Stapel Eisenbahnschwellen von der Great Northern Railway, die genau richtig waren. Er suchte sich eine aus und bat den Vorarbeiter, an den Enden, wo die Schraubenlöcher saßen, vier Zoll abzusägen und die Schwelle zur Rutland Street zu schicken.

Das Bett wurde richtig geliefert, und die Frau sagte meinem Vater, sie könne gar nicht glauben, daß es nicht dasselbe wäre, das in dem schlimmen Winter so schön gebrannt hatte, und sie zeigte ihm, wo der arme Kerl geschlafen hatte. Und mein Vater machte sich ein Vergnügen daraus, in einem kleinen katholischen Devotionalienlager die gräßlichsten Heiligenbilder auszusuchen und sie an den Wänden zu verteilen. Sie waren alle in Belgien gedruckt – meist von Kommunisten – und stellten die Kleine Blume und die Kleine Lampe und die Heilige Familie und dergleichen dar.

Dann schloß er den Raum ab, vergaß Matt Talbot und ging überall in der Stadt an die Arbeit, und er machte so viele Überstunden, daß er dem Wirt an der Ecke der Gardner Street, Thomas Hogan, die vierzig Pfund bezahlen konnte, die er ihm schuldete. Der arme Hogan fiel beinahe tot um, als er das Bargeld sah; er hatte fast einen Herzanfall. Aber er gab meinem Vater wegen der bezahlten Schulden einen Whisky aus, und ich glaube, selber mußte er zwei trinken, um sich zu erholen.

Meine Großmutter saß stundenlang in Hogans Hinterstübchen. Wenn sie einen kleinen getrunken hatte, und es kam selten vor, daß sie keinen getrunken hatte, erzählte sie uns Knirpsen zu ihren Füßen die phantastischsten Geschichten. Ich weiß noch, wie sie uns einmal von ihrer Zeit in Killarney erzählte.

»Ich wußte gar nicht, daß du in Killarney warst«, sagte ich. Ich weiß wirklich nicht, ob sie jemals in ihrem Leben aus Dublin herausgekommen ist.

»O doch«, sagte sie. »Einmal sind wir von Killarney zum ›Damm der Riesen‹ gegangen.«

Nun ist Irland kein sehr großes Land, aber zufällig liegen die Seen von Killarney in der Grafschaft Kerry im Südwesten Irlands, und der »Damm der Riesen« liegt im Nordosten in der Grafschaft Antrim. Die Entfernung beträgt mindestens hundertsechzig Meilen, und sogar als Kind merkte ich, daß man diesen Weg nicht zu Fuß machen konnte.

»Natürlich ist es weit zu gehen«, sagte sie. »Ich brauchte länger als zwei Stunden. Und dann sahen wir den Gipfel von Dunloe und den ›Zusammenfluß der Wasser‹ in der Grafschaft Wicklow.«

»Mein Gott«, platzte ich heraus, »du kannst diese Orte gar nicht an einem Tag gesehen haben, nicht einmal vom Flugzeug aus, schon gar nicht zu Fuß.«

»Wie kannst du deiner Großmutter widersprechen, du elender Knirps«, schimpfte sie. »Natürlich habe ich sie gesehen.«

Jahre später entdeckte ich, daß es in Hogans Hinterstübchen zwölf bunte Glastafeln gab, auf denen die Schönheiten Erins dargestellt waren, darunter auch die Seen von Killarney, der Zusammenfluß der Wasser in der Grafschaft Wicklow, der »Damm der Riesen«, die Bucht von Galway und so weiter. Weil die bunten Glastafeln nur etwa drei Zentimeter auseinander waren, hatte meine Großmutter den Eindruck bekommen, diese Orte könnten auch in Wirklichkeit nicht sehr weit voneinander entfernt liegen.

Für den Eucharistischen Kongreß wurden umfangreiche Vorbereitungen getroffen; quer über unserer Straße hing ein Banner, auf dessen einer Seite Sankt Patrick mit einem grünen Schnurrbart zu sehen war, auf der anderen Seite stand »Gott segne unseren Herrn«, ein theologischer Widerspruch, wie man ihn sich größer nicht denken kann. Ich erinnere mich noch gut an den Kongreß, weil ich bei der Kindermesse in einem Chor von neunhundert Kindern mitsang. Auch John McCormick war dabei. Jedenfalls war es gut für die Wirtschaft und für die Kneipen, die voll waren von allen möglichen Ausländern, und die Kneipen waren, soviel ich mich erinnere, die ganze Nacht geöffnet.

Mein Vater, der wie alle Iren, überfreundlich zu Ausländern ist, falls man es nicht als neugierig bezeichnen will, sprach mit vielen. Eines Abends traf er in der Kneipe einen Mann, der ein bißchen Englisch konnte und ihm erzählte, Dublin sei eine wunderbare Stadt, und er habe gerade ein großes Erlebnis gehabt.

»Tatsächlich«, sagte mein Alter, »waren Sie in Becky Coopers Institut oder in Nell Haydens oder bei Harriet Butler?«

»Sind das Klöster?«

»Sozusagen«, sagte mein Vater und kicherte, und dann erklärte er dem Mann, daß dies Bordelle seien.

»O nein, nein, nein«, antwortete der Besucher. »Nicht diese Art von Erlebnis. Ein geistliches Erlebnis. Und ich habe eine Reliquie, die es beweist.« Und er holte ein sauberes weißes Taschentuch zum Vorschein, aus dem ein Holzsplitter herausfiel. Mein Vater fiel beinahe auf den Rücken. »Ein Holzsplitter? Eine Reliquie?« rief er aus.

»Ja«, flüsterte der Ausländer. »Es ist vom Bett des Heiligen. Von Matt Talbots Bett.«

»Sie müssen verrückt sein, lieber Freund«, sagte mein Vater. »Das ist ein Stück von einer Eisenbahnschwelle von der Great Northern Railway.«

Glücklicherweise verstand der Ausländer nicht richtig, und mein Vater ließ es dabei bewenden. Schließlich profitierte die Wirtschaft des Landes davon.

Aber ich bin abgeschweift. Ich schickte die erste Fassung des Kriminalromans, den ich *The Scarperer* (dt. *Der Spanner*) nannte, an Smiley, und obgleich er sich bereit erklärte, ihn in der *Irish Times* zu bringen, konnte er mir keinen Vorschuß darauf zahlen. Ich ging nach Kilmurvey auf den Aran-Inseln, um den Roman fertig zu machen. Zwar ging mir das Geld aus, und ich mußte Smiley ein Telegramm schicken – nicht ohne Erfolg –, aber ich hatte das Glück, an einem der fröhlichsten Feste teilzunehmen, die ich je erlebt hatte.

Maire Conghaile dort hat Gäste aus einem Dutzend europäischer Nationen, und ich muß sagen, ich war wirklich stolz auf ihre Kochkunst. Deutsche und Franzosen waren sich einig im Lob auf ihr schmackhaftes und reichliches Essen. Und sie hatten recht, ich weiß, wovon ich rede, denn meine Mutter kochte sehr gut, besonders in der Zubereitung von Soßen und Fleisch kannte sie sich aus, sie hatte einmal für Maud Gonne McBride die Küche geführt.

Die erste Folge von *The Scarperer* erschien am neunzehnten Oktober 1953, und gegen Ende des Monats war ich wieder in meiner Heimatstadt und trieb mich in den Kneipen der feinen Gegend um die Grafton Street herum. Denn wenn man nicht in die Stadt kommt, hört man nichts. Die Dubliner Intelligentsia fing an, über die Emmet Street zu sprechen. Manche von ihnen kannten mich, die meisten nicht, und manchmal gab ich mich auch nicht zu erkennen. Es genügte zu wissen, daß sie, wenn sie mich auch nicht besonders mochten, doch die Emmet Street mochten, und wenn man mich zwingt, trinke ich sogar mit dem Adel.

Jedermann weiß, was gemeint ist, wenn er von einem arbeitenden Menschen spricht. Damit meint man jemanden, der schmutzige Arbeiten macht, langweilige oder gefährliche oder alles zusammen. Wenn man davon spricht, daß ein Künstler arbeitet, so ist es das gleiche, als ob man von der Arbeit des Priesters spricht, wie ich es als Kind gehört habe. Wenn es so offensichtlich ist, daß der Priester ein Arbeiter ist, warum müssen sie es einem dann in Jesu Namen dauernd unter die Nase reiben? Man hat nie gehört, daß jemand betonen muß, daß ein Dockarbeiter ein Arbeiter ist, und man hat noch nie jemanden sagen hören: »Oh, wissen Sie, ein Bergmann ist auch ein Arbeiter.«

Aber wir können nicht alle Künstler sein. Jemand muß die gewöhnliche Arbeit in dieser Welt tun, und ich selber habe früher mal Häuser angestrichen. Ich bin nicht nur für diese Arbeit bezahlt worden, ich habe auch »Schlechtwettergeld« bekommen, das ist das Geld, das man bekommt, wenn man nicht arbeiten kann, weil es regnet – und das kommt auf den

Britischen Inseln nicht selten vor. Über diese Dinge diskutierte ich einmal in einer Bar mit Studenten.

»Sie wollen doch gewiß bei der Arbeit, die in dieser Welt getan werden muß, mitmachen?« fragten sie.

»Nein«, gab ich wahrheitsgemäß zur Antwort. »Ich habe mich zurückgezogen und warte auf die Automation!«

Ein rotschopfiger Jüngling von etwa zwanzig Lenzen machte ein schockiertes Gesicht. »Sie sind ein Anarchist«, sagte er.

»Entschuldigen Sie«, sagte ich. »Nennen Sie mich nicht Anarchist. Ich lasse mich nicht beleidigen. Ich habe einen Bruder in London, der Anarchist ist, und das bedeutet, daß man mit amüsierter Duldung der Polizei rote Lieder singt. Sie kommen auch in der BBC ins dritte Programm. Revolutionär, romantisch und ehrbar. Das ist der Londoner Anarchismus. Man kann bei ihnen Millionärstöchter treffen und solche Leute, aber sie sind ein Schwarm von Dummköpfen, die mir nicht gefallen. Sie erinnern mich an die Heilsarmee.«

»Vielleicht sind Sie dann für die Partei?« sagte Rotschopf.

»In Irland bin ich dafür. Aber ich weiß nicht, ob ich dafür wäre, wenn ich in Rußland lebte. Sie reden ohne Ende über Arbeit für die Arbeiterklasse und mehr Produktion. Alle wollen sie, daß die armen Schweine der Arbeiterklasse arbeiten, auch die Russen. Ich vermute, sie würden sogar mich an die Arbeit kriegen, wenn ich da wäre. Aber hierzulande bin ich für die Partei. Sie halten die anderen aufgeblasenen Angeber und die Regierung in Schrecken. All die dickbäuchigen Schweine, die ich hasse, hassen die Roten. Katholiken, Protestanten, die Orangenen, die Grünen, das Trinity College, die Staatliche Universität, das Wettbüro, das Komitee für Bürgerrechte, die Ulster-Konservativen, die Leute vom *New Statesman,* die Freimaurer und die Kolumbusritter, sie alle hassen die Roten. Aber ich hasse auch die einzelnen Roten. Sie sind Snobs, haben schlechte Manieren, und wenn man keine Arbeit hat und auch keine sucht, dann haben sie nichts für einen übrig.«

Das überraschte die Studenten. »Snobs?« fragten sie ungläubig.

»Aber gewiß. Sie bezahlen niemandem eine Reise nach Rußland, es sei denn, er ist gebildet und hat Landbesitz. Die letzte Delegation, die sie schickten, bestand zu drei Vierteln aus wohlhabenden Protestanten, und die Chinesen hätten sie beinahe erschossen, weil sie nicht von der britischen Gesandtschaft wegzubringen waren, wo sie Tee trinken und den *Daily Mail* lesen wollten. Und sie haben schlechte Manieren, denn, wenn man sich mit letzter Kraft auf der Suche nach einem Schluck in eine Kneipe schleppt, so ignorieren sie einen, weil sie einen für einen Parasiten halten.«

»Sie sind ein Individualist«, sagte ein langhaariger Jüngling, der sich wie ein Dichter aufgemacht hatte.

»War Christus nicht auch einer?« antwortete ich. »Aber in Wirklichkeit kümmert Christus mich einen Dreck. Ich bin der einzige Mensch, der keine ehrliche Arbeit zum gewerkschaftlichen Tariflohn annimmt, und außerdem habe ich noch eine andere Besonderheit: ich bin, soviel ich weiß, der einzige, der abergläubisch ist, ohne religiös zu sein. Bei Tageslicht bin ich Atheist. Nur des Nachts oder wenn es mir sehr schlecht geht, neige ich dazu, den Forderungen der Religion ein offenes Ohr zu leihen. Aber bei Tageslicht und bei guter Gesundheit – das heißt unter den einzigen Umständen, unter denen ein Mensch auf diese Fragen eine ehrliche Antwort geben kann – finde ich, daß Christus ziemlich viel Unsinn geredet hat. Warum können wir nicht nur einfach so vor uns hin leben, uns amüsieren, uns einen trinken, essen und noch ein bißchen vom andern haben? Eine feste Arbeit – das ist Tod ohne Würde. Tod hat immer Würde. Das Sterben hat vielleicht nicht viel Würde, aber wenn der Mensch erst einmal tot ist, wird er stolz. Man kann ihm nicht länger Angst einjagen.«

An der Theke stand ein Mann, der jetzt auf mich zutrat. »Ich habe Ihnen zugehört«, sagte er, »aber manches, was Sie gesagt haben, verstehe ich überhaupt nicht.«

»Ich auch nicht«, mußte ich ehrlicherweise zugeben, »aber ich mußte diesem Burschen doch irgend etwas sagen.«

Er bestand darauf, daß ich mit ihm nach Hause käme. Nun habe ich immer geglaubt, daß man sich, wenn man einen leicht Angetrunkenen nach Hause bringt, damit auch für seinen Zustand verantwortlich erklärt, und mir war gar nicht wohl, als wir uns seinem Haus in der Morehampton Road näherten.

Wir gingen ins Wohnzimmer; dort saß eine alte Dame, die ich später sehr lieb gewann, und hörte das dritte Programm in der BBC. Es war noch eine andere Dame anwesend, die sich nicht sehr erfreut zeigte, daß ich ihren Mann nach Hause brachte. Ein kleines Mädchen, das später meine Schwägerin werden sollte, saß da und machte seine Schulaufgaben, und ein anderes Mädchen ging, als wir hereinkamen, zur Tür hinaus.

»Entschuldigen Sie, Miss«, sagte ich, aber sie war schon draußen, ohne ein Wort gesagt zu haben.

»Gute Nacht, Miss«, schrie ich hinter ihr her. »Ich kenne Sie nicht und will Sie auch gar nicht kennenlernen.« Und da ich damals immer noch fest auf den Beinen war, war ich schnell wieder auf der Straße, atmete die frische Luft ein. Aber wütend war ich doch.

Einige Zeit später wurde ich von einem Menschen mit besseren Manieren zu einer Party im Schloß von Clontarf eingeladen. Es war ein gelungener Abend, es ging lustig zu, gab genug zu trinken und auch zu essen. Es war schon spät geworden, als dieses Mädchen auf mich zutrat. »Ich bin Beatrice«, sagte sie.

»Nein«, sagte ich, »ich will nicht mit Ihnen sprechen und will Sie auch nicht sehen. Sie sind eine Scheiß-Bürgerin, und solche Leute mag ich nicht.« Aber um ehrlich zu sein, im Augenblick, wo ich das gesagt hatte, hätte ich mir die Zunge abbeißen können, denn sie wandte sich ab, und jemand sagte mir, sie wäre in Tränen ausgebrochen. Nun bin ich kein solcher Barbar, daß ich jemanden weinen sehen kann. Ich ging also zu ihr.

»Hören Sie«, sagte ich. »Es tut mir leid, wenn ich Sie gekränkt habe. Aber Sie brauchen doch nicht zu weinen.«

»Warum haben Sie so vor allen Leuten mit mir gesprochen?« fragte sie traurig.

»Und warum haben Sie mich vor Ihrer ganzen Familie so behandelt?«

Sie schlug die Augen nieder. »Weil ich schüchtern bin.«

Ich entschuldigte mich also noch einmal, sagte, daß ich sie nicht hätte beleidigen wollen und so, und wir verabredeten uns. Und ich weiß noch, bei diesem ersten Treffen fragte ich sie, ob sie mir wohl ein Pfund leihen könne.

Wir gingen in eine Kneipe am Stadtrand von Dublin und vertranken ihr Pfund, und ich glaube, ich versuchte, sie zu verführen. Aber da erzählte sie mir von diesem Jim, den sie wohl heiraten würde. Ja, sagte ich mir im stillen, aber nicht heute und auch nicht morgen.

Dabei ließen wir es bewenden. Ich sah sie zwar von Zeit zu Zeit, aber erst im Jahr 1954 sahen wir uns häufiger. Alan Simpson und Carolyn Swift hatten im *Pike* ein winziges

Theater eröffnet, das vielleicht sechzig oder siebzig Personen faßte, und ich hatte ihnen mein Stück *The Twisting of another Rope* (Es wird wieder mal ein Strick gedreht) geschickt.

Ich schrieb damals jede Woche kleine Artikel für die *Irish Press*, ein sehr erfreulicher Zustand und ein guter Grund zu gelegentlichen Besuchen in London. Es ist kaum zu glauben, aber diese Stadt ist nach dem keltischen Gott Lud genannt, dessen Name unverändert in »Ludgate Circus« in der Nähe der St.-Pauls-Kathedrale überlebt hat, und im Namen einer Kneipe, »König Lud«, die sich hinter der gewaltigen Masse des Wrenschen Meisterwerks verbirgt.

Keltische Mythologen halten Lud für identisch mit dem irischen Meeresgott Lir, der das Geheimnis des Kalenders und das Alphabet nach Irland gebracht hat. In unserem Alphabet vertritt jeder Buchstabe einen Baum, der einem bestimmten Monat geweiht ist. Ich kann mich nur an ein paar erinnern – Ailm (Ulme), Beith (Birke), Coll (Haselnuß), Dair (Eiche), aber man kann sie im »Dinneen«, dem englisch-gälischen Wörterbuch, nachschlagen. Ich kann übrigens nicht verstehen, warum man dies Alphabet nicht in den Schulen lehrt. Ganz abgesehen von allem andern, würden die Kinder die Namen der Bäume lernen.

Der Hauptsitz von Lir war die Insel Man. In der Nähe des Ludgate Circus liegt die Kirche von Saint Bride, der beliebtesten Heiligen aller keltischen Völker Britanniens, Schottlands und Irlands, wo sie zu Hause ist. Wie viele von den Tausenden von Londonern, denen diese Namen vertraut sind, denken an das gemeinsame keltische Erbe der Inseln von alters her?

Bis zur Mitte des vorigen Jahrhunderts wurde im East End von vielen Menschen gälisch gesprochen; ich selbst wurde auf der York Road in Leeds einmal von einem alten Mann, der sonst den reinsten Yorkshire-Dialekt sprach, mit *Kay kee will too** begrüßt.

Er erzählte mir mit wehmutiger Miene, daß alle alten Menschen sich auf diese Weise begrüßten, und er beschrieb mir die Samstagabende seiner Kindheit, wo sich alle Welt auf dem Weg von der Arbeit vor dem *Yorkshire Hussar* versammelte, wo ». . . eine schöne, stattliche Frau, die allein die Kinder durchgebracht, als der Mann im Bergwerk umgekom-

* Englische Aussprache für »Wie geht es dir?« auf Gälisch

men war, und zwölf Stunden in der Spinnerei gearbeitet hatte«, ihr Umschlagtuch zurückschlug und zum dunklen Himmel der Fremde hinauf das Lied von der *Frau des rothaarigen Mannes* sang. Sie sang über die emporgewandten, sorgenzerfurchten Gesichter der Männer und Frauen hinweg, die ihr zuhörten, versunken in Erinnerungen an einen Frühlingsmorgen in Connaught.

Die Kelten haben viele Spuren an den Ufern der Themse hinterlassen. Man erinnert sich dort an Mananaan Mac Lir, und Padraic O'Conaire, Michael Collins, Sam Maguire und Doktor Mark Ryan haben hier gelebt und gearbeitet.

Tradition ist die dauerhafteste der menschlichen Schöpfungen. Die Gelehrten und ihre Kommentare haben sich oft als Irrtum erwiesen, wenn ein Archäologe den alten Mythen und Traditionen nachging. Vor achtzig Jahren glaubte jeder, daß der Trojanische Krieg nur in Homers Phantasie stattgefunden hatte, aber Schliemann grub tatsächlich die zerstörten Mauern von Ilium aus und bewies der Welt, daß Homers Trojanischer Krieg ebenso wirklich war wie Tolstois Schlacht von Austerlitz.

Ich zankte mich gerade auf englisch über diese Dinge mit Joe und Kathy McGill, bei denen ich damals in London wohnte, als das Telefon läutete und Joe mich an den Apparat rief. Es war Carolyn Swift. Sie und Alan hatten mein Stück gelesen und wollten es vier Wochen lang am *Pike* aufführen.

»Um Gottes willen, Carolyn, wie viel?« fragte ich, ich hatte in der Sache die gleichen Regungen wie Yeats.

»Dreißig Pfund«, antwortete sie. »Aber wir möchten den Titel abändern, wir nennen es *The Quare Fellow.*«

»Für dreißig Pfund könnt ihr es nennen, wie ihr wollt«, lachte ich. Ich legte den Hörer hin, und bis in die Nacht hinein tranken wir auf Lud, den Keltengott, und immer noch war was zu trinken da, wie bei einem Leichenschmaus, so daß zuletzt niemand mehr wußte, wer den Schnaps besorgt hatte.

Am Morgen reiste ich nach Frankreich ab. Es war immer noch das alte Frankreich, nur daß die Metro dreißig Francs teurer geworden war und die Regierung von Mendés-France ein wenig weniger Schelte bezog als andere Regierungen.

Dreißig Francs waren damals soviel wie acht Pennys, das war für eine kurze Fahrt ziemlich viel. Aber wenn man erst mal einen Fahrschein gelöst hatte, konnte man damit fahren, so weit die Metro reichte, von einem Ende der Stadt zum anderen.

Das erste, was man feststellt, wenn man nach Paris kommt, ist, daß Paris nicht mehr das alte ist. Das wurde mir vor einigen Jahren gesagt, und nun konnte ich diese Bemerkung zum erstenmal an ein paar irische Studenten weitergeben, die eine halbe Generation jünger waren als ich.

In Wirklichkeit glaubte ich es gar nicht, wenn auch alles ein wenig teurer geworden war. Ein Hotelzimmer kostete fünfhundert Francs die Nacht, das waren etwa zehn Schilling – das ist nicht viel, wenn man an die Rennwoche in Galway denkt, aber es war doppelt soviel wie vor sechs oder sieben Jahren.

Der alte Raymond Duncan, der die Akademie für griechische Kultur betrieben hatte, war entweder tot oder in Amerika. Früher hatte ich ihn und seine Jünger oft beobachtet, und mit welcher Freude sah ich sie über einen Draht stolpern, der von den Jungens der »Beaux Arts« listig knöchelhoch über die Straße gespannt worden war. Gott segne unsere Jugend, die einfachen Vergnügungen der Armen.

Der Bonapartist, der in seinem langen Rock und dem Napoleonshut über den Boulevard St.-Michel zu marschieren pflegte, war nicht mehr zu sehen, auch nicht Confuzius, der alte Chinese, den Jeus Gott getauft hatte.

Aber die *Pergola* war immer noch *jour et nuit* geöffnet, und der Eigentümer stand immer noch dick und leutselig und hellwach hinter dem Tresen, obgleich er, seit ich zum letztenmal hier gewesen war, kaum ein Auge zugetan haben konnte.

Er erinnerte sich an mich und schüttelte mir herzlich die Hand. Er fragte mich, wie lange ich diesmal zu bleiben gedächte. Ich sagte ihm, daß ich am nächsten Morgen zur Riviera weiterfahren wolle, und er lächelte mich noch herzlicher an und schien über die Aussicht meiner Abreise nach einem so kurzen Aufenthalt keineswegs betrübt. Er erinnerte sich wirklich noch an mich.

Im Süden erneuerte ich meine Bekanntschaft mit Ralph Cusack, schwamm bei Cannes im Meer und freundete mich mit Sugar Ray Robinson an, der im Hollywood-Night-Club in Juan-les-Pins ein bißchen herumboxte. Aber die Zeit wartet nicht, und ich wollte auf meiner Insel bei den Proben für *The Quare Fellow* dabeisein.

Ich mußte nach Paris zurück und war am Morgen in aller Frühe auf, um den Zug nach Calais zu bekommen. Voll süßer Wehmut schlenderte ich von der Avenue de l'Opéra auf das

Behanhauptquartier in der Rue de Charentin zu, die – recht passend, wie manche denken werden – in der Nähe der Place de la Bastille liegt. Mein Weg führte mich am Rand der Markthallen vorbei, wo ich manchen glücklichen Sonnenaufgang erlebt hatte, und ich trank mit ein paar Trägern, die ich kannte, eine Tasse Kaffee. Aber auch die britischen Eisenbahnen warten nicht.

An der Reise verdient allerdings nicht nur diese Gesellschaft, die Profite und Verantwortlichkeiten teilt sie zu gleichen Teilen mit der französischen Eisenbahn. Dies mag für die Unterschiede zum Komfort auf der Strecke Victoria-Newhaven-Dieppe-Paris und die Schrecken einer Reise zwischen Dublin und London verantwortlich sein.

Bei der Seereise wechseln sich die französischen Schiffe *Londres* und *Arromanches* mit den englischen Schiffen ab. Ich kann nicht verstehen, warum die irische Eisenbahn nicht für die Fahrt zwischen Irland und England eine ähnliche Regelung verlangt und eine bessere Behandlung der Passagiere durchsetzt, von denen die meisten sowieso Iren sind.

Am Bahnhof Saint-Lazare hätte ich – das brauche ich kaum zu erwähnen – beinahe den Zug verpaßt. Ich hatte meinen Gepäckschein verloren. In Cole's Lane hätte man für mein Gepäck nicht viel bekommen, aber meine Schreibmaschine war bei dem Krempel. Ich redete und redete, um sie herauszubekommen, bevor der Zug abfuhr, da kam ein junger Angestellter dazu, der mich fragte, woher ich käme. Ich sagte, aus Irland, worauf sein Gesicht sich erhellte und er sich an die Arbeit machte.

»Syracusecque«, murmelte er, und noch einmal »Syracusecque«, als er mit meinem Gepäck zurückkam, zehn Minuten, bevor der Zug abfuhr. »Syracusecque«, sagte er triumphierend und schüttelte mir die Hand.

»Gleichfalls«, sagte ich. Ich saß schon im Zug und war auf dem halben Weg nach Rouen, als ich dahinterkam, daß diese Anrufung sich auf Cyril Cusack bezog, den neuesten Liebling des Theaterpublikums von Paris.

»Der Playboy persönlich hatte mir zu meinem Gepäck verholfen, mein Schatz.«

Ich habe mein Leben lang mit dem Theater zu tun gehabt, denn ein Zweig meiner Familie hat seit Generationen Kostümverleihe und Theater betrieben, Kinos besessen. Mit vier

Jahren schon sah ich die Aufführungen des guten alten Melodramas im Queen's Theatre in Dublin:

»Der Name O'Grady ist ein Titel, so stolz wie der eines jeden eurer Grafen und Herzöge, verdammt noch mal. Ich mag ein englischer Offizier sein, aber ich bin auch ein irischer Edelmann.« Und mit diesen Worten schleuderte der Held des Stückes seinen roten Rock mit Epauletten und allem zu Boden, und schäumend vor Wut trampelte er auf dem rotgoldenen Rock des Königs herum, tanzte darauf mit hohen Sprüngen einen Slip-Gip. Das Gebrüll der Menge feuerte ihn an, Rufe wie »Es lebe die Republik!« erklangen.

»Gott segne dich, P. J.«, kreischte eine Alte von der Galerie herunter.

Rory und Sean, meine Stiefbrüder, und ich, schauten uns, ganz schwach vor Begeisterung, im Parterre um, ob es dort nicht jemand den Leuten sagen würde, auf uns und dann auf die Bühne zeigen würde, in deren Mitte im strahlenden Licht der stolze Bursche aus Kildare zu sehen war, im feinen Leinenhemd und Samthose, und der sagen würde: »Seht diese drei Jungens dort und diesen Mann, diesen O'Grady, den Hauptmann, der eben dieser anderen Ratte von einem englischen Offizier vor dem Kriegsgericht Bescheid gesagt hat? Nun, das ist ihr Onkel.« Und bei der Hochzeit in Wicklow führte er den Tanz an, er trat vor sein Mädchen hin, um sie mit einem kecken Fersenknallen der Schnallenschuhe, die Rockschöße mit einer Hand hinter dem Rücken gerafft, mit schräggelegtem Kopf zum Tanz aufzufordern. Sie zierte sich mit gesenkten Augen, aber als der Fiedler die ersten Takte von *Eile zur Hochzeit* erklingen ließ, hob sie den Blick, sah ihn stolz und furchtlos an, und schon sausten sie im Tanzschritt davon.

»Was für ein schöner Mann, Gott segne ihn«, hörte man eine Alte murmeln, während die beiden im *Hornpipe* dahinhüpften, sie leicht und fest, er sicher und kräftig. Ein alter Mann in der Ecke der Bühnenküche spielte dazu die Fiedel, während das Orchester im Graben in neidloser Bewunderung zu den Tänzern hochblickte. »Was für ein schöner, starker Mann.«

So war er damals, und so war er bis zu seinem Tod. Und ohne mich rühmen zu wollen, muß ich doch sagen, daß der *Quare Fellow (Der Spaßvogel)* gute Besprechungen erhielt und daß alle achtundzwanzig Vorstellungen ausverkauft waren. Ich stand da und dachte an meinen Onkel Paddy J. Bourke und wie ich ihn in seinen eigenen Melodramen und in den Stücken von Dion Boucioault hatte spielen sehen.

Zur letzten Vorstellung kam Beatrice mit Jim und ihrem Vater. Ich sang ein paar Strophen hinter der Bühne, und danach lud ich Jim, sie und ihren Vater, der damals einen Wagen hatte, ein, einen mit mir zu trinken. Wir gingen in eine Kneipe bei den Docks, die *Tommy English's* heißt und wo man noch nach der Sperrstunde etwas bekommt, und wir blieben dort bis gegen drei Uhr morgens. Es war eine besonders lausige Situation, denn als Jim mir sagte, er fände mein Stück wundervoll, hätte ich ihm gern gesagt, daß ich sein Mädchen wundervoll fände.

Statt dessen tat ich etwas anderes: Als Jim gerade eine Runde bestellte, verabredete ich mich mit ihr für den nächsten Sonntag, aber ihr Vater betrank sich an diesem Abend so, daß ich bei der Heimfahrt dachte, alles würde im Schlamm des Liffey ein Ende nehmen.

Danach besuchten wir gemeinsam Rennen und Partys und ein paar Theateraufführungen. Ich weiß noch, wie wir einmal in Sam Becketts *Warten auf Godot* gingen, das Alan und Carolyn auch im Pike Theater herausbrachten. Ich hatte in meiner unglücklichen Stimmung vorher ein paar getrunken. Und als der eine der Landstreicher in dem Stück ausrief: »Aber wenn du tot bist, wer zieht dann am Strick?«, da rief ich aus dem Parkett: »Ich!« Und es gab mitten in diesem todernsten Stück viel Gelächter im Publikum.

»Hör mal, Beatrice«, sagte ich leise, ich wußte nicht recht, was ich sagen sollte, um sie nicht noch mehr in Verlegenheit zu bringen, »weißt du, in Wirklichkeit bin ich ein solider Mensch.«

»Es ist mir egal, ob du solide bist oder nicht«, flüsterte sie zurück. »Ich habe dich einfach gern.«

Also haben wir am fünfzehnten Februar neunzehnhundertfünfundfünfzig in der Herz-Jesu-Kirche in Donnybrook geheiratet, und sie hat mich von dem Tag an bis heute gern gehabt.

Und ich kann nur sagen: »Ich bin dir auf meine Weise treu gewesen.«

Nachwort

Im Frühling 1957, sieben Jahre vor seinem Tod, begegnete ich Brendan Behan zum ersten Mal. Er war ins Londoner Büro seines Verlegers Hutchinson gekommen, um das Manuskript von *Borstal Boy* abzuliefern.

Ich wußte wenig von ihm, außer daß er der irische Autor eines sehr guten Theaterstücks mit dem Titel *The Quare Fellow* (dt. *Der Spaßvogel*) war und daß er eines der aufsehenerregendsten Fernsehinterviews des Jahres 1956 gegeben hatte.

Als ich ihn traf, stand er an einem Tisch, ein Hüne von einem Mann, dem das wirre Haar in die Stirn fiel und dem die Kleider wie zufällig am Leib hingen. Seine Frau Beatrice saß in der Ecke neben ihm, und ich spürte sofort, welch tiefe, unausgesprochene Übereinstimmung zwischen ihnen herrschte.

Wir wurden einander vorgestellt – Brendans Benehmen, wenn er einem Wesen des anderen Geschlechts vorgestellt wurde, konnte man wirklich nicht förmlich nennen –, und er bat mich gleich, ihm meinen Lebenslauf bis zu diesem Augenblick zu schildern. Er hörte ruhig zu und war wirklich interessiert – dies war ein wesentlicher Charakterzug von ihm, den er erst in den letzten Monaten vor seinem Tode verlor. Er unterbrach mich nur, wenn er glaubte, ich wäre zu flüchtig über einen wesentlichen Punkt hinweggegangen. Als er hörte, daß ich aus Sussex stammte, war er sichtlich erfreut. Offenbar war er in der kurzen Zeit, die er im Gefängnis von Sussex zugebracht hatte, besonders gut behandelt worden, und infolgedessen empfand er für jeden, der aus diesem Landesteil stammt, eine herzliche Zuneigung.

Nachdem wir uns miteinander bekannt gemacht hatten, verlangte Brendan, dessen Durst sich nicht nach den Öffnungszeiten der Kneipen richtete, etwas zu trinken. Wohlerzogen fragte ich, ob es Tee oder Kaffee sein dürfe.

»Nennen Sie das was zu trinken?« röhrte er und fügte einen Schwall ungezügelter angelsächsischer Worte hinzu, die man gewöhnlich nicht in einem Verlagsbüro zu hören bekommt.

So begann die erste meiner vielen Lektionen in Nonkonformismus. Irgendwie gelang es mir, eine Flasche Whisky zu besorgen. Ich kehrte triumphierend ins Büro zurück, genauso begeistert über meinen Erfolg wie Brendan selbst.

Für den Rest des Nachmittags wurde ich mit zahlreichen Geschichten unterhalten, denen zu folgen für einen Uneingeweihten nicht immer leicht war, denn Brendan hatte eine bezaubernde Art, plötzlich ein Lied anzustimmen. Er hatte einen unbegrenzten Schatz von Volksliedern und Dubliner Balladen, die er stundenlang hinreißend in einem leicht trällernden irischen Tonfall zum besten gab.

Plötzlich, ohne vorherige Warnung, glitt er wie auf Rollen zur Tür hinaus und den Flur hinunter, Beatrice hinter ihm her. Den ihn überrascht anstarrenden Passanten rief er »*Slán leat*«* zu. Ich rannte hinter ihm her, denn es war mir eingefallen, daß er das kostbare Manuskript noch gar nicht abgegeben hatte, aber ich bekam nur die vage Auskunft, er hätte es »bei der BBC liegenlassen«, und ginge »es holen«. Ich weiß noch, daß die Uhr auf der gegenüberliegenden Straßenseite halb sechs zeigte, aber damals, am Anfang unserer Bekanntschaft, wußte ich noch nicht, was das bedeutete. Kurz darauf ging ich ihn suchen, brauchte aber nicht weit zu gehen. Ich hörte seine Stimme, die aus dem Wirtshaus »Zum George« drang, wo er mit noch größerem Vergnügen als vorher die gleichen Dubliner Balladen sang.

Diese wilde Angeberei war nur die äußere Schale, darunter steckte ein höflicher, mitfühlender und grenzenlos freigiebiger Brendan. Alle Gäste der Kneipe hingen an diesem Abend um ihn herum, angezogen wie von einem Magneten, und man hätte schon stumpfsinnig sein müssen, um nicht das große Hez zu erkennen, das hinter der Maske des Clowns schlug. Ich hatte ursprünglich nur einen geschäftlichen Auftrag zu erledigen gehabt, aber in wenigen Stunden hatte ich ein ganzes Leben durchlebt. Das war eine außerordentliche Erfahrung, und denen, die für einen angebeteten Liebling des Publikums nichts als Verachtung übrig haben, kann ich nur sagen: es war, als wäre plötzlich eine Fünfhundert-Watt-Lampe angegangen. Nicht daß vorher alles langweilig gewesen wäre, aber Brendans Gegenwart löste eine knisternde Elektrizität aus, wie ich es nie zuvor erlebt hatte. Er war damals keine weltbekannte Figur, die Schlagzeilen machte. Er war nur ein Mensch, der ganz er selber

* Lebt wohl!

war, lebendiger als wir andern, und unsere Batterien wurden mit einer Vitalität aufgeladen, die, wenigstens kann ich das von mir sagen, die Vorstellung vom Leben gänzlich veränderte.

Während des ganzen nächsten Jahres war meine Beziehung zu Brendan lediglich die eines Public relation chef, und in dieser Eigenschaft konnte ich allmählich die äußere Schale seiner Zügellosigkeit, die für beinahe alle Künstler lebensnotwendig ist, durchdringen und darunter seine Unschuld, sein Zartgefühl und seine Empfindsamkeit entdecken.

Vor jedem Auftritt in der Öffentlichkeit zog er wie eine Maske eine ganz andere Persönlichkeit über. Wenn wir uns zu einem Interview einem Fernsehstudio oder einer Zeitungsredaktion näherten, konnte ich fast sehen, wie er Stein auf Stein die Mauer errichtete, die ihn vor sich selbst schützte. Schweißtropfen traten ihm auf die Stirn, und er wurde grausam und arrogant; er fluchte.

Er wußte, was er seinem Ruf als harter I.R.A.-Rebell schuldig war, als ein Mann, der um seiner Sache willen nicht nur fremdes Blut zu vergießen bereit ist, sondern auch das eigene. Er wagte nicht, zuzugeben, daß die Bitterkeit seiner Erfahrungen – Tod, Blutvergießen und die Gefängnisroutine – sein Innerstes nicht zerstört hatte. Sein eigentliches Wesen war trotz der vielen grausamen Erlebnisse seltsam unversehrt geblieben, und diese Hülle von Gewalttätigkeit und Lästern war notwendig, um seine Verletzlichkeit zu verbergen. Wenn die Anstrengung dieser Vorstellung zu groß wurde, griff er zur Flasche, die ihm Vergessen brachte. Aber wenn er merkte, daß dieses Bollwerk des Selbstschutzes überflüssig geworden war, war er von einer fast kindlichen Offenheit.

Mit der Veröffentlichung von *Borstal Boy* im Oktober 1958 war Brendans Erfolg gesichert. Was mir aus diesen Tagen am tiefsten im Gedächtnis haften geblieben ist, ist die echte Freude, mit der Brendan die Besprechungen seines Buches las. Es war beinahe so, als hätte er seine Angst verloren, in sich hineinzublicken und sich zu erkennen, und ich glaube, damals war er so nahe daran, sich selbst anzunehmen, wie später nie mehr. Wenn ihm das damals gelungen wäre, so wäre das selbstzerstörerische Element in ihm vielleicht zeitweilig wieder an die Oberfläche gekommen, hätte ihn aber bestimmt nicht umgebracht. Ich glaube nicht, daß er sterben wollte; er wollte nur aufhören, das Leben zu leben, das er selber sich bereitet hatte.

In jener Zeit jedenfalls, von der ich berichte, griff er weder nach der Whiskyflasche, noch warf er die Zeitungsausschnitte ungeduldig zu Boden, wie ich es später oft erlebt habe. Er saß ruhig in seinem Sessel und las sie ohne Furcht, er war beeindruckt und mit sich selbst zufrieden. Manchmal wies er mich auf eine besonders gute Besprechung hin. »Das glaubt also Herr Soundso von mir.« Dann senkte er den Kopf ein wenig zur Schulter hin, und das Grinsen breitete sich über sein ganzes Gesicht aus.

Er war ein geborener Schriftsteller – eine Tatsache, die er immer ohne ein Gefühl von Hochmut oder Verlegenheit akzeptiert hat. Nach der weltweiten Begeisterung, mit der *The Hostage* (dt. *Die Geisel*) aufgenommen wurde, unter seiner Mitwirkung vom Theatre Workshop produziert – die Premiere fand eine Woche vor Erscheinen des »Borstal Boy« statt –, fing Brendan an, weniger Zeit auf seine Schriftstellerei zu verwenden. Immer öfter stellte er seine Scheinpersönlichkeit vor den erstaunten öffentlichen Blicken zur Schau, und während die Zeitungen die wertvollen Zeilen sammelten, um ihre Spalten zu füllen, gelang es ihnen doch auch irgendwie, zum erstenmal darauf aufmerksam zu machen, daß das Ende so unausweichlich sein würde wie das Ende von Dylan Thomas.

Mit Beatrice, die mit unermüdlicher Geduld versuchte, ernüchternd auf ihn einzuwirken, raste er durch Paris, wo *The Hostage* beim Festival des »Theatre des Nations« aufgeführt wurde. Das Stück war ausgewählt worden, um Großbritannien zu vertreten und gewann den Preis als bestes Stück des Jahres.

Immer noch wuchsen die Zeitungsspalten mit Anekdoten über seine Exzentrik und die Freiheiten, die er sich herausnahm. Die Zahl seines Gefolges wurde immer größer, nicht wegen seines unbestrittenen Talents, für das das Leben einen hohen Preis verlangte, sondern weil er ein Original war, eine Spezies Mensch, die ausgesprochen selten ist,

Nach Dublin zurückgekehrt, fand er die Stadt, was kaum überraschend sein kann, langweilig und für seine Arbeit wenig inspirierend. *Borstal Boy* war seiner Sprache wegen auf den Index gesetzt worden, und wenn Dublin auch seine Genialität anerkannte, wie eine Mutter es bei einem Kind tut, so wollte es doch mit seinem ausgefallenen Benehmen nichts zu tun haben. Die Stadt Dublin kannte ihr Kind – sie hatte es aufwachsen sehen. Wiederholte Bitten seiner Verleger und Agenten, seine

Verträge zu erfüllen, wurden mißachtet. Da er aber ein überempfindliches Gewissen hatte, wechselte er, sobald er den Vertreter von Hutchinson auf der Straße erblickte, auf die andere Seite hinüber.

Schließlich wurde ich beauftragt, nach Dublin zu fahren und, wie Brendan es selber ausdrückte, als seine »literarische Hebamme« zu fungieren. Drei Wochen später kehrte ich mit *Brendan Behans Irland* zurück, leicht ramponiert, als wäre ich selbst durch das Tonbandgerät gedreht worden. Obgleich die Bänder nicht nur mit Hilfe von Mineralwasser zustande gekommen waren, ging Brendan an diese Arbeit mit streng professionellem Ernst heran. Ohne daß ich ihn sehr zu drängen brauchte und ohne sich die Bänder hinterher anzuhören, sprach er jeden Tag zwischen zehn Minuten und zwei Stunden auf Band. Am Ende mußten von den zwanzigtausend Wörtern nur zweitausend gestrichen werden, weil sie Wiederholungen darstellten.

Der Entschluß, Brendan seinen Text für das Irlandbuch zu entreißen, indem man ihn auf Band sprechen ließ, war der Anfang meiner einzigartigen Beziehung zu ihm, die erst mit seinem Tod endete. Es war mir damals nicht bewußt, daß ich meine Rolle als Pressechef nicht nur vorübergehend aufgab, aber es machte mich glücklich zu wissen, daß er es als selbstverständlich ansah, daß ich für diese neue Tätigkeit ausgewählt wurde und daß er bis zum Ende mit dieser Partnerschaft so zufrieden war.

Kurz danach kam er nach London und machte eine Sauftour, die im Krankenhaus endete. Während der folgenden neun Monate kämpfte Brendan, vielleicht weil er sich seiner Schwäche und seiner emotionalen Probleme allzu schmerzlich bewußt war, erfolgreich gegen die Versuchung zu trinken an. Er schöpfte neue Hoffnung, und er fing wieder an zu schreiben – ein drittes Theaterstück –, ohne Hilfe oder Ansporn von außen.

Aber dies sollte nicht von Dauer sein. In Amerika, wo er als Berühmtheit herumgereicht wurde, begann er von neuem zu trinken. Trotz einiger Versuche, wieder aufzuhören, kämpfte er auf verlorenem Posten, weil seine physischen und moralischen Kräfte immer mehr nachließen. Beschämt mußte er eingestehen, wenn auch nur sich selbst, daß er nicht mehr ohne Hilfe schreiben konnte, aber da er wußte, wie wesentlich die Arbeit für ihn war – die einzige Kraft, die stärker war als sein

Verlangen nach Alkohol –, so bat er mich, zu ihm nach New York zu kommen und ihm bei der Niederschrift des zweiten Teils seiner Autobiographie zu helfen.

Confessions of an Irish Rebell (dt. *Bekenntnisse eines irischen Rebellen*) wurde von Brendan während seines letzten Amerikabesuchs auf Band gesprochen und dann beiseite gelegt, damit *Brendan Behan's New York* im Jahr der Weltausstellung veröffentlicht werden konnte. Daher lag zur Zeit seines Todes die Abschrift der Bänder noch nicht vollständig vor, und mir blieb die monumentale Aufgabe, das endgültige Manuskript ohne seine Hilfe zu erstellen. Dies habe ich getan, so gut ich konnte – unter Zuhilfenahme von zusätzlichem Material, das Brendan zu verschiedenen Zeiten geschrieben hat, und von Anekdoten, die er mir erzählte und die ich so gut wie möglich in seinen eigenen Worten wiedergebe.

Ich bin all denen, die mir dabei geholfen haben, sehr dankbar, besonders seiner Frau Beatrice, deren Mitarbeit von großem Wert war.

Ich bin keine Schriftstellerin und erhebe nicht den Anspruch, eine zu sein. Aber ich denke, daß diese Tatsache kein Hindernis bei meiner Arbeit war, sondern sie im Gegenteil sehr gefördert hat. Während der Jahre enger Zusammenarbeit mit Brendan bin ich nicht durch einen eigenen Stil daran gehindert worden, mich daran zu erinnern, wie er sprach. Dies bedeutet natürlich nicht, daß ich imstande wäre, seinen unverwechselbaren Stil vollkommen nachzuahmen. Es kann nur einen Brendan Behan geben. Wenn es mir gelungen ist, auch nur einen kleinen Teil seines Talents wiederzugeben, so bin ich mehr als zufrieden. Eine verblichene Schrift ist besser als gar keine.

Noch eins möchte ich zum Schluß sagen. Ich glaube, es ist von Bedeutung, daß ich niemals Brendan um Arbeit habe bitten müssen; immer hat er mich gebeten. Und obgleich die Bandaufnahmen zu *Brendan Behan's New York* knapp vier Monate vor seinem Tod beendet wurden, zu einer Zeit, da er schon todkrank war, hat doch er jede einzelne Sitzung veranlaßt, und sie hat ihm so viel Freude bereitet, wie das Leben noch für ihn bereithielt.

Vielleicht gibt es kein besseres Zeugnis für die Größe dieses Mannes als die Tatsache, daß er sich als Mitarbeiterin einen Menschen aussuchte, dessen weltanschauliche und politische

Ansichten den seinen völlig entgegengesetzt waren und der aus einem Land kam, das er bitter bekämpft hatte – sowohl physisch wie geistig und das unter großen persönlichen Opfern.

Vergeben müssen, daß ich Engländerin bin, hat Brendan mir nie. Er war alles in allem ein zu großer Mensch, um es zu bemerken.

Uckfield, Sussex Rae Jeffs

Kate Millett
Sita

392 Seiten. Gebunden.

Dies ist die Geschichte einer Liebe. Der Liebe zweier Frauen. Voller Leidenschaft, voller Obsession, voller Zärtlichkeit. Kate Millett beschreibt in diesem Stück Autobiographie ihre Beziehung zu Sita, einer zehn Jahre älteren Frau in den Fünfzigern, mehrfach verheiratet, Mutter erwachsener Kinder. Sie beginnt als Verliererin: Sita, ihre Sita verläßt sie um eines jungen Mannes willen. Die Ich-Erzählerin bleibt verzweifelt zurück und versucht diese für sie so einschneidende Beziehung festzuhalten, indem sie sich wie im Fieber alle Situationen ihrer Liebe in Erinnerung ruft.
Kate Millett ist eine führende Figur der amerikanischen Frauenbewegung, ihr Buch *Sexual Politics (Sexus und Herrschaft)* wurde mit seinem Erscheinen 1969 zum Bestseller und gilt seither als Standardwerk der Frauenbewegung. Analytisch beschreibt und belegt sie die »Tyrannei des Mannes in unserer Gesellschaft«.
Mit *Sita* nun gibt sich eine ganz anders betroffene Kate Millett zu erkennen. Sie, die Frau, ist es, die Unterdrückung, Schmerz, Demütigung erfährt – durch eine Frau. Es ist ein sehr ehrliches Buch; die Betroffenheit, mit der es geschrieben ist, berührt den Leser unausweichlich.

k&w
Verlag Kiepenheuer & Witsch